Cuento

Vol. 1-2-3

Una colección de historias y cuentos únicos, divertidos, relajantes y educativos, que ayudan a estimular la imaginación y la creatividad y a reforzar la autoestima

EDIZIONI
Gabriella Volpe

Traducido por Angelo Leandro Ventura

© Copyright 2022 – Todos los Derechos Reservados.

El contenido de este libro no podrá ser reproducido, duplicado o transmitido sin el permiso directo y por escrito del autor o del editor.

Bajo ninguna circunstancia se podrá culpar o responsabilizar legalmente al editor o al autor por cualquier daño, reparación o pérdida monetaria debido a la información contenida en este libro. Ya sea directa o indirectamente.

Aviso legal:

Este libro está protegido por derechos de autor.

Este libro es solo para uso personal. No se puede modificar, distribuir, vender, usar, citar o parafrasear ninguna parte, o el contenido de este libro, sin el consentimiento del autor o del editor.

Aviso de exención de responsabilidad:

Por favor, tenga en cuenta que la información contenida en este documento es solo para fines educativos y de entretenimiento.

Se ha hecho todo lo posible por presentar una información precisa, actualizada así como fiable y completa.

No se declaran ni se implican garantías de ningún tipo. Los lectores reconocen que el autor no está comprometido en la prestación de asesoramiento legal, financiero, médico o profesional.

El contenido de este libro se ha obtenido de varias fuentes. Por favor, consulte a un profesional autorizado antes de intentar cualquier técnica descrita en este libro.

Al leer este documento, el lector está de acuerdo en que bajo ninguna circunstancia el autor es responsable de ninguna pérdida, directa o indirecta, en la que se incurra como resultado del uso de la información contenida en este documento, incluyendo, pero no limitándose a, - errores, omisiones o inexactitudes.

Historias Cortas de Meditación para Niños Vol.1 9

Una colección de cuentos cortos con afirmaciones positivas para ayudar a los niños a tener una noche de sueño relajante 9

Introducción 10

1 - Lavanda persigue a una mariposa 11

2 - Rex tiene un gran día 20

3 - Sally juega con la imaginación 26

4 - El día divertido de Gilbert 32

5 - Penny encuentra un lugar soleado 41

6 - Josh y su amigo hacen las paces 46

7 - Lisa hornea un pastel 54

8 - Corey se lastima la rodilla 62

9 - Pauline necesita un descanso 69

10 - Devon lo intenta de nuevo 77

11 - David va a ver a las ballenas 85

12 - Narcisa conoce a una amiga 93

Conclusión 101

Cuentos Para Dormir Para Niños Vol.2 103

Una Colección de Historias y Cuentos únicos ilustrados, divertidos y educativos que ayudarán a estimular la Imaginación y la Creatividad 103

Introducción 104

1 - Daisy y la Mariposa 105

2 - El Ratón Encuentra un Bocadillo 110

3 - Leo Conoce a un Hada 117

4 - Oscar toma el té 124

5 - Hailey se va de paseo por la naturaleza 129

6 - Tish consigue un tutor 135

7 - Max se va de paseo 141

8 - Lulú se da un baño 146

9 - Scarlett tiene una fiesta de cumpleaños 152

10 - Noah viaja en avión 158

11 - Ava se une a la clase de baile 165

12 - Oliver participa en una obra de teatro 171

13 - Emma se sube al autobús 179

14 - Elías tiene una fiesta de pijamas 186

15 - Sophia y Lucas hacen el desayuno 193

.... 193

Conclusión 200

Cuentos Para Niños Vol.3 201

Una colección de historias y cuentos únicos, entretenidos y educativos que transmiten enseñanzas y valores 201

Introducción 202

1 - La gallina madre que busca el camino a casa para descansar 203

2 - La humilde manada de elefantes 209

3 - De bellota a roble - Una historia de crecimiento 215

4 - Viaje al espacio exterior 223

5 - La tortuga y el conejo - Una historia de mindfulness 229

6 - El sabio y el lobo blanco 235

7 - La chica del ojo perdido 241

8 - El avioncito de papel 247

9 - El oso, el zorro, la oca y la madreselva 253

10 - La ballena y el pescador 259

11 - El caimán hambriento y la gata 267

12 - El búho y la ventana abierta 272

13 - El gigante de la roca y las piedras apiladas 278

14 - El águila y la luna creciente 285

15 - La pantera nocturna y la roca del sueño 290

Conclusión 296

LIBRO 1: 12 PÁGINAS PARA COLOREAR 297

1 - Lavanda persigue a una mariposa 297

2 - Rex tiene un gran día 299

3 - Sally juega con la imaginación 301

4 - El día divertido de Gilbert 303

5 - Penny encuentra un lugar soleado 305

6 - Josh y su amigo hacen las paces 307

7 - Lisa hornea un pastel 309

8 - Corey se lastima la rodilla 311

9 - Pauline necesita un descanso 313

10 - Devon lo intenta de nuevo 315

11 - David va a ver a las ballenas 317

12 - Narcisa conoce a una amiga 319

LIBRO 2: BONUS: 15 páginas para colorear 321

1 - Daisy y la Mariposa 321

2 - El Ratón Encuentra un Bocadillo 323

3 - Leo Conoce a un Hada 325

4 - Oscar toma el té 327

5 - Hailey se va de paseo por la naturaleza 329

6 - Tish consigue un tutor 331

7 - Max se va de paseo 333

8 - Lulú se da un baño 335

9 - Scarlett tiene una fiesta de cumpleaños 337

10 - Noah viaja en avión 339

11 - Ava se une a la clase de baile 341

12 - Oliver participa en una obra de teatro 343

13 - Emma se sube al autobús 345

14 - Elías tiene una fiesta de pijamas 347

15 - Sophia y Lucas hacen el desayuno 349

LIBRO 3: BONUS 15 páginas para colorear *351*

1 - La gallina madre que busca el camino a casa para descansar 351

2 - La humilde manada de elefantes 353

3 - De bellota a roble - Una historia de crecimiento 355

4 - Viaje al espacio exterior 357

5 - La tortuga y el conejo - Una historia de mindfulness ... 359

6 - El sabio y el lobo blanco 361

7 - La chica del ojo perdido 363

8 - El avioncito de papel 365

9 - El oso, el zorro, la oca y la madreselva 367

10 - La ballena y el pescador 369

11 - El caimán hambriento y la gata 371

12 - **El búho y la ventana abierta** 373

13 - **El gigante de la roca y las piedras apiladas** 375

14 - **El águila y la luna creciente** 377

15 - **La pantera nocturna y la roca del sueño** 379

Historias Cortas de Meditación para Niños Vol.1

Una colección de cuentos cortos con afirmaciones positivas para ayudar a los niños a tener una noche de sueño relajante

Introducción

Bienvenido a *Historias Cortas de Meditación para Niños.*
En este fantasioso libro, encontrarás muchas historias maravillosas para ayudarte a dormir cada noche. Además, explorarás nuevas y maravillosas habilidades que puedes usar para aprender a relajar tu cuerpo y así poder tener un sueño cómodo y profundo durante toda la noche.
Antes de empezar con los cuentos, quiero hablarte de algunas rutinas importantes para la hora de dormir.
¿Tienes una rutina para ir a dormir?
Una rutina para dormir es algo que haces todas las noches para prepararte para ir a la cama, de modo que cuando te metas en la cama cada noche, sabrás que estás listo para un sueño profundo.
Tener una rutina adecuada para la hora de dormir te ayuda a asegurarte de que cuando te metas en la cama cada noche, no te vas a distraer con tus pensamientos.
De esta manera, sabrás que estás completamente listo para dormir, así que podrás relajarte, escuchar tu historia y quedarte dormido.
La rutina de todos a la hora de acostarse es diferente, pero siempre debes asegurarte de incluir el cepillado de los dientes, peinarte y ponerte un cómodo pijama.
También puedes tomar un sorbo de agua, asegurarte de que tu cama sea acogedora para que te metas en ella, y tomar tu peluche favorito para que tengas a alguien cómodo y cálido con quien dormir.
¡No olvides dar las buenas noches a tu familia también!
Una vez que hayas terminado tu rutina para acostarte, y estés seguro de que estás listo para quedarte dormido, puedes elegir tu cuento para dormir y empezar a relajarte.
Asegúrate de escuchar cada cuento y seguirlo, ya que cada uno tiene una meditación relajante para que la sigas y te ayudes a ponerte cómodo para un buen descanso nocturno.
Esto es importante, ya que te ayudará a despertarte renovado y listo para cada nuevo día.
¿Estás listo para iniciar tu meditación para dormir? ¡Elige tu historia para empezar!

1 - Lavanda persigue a una mariposa

Esta noche, ¡vamos a disfrutar de una maravillosa historia sobre una pequeña hada púrpura llamada Lavanda!
Antes de hacerlo, sin embargo, necesitamos asegurarnos de que estás bien, cómodo y listo para una gran noche de sueño.
Así que, para empezar, quiero que te asegures de que estás cómodamente arropado y que estás listo para quedarte quieto y concentrarte en tu respiración.
Asegúrate de que tus mantas estén lo suficientemente calientes, y que si acurrucas a un peluche para dormir, que tu peluche también esté arropado cerca de ti.
Ahora, quiero que te concentres en tu nariz.
Tómate un momento para fijarte en el aire que entra y sale de tu nariz.

¿Puedes sentir cada respiración que haces? Nota cómo se siente el aire al entrar en tu nariz cuando inhalas y al salir de tu nariz cuando exhalas.
Respirar es algo en lo que no solemos pensar porque nuestro cuerpo lo hace automáticamente.
A veces, pensar en una simple respiración puede ayudarte a relajarte y a sentirte más cómodo en ese momento.
Mientras te concentras en la respiración de tu nariz, quiero que sigas esa respiración la próxima vez que inhales.
¿A dónde va esa respiración?
¿Sientes que tu pecho y tu barriga se expanden cuando inhalas?
Son tus pulmones que se inflan con cada respiración, dando a tu cuerpo mucho espacio para que el aire entre y alimente tu cuerpo con oxígeno.
Cuando exhalas, ¿puedes seguirlo hasta el final?
Siente tu pecho y tu barriga cayendo mientras el aire sale, y lo expulsas a tu habitación.
Ahora, voy a contar cada respiración, y quiero que sigas cada respiración que yo cuente.
Empezando con uno, sigue tu respiración hasta el final a través de tu nariz y dentro de tus pulmones, y dos, sigue tu respiración hasta el final de tus pulmones y fuera de tu nariz y de vuelta a la habitación.
Ahora tres, sigue otra respiración a través de tu nariz y dentro de tus pulmones, y cuatro, sigue esa respiración hasta salir de tu nariz y entrar en la habitación.
Cinco, siguiendo tu respiración hacia adentro, y seis, siguiendo tu respiración hacia afuera.
Otra vez, siete, sigue tu respiración hacia tus pulmones, y ocho sigue tu respiración hasta salir por tu nariz.
Una vez más: nueve, sigue tu respiración a través de tu nariz y dentro de tus pulmones, y luego, sigue tu respiración fuera de tus pulmones y fuera de tu nariz.
Ahora, quiero que te concentres en dejar que tu respiración sea natural.
No intentes controlarla, sino que deja que tu cuerpo controle tu respiración de forma natural y te ayude a inhalar y exhalar por sí mismo, como lo hace

todos los días cuando estás jugando, pasando tiempo con tu familia o estudiando.

Mientras continúas relajándote en tu respiración, quiero contarte sobre un hada llamada Lavanda.

Lavanda es un hada pequeña y hermosa, no más alta que tu pulgar.

Tiene el pelo morado claro, una pequeña camisa verde hecha de una hoja que su madre le hizo, y una falda morada hecha de orquídeas.

Lavanda vive en el Bosque de los Misterios con sus hermanas Salvia, Baya y Flor.

Lo que más le gusta hacer todos los días es jugar con sus hermanas en el bosque.

Allí, les gusta jugar a las escondidas y al fútbol con un pequeño arándano que usan como pelota de fútbol.

A diferencia de sus hermanas, a Lavanda también le gustaba mucho jugar sola. A veces, mientras sus hermanas jugaban al escondite, Lavanda se sentaba en algún lugar sola, pintando el paisaje usando el jugo de las bayas como pintura.

Siempre que pintaba, Lavanda siempre se daba cuenta de que el Bosque de los Misterios era tan tranquilo.

Mientras pintaba, veía ranas relajándose en las almohadillas de los lirios, libélulas bailando a la luz del sol y abejas masajeando el polen de las flores que esparcían el suelo del bosque.

Lavanda siempre intentaba pintar estas criaturas disfrutando de la calma de la tarde, pero a veces se marchaban antes de que ella pudiera terminar su pintura. Aún así, lo intentaba de todas formas.

Un día, mientras sus hermanas jugaban a las cartas, Lavanda decidió pasar el rato en el Arroyo Misterioso y pintar una rana que se relajaba en una alfombra de lirios.

Mientras preparaba sus pinturas, notó una rara mariposa posada en una roca.

Esta mariposa no se parecía a nada de lo que había visto antes, y llamó la atención de Lavanda inmediatamente.

A diferencia de las otras mariposas que había visto, Lavanda notó que esta mariposa en particular era increíblemente colorida.

Tenía alas brillantes de color púrpura claro, como el pelo de Lavanda.

La mariposa también tenía motas rosas, naranjas, verdes y azules por todas partes.

Lavanda se divirtió con la singularidad de esta mariposa y decidió que pintaría la mariposa en lugar de la rana.

Tan pronto como Lavanda comenzó a girar su caballete para poder ver mejor la mariposa, la mariposa despegó.

—¡Espera! —Lavanda gritó, persiguiendo a la mariposa.

Ella realmente quería pintarla, así que la persiguió, esperando que pudiera incitarla a aterrizar de nuevo el tiempo suficiente para pintarla.

—¡Espera! —gritó de nuevo, corriendo por el lado del arroyo.

Saltó sobre rocas, musgo y ramitas mientras levantaba las manos en el aire y perseguía a la mariposa.

La mariposa siguió volando, girando y cambiando de dirección cada pocos segundos.

Decidida a atrapar a la mariposa, Lavanda siguió corriendo.

Mientras la mariposa se alejaba más rápido, Lavanda corría más rápido.

Corrió tan rápido que se tropezó con una pequeña raíz que sobresalía junto al arroyo, pero eso no la detuvo.

Lavanda volvió a ponerse de pie y, sin quitarse la suciedad, siguió corriendo.

Sus alas intentaban revolotear y levantarla en el aire para que pudiera perseguir a la mariposa aún mejor, pero Lavanda y sus hermanas todavía eran demasiado pequeñas para que sus alas funcionaran.

Según su madre, habría al menos otros tres ciclos lunares antes de que sus alas fueran lo suficientemente fuertes para transportarla.

Mientras la mariposa esquivaba las manos de Lavanda y se sumergía y enroscaba a lo largo del arroyo, Lavanda corría más rápido.

Finalmente, la mariposa voló al otro lado del arroyo.

Sin pensar en lo que estaba haciendo, Lavanda saltó a unas rocas dispersas sobre el arroyo e intentó saltar al otro lado.
Antes de que pudiera detenerse, saltó tan lejos que apenas aterrizó en una roca, y se dio cuenta de que no había más rocas en las que pudiera saltar.
Mirando hacia atrás desde donde había venido, se dio cuenta de que estaba demasiado lejos para saltar de nuevo.
Aunque para un humano como tú o yo, el arroyo se movía lentamente, este arroyo era muy profundo y rápido para un hada tan pequeña como Lavanda.
Asustada, se sentó y se puso las rodillas en el pecho.
Mientras miraba alrededor, Lavanda se dio cuenta de que había corrido mucho más de lo que pensaba, y no tenía ni idea de cómo volver a casa.
Al darse cuenta de que ya no la perseguían, la mariposa se posó en una rama cercana y pareció vigilar a Lavanda mientras estaba sentada en la roca en el agua.
—¿Qué haré ahora?
Lavanda lloró, asustada de no volver a ver a su familia.
La mariposa se sentó pacientemente, agitando suavemente sus alas y relajándose a la luz del sol.
En poco tiempo, la luz del sol comenzó a desaparecer lentamente cuando el sol comenzó a ponerse para la noche.
Ahora, Lavanda se estaba asustando mucho porque se dio cuenta de que nunca antes había estado sola en el Bosque de los Misterios.
Sus padres le advirtieron de todas las criaturas peligrosas que podrían estar escondidas en el bosque y le dijeron a ella y a sus hermanas que siempre volvieran a casa al atardecer para que pudieran estar a salvo y calentitos.
—¿Y si no me encuentran? —lloró Lavanda.
La mariposa siguió posada cerca como si estuviera cerca de Lavanda para mantenerla a salvo mientras el bosque se oscurecía a su alrededor.
De repente, Lavanda pudo oír su nombre a lo lejos.
—¿Lavanda? —escuchó.
—¡Sí, estoy aquí! —se puso de pie de un salto, saludando y mirando hacia el lugar de donde venía la voz.

—¡Lavanda! —dijo su padre con entusiasmo, volando hacia la roca y tomándola en sus brazos—. ¿Qué haces aquí? —preguntó.
Lavanda frunció el ceño y miró hacia el agua.
—Bueno, estaba pintando en el arroyo, y había una mariposa muy hermosa. Realmente quería pintarla, pero entonces empezó a volar, ¡así que la perseguí! Antes de que me diera cuenta, estaba atrapada en esta roca y no podía volver a casa. Lo siento, papá —ella dijo, escondiendo su cara en su hombro.
El padre de Lavanda se rio y dijo,
—Está bien, Lavanda, los errores pueden suceder. Te encontré, y estás a salvo, y eso es todo lo que importa. ¡Debe haber sido una mariposa especial! —él sonrió.
—¡Sí! ¡Sí! ¡Está justo ahí! —Lavanda dijo, señalando donde había estado la mariposa.
Mientras lo hacía, se dio cuenta de que la mariposa ya había desaparecido.
—¡Estaba justo ahí! —Lavanda dijo, confundida.
—Lo sé, cariño —su padre dijo.
—Volvamos a casa, tu madre está preocupada por ti, y tiene una deliciosa sopa de bayas lista para cuando volvamos.
—¿Sopa de bayas? ¡Es mi favorita! —Lavanda sonrió, abrazando el cuello de su padre.
Su padre voló con ella hasta su casa, donde disfrutaron de la sopa de bayas con su familia.
Cuando terminaron, Lavanda se fue a dormir.
A la mañana siguiente, Lavanda se despertó e inmediatamente sacó todo su material de pintura.
Se sentó fuera toda la mañana, cerrando los ojos y pintando un poco aquí y otro poco allá.
Cuando terminó, había pintado completamente la mariposa que había visto el día anterior.
Luego, se la mostró a sus padres.
—¡Wow, esa es una mariposa realmente hermosa! —su padre sonrió, mirando su pintura.

—Claro que sí —Lavanda sonrió, deseando ver la mariposa una vez más.
Justo cuando pidió el deseo, la mariposa pasó por su casa otra vez, hacia el arroyo.
—¡Mira, ahí está! —¡Lavanda señaló, saltando excitadamente arriba y abajo!
—¡Vaya! —dijeron sus hermanas, mirando con asombro—. Es una mariposa preciosa.
Su madre sonrió.
—Lo sé —dijo Lavanda, riéndose.
Esa misma tarde, el padre de Lavanda vino a hablar con ella.
—¿Lavanda? —preguntó.
—¿Sí, papá?
—Quería hacerte saber que estoy muy orgulloso de ti por perseguir tus sueños de pintar esa hermosa mariposa que viste —sonrió.
—Gracias, papá.
—La próxima vez que quieras perseguir tus sueños, asegúrate de pedir ayuda.
»A veces, tus sueños son tan grandes que tal vez no sepas cómo lograrlos por ti mismo.
»Incluso puedes encontrarte en peligro como ayer cuando te perdiste en el arroyo.
»Pero si le pides ayuda a alguien como tu madre o yo, entonces puedes perseguir tus sueños y estar a salvo también.
»A veces, nunca sabes quién puede tener la respuesta para ayudarte a llegar allí —dijo, abrazando a Lavanda.
—Bien, papá, la próxima vez que vaya a perseguir mis sueños, vendré a pedirte ayuda a ti o a mamá, primero —sonrió.
—Genial, cariño, ahora quiero que vengas a ver esto —dijo su padre, cogiéndole la mano y llevándola de vuelta a la casa.
Mientras se acercaban, Lavanda vio a su madre sosteniendo una pieza de fruta especial.
—¿Qué es eso? —preguntó Lavanda.
—Es una fruta gema —la madre de Lavanda sonrió, sosteniéndola en el aire.
—¿Una fruta gema? —Lavanda preguntó.

—Sí, es una forma muy rara de fruta conocida por atraer mariposas gema, como la que viste.
—¿Mariposas gema? —los ojos de Lavanda se abrieron de par en par—, ¿quieres decir que has visto estas mariposas antes? —preguntó con entusiasmo.
—¡Sí! He estado cultivando estas frutas detrás de nuestra casa durante el último mes, esperando atraer algunas de estas hermosas mariposas. Veo que ha funcionado —sonrió.
En ese momento, varias mariposas gema como la que pintó Lavanda, vinieron volando hacia su madre.
—¿Ves? —sonrió—. Toma esta fruta —dijo, pasando la fruta gema a Lavanda.
Lavanda la sostuvo, y de repente, una mariposa se posó a su lado y empezó a comerse algunas de las frutas que sostenía.
Lavanda se rio,
—¡Me hace cosquillas! —dijo, dándole la fruta a la mariposa.
Lavanda, sus hermanas y sus padres pasaron la tarde riéndose y alimentando a las mariposas gema.
Mientras lo hacían, Lavanda sonrió, sabiendo que cumplía su sueño de pintar la mariposa especial y que ahora llegaría a ver estas mariposas especiales y hermosas aún más porque su madre cultivaba una fruta especial para alimentarlas.

Me encanta contar la historia de Lavanda porque siempre me recuerda que persiga mis sueños.
A veces, perseguir nuestros sueños puede ser aterrador, pero cuando tenemos el apoyo amoroso de nuestra familia, podemos hacer cualquier cosa.
Pero asegúrate de que cuando persigas tus sueños, tus padres siempre sepan a dónde vas y qué haces para que no te pierdas como Lavanda lo hizo en el arroyo.
Entonces, ¿con qué sueñas en tu vida?

Mientras sueñas con ello, puedes ayudarte a alcanzar esos sueños aún mejor repitiendo estas afirmaciones positivas para ti mismo:
"Soy muy bueno persiguiendo mis sueños".
"Mis sueños se adaptan perfectamente a mí".
"Siempre perseguiré mis sueños".
"Sé que me apoyan en la persecución de mis sueños".
"Me encantan los grandes sueños para mi vida".
"Puedo pedir ayuda cuando la necesito".
"¡Mi sueño para mi vida es tan divertido!"
"Soy un gran soñador".
"Puedo soñar tantos sueños como quiera".
"Siempre conseguiré mis sueños si sigo intentándolo".

2 - Rex tiene un gran día

Esta noche vamos a hablar de mi buen amigo Rex y su gran día.
Antes de que podamos hablar de Rex y su gran día, quiero asegurarme de que estés súper cómodo y relajado para que puedas disfrutar de esta historia tanto como yo.
¿Estás listo? ¡Empecemos!
Asegúrate de que has hecho toda tu rutina de dormir, que estás cómodamente metido bajo las sábanas, y que tienes tu cama llena de cosas para dormir, si es que las usas.
Mientras te pones cómodo, quiero que te acuestes de espaldas y bajes los brazos a tu lado.
Mantén las piernas bien estiradas, como si intentaras ser lo más alto posible cuando te acuestes en la cama.
Esta noche, vamos a practicar una habilidad llamada relajación muscular.
Para practicar la relajación muscular, todo lo que tienes que hacer es escuchar a esa parte de tu cuerpo.
Relájate, deja que esa parte de tu cuerpo se relaje completamente.
¿Crees que puedes hacer eso? ¡Grandioso!

Empieza por dejar que tus pies se relajen completamente.
Luego, deja que tus piernas a través de tus pantorrillas, rodillas y muslos se relajen completamente.
Ahora, relaja tus glúteos y tus caderas.
Luego, relaja la parte baja de tu barriga y la parte baja de tu espalda.
A medida que se relaja cada parte de tu cuerpo, siéntelo extremadamente cómodo y listo para una larga noche de sueño.
Ahora, deja que esa sensación de relajación suba hasta la mitad de tu barriga y la mitad de tu espalda.
Luego, sube a tu pecho y a la parte superior de tu espalda.
Siente la sensación de relajación moviéndose a través de tus hombros, y luego hacia abajo a través de tus brazos.
Observa que los brazos se relajan a través de los codos, las muñecas y hasta las puntas de los dedos y los pulgares.
Ahora, deja que tu cuello se relaje completamente.
Luego, deja que tu cabeza se relaje completamente.
A estas alturas, deberías sentirte mucho más tranquilo y relajado y listo para escuchar un gran cuento para dormir.
Mi amigo Rex es un chico muy agradable.
Es un poco más alto que yo, con pelo castaño y ojos marrones.
Normalmente, lleva una simple camiseta blanca y un par de pantalones cortos azul oscuro cuando jugamos juntos.
Siempre pensé que era genial que su madre le dejara vestir de blanco porque mi madre siempre dice que me ensucio demasiado la ropa blanca cuando juego con ella, así que me hace vestir de diferentes colores como verde, naranja o marrón.
El otro día después de la cena, fui a la casa de Rex y le pregunté cómo estaba.
Me dijo que había tenido un gran día.
—¿De verdad? ¿Por qué? —le pregunté. Y entonces me contó.

El día de Rex empezó temprano cuando los pájaros estaban cantando fuera de su ventana.

Se despertó para asomarse a la ventana y vio un pájaro azul que alimentaba con un gusano a sus pajaritos.

Dijo que era la cosa más genial que había visto jamás mientras veía a estos bebés comerse el gusano de su madre.

Mientras miraba, su propia madre entró en su habitación para hacerle saber que era hora de levantarse, ¡pero él ya estaba levantado!

Ella estaba tan sorprendida de que se despertara antes de su alarma que se sentó con él, y observaron los pájaros juntos por un rato.

Cuando los pájaros estaban listos para irse, Rex y su madre decidieron ir a la cocina y empezar a hacer su propio desayuno.

Debido a que pasaron la mañana viendo a los pájaros comer, la madre de Rex decidió hacer huevos en un nido.

Me dijo que su madre hizo un agujero en un trozo de tostada y cocinó un huevo en él para que pareciera que su huevo estaba en un nido como los pajaritos.

También hizo tocino para su desayuno, y ellos fingieron que el tocino era un gusano mientras lo sumergían en las yemas calientes y líquidas de sus huevos.

Después de terminar el desayuno, Rex se sirvió una gran taza de jugo de naranja fresco y disfrutó hasta el último sorbo.

Entonces, era hora de prepararse para el día.

Hoy era sábado, así que Rex no tenía que ir a la escuela.

También era un día especial porque su padre había llevado a su hermano a un partido de fútbol, así que él y su madre estaban disfrutando de un tiempo tranquilo juntos, que es algo que le gustaba hacer.

Me contó cómo fue a cepillarse los dientes, a peinarse, a lavarse la cara y a ponerse la ropa limpia de la secadora.

¡Estaban tan calientes que lo hacían sentir aún más cómodo!

Después de vestirse, la madre de Rex le dijo que tenía una sorpresa muy especial para él.
Así que se pusieron los zapatos y fueron al auto para que ella los llevara a la sorpresa.
Mientras conducían, Rex y su madre compartieron muchos chistes divertidos sobre pájaros y otros animales que le hicieron reír todo el camino.
Luego, llegaron a la casa de su abuela.
Cuando entraron, su abuela sonrió y le dio la bienvenida y le pidió que se quitara los zapatos y se pusiera unas botas.
—¿Por qué? ¡Afuera está soleado! —preguntó, poniéndose un par de botas de goma.
—Ya verás —sonrió su abuela.
Rex siguió a su abuela hasta el patio trasero, y cuando llegaron allí, Rex vio a todos sus primos con botas de goma y salpicando en un charco de barro que su abuelo estaba haciendo en el jardín con la manguera.
Rex se rio y salió corriendo al jardín para chapotear con sus primos mientras su madre y sus tías y tíos disfrutaban de un trago de limonada con su abuela y su abuelo.
Cuando todos terminaron de chapotear, Rex se unió a su madre para tomar una limonada.
Mientras se sentaba para beber la limonada, ¡llegaron su padre y su hermano!
El partido de fútbol había terminado, y así Rex pudo jugar en los charcos de barro de nuevo con su hermano.
A Rex le encanta jugar con su hermano.
Una vez que terminaron, Rex y su hermano y todos sus primos se limpiaron y entraron para disfrutar juntos de una deliciosa cena.
Se dieron un festín de jamón, patatas, ensalada, zanahorias, relleno, calabaza, espaguetis y brócoli con salsa de queso.
Cuando terminaron, disfrutaron de un delicioso pastel que su abuela les había preparado.
Al final de la cena, cada uno de los niños fue y se limpió, y los padres ayudaron a limpiar la cocina.

Luego, Rex, su hermano, su padre y su madre se prepararon, se despidieron de su abuela y su abuelo, y se fueron para volver a casa.

De camino a casa, el padre de Rex mencionó que se había encontrado con el profesor de Rex en el partido de fútbol de su hermano.

Mientras su padre y su maestro hablaban, su maestro le dijo que Rex había sido uno de los únicos estudiantes en toda la clase en obtener una A en la tarea que se estaba calificando ese fin de semana.

Rex se sintió muy orgulloso, ¡y su hermano incluso le dio un choque de cinco!

Cuando llegaron a casa, Rex entró y se quitó los zapatos, y luego volvió a su dormitorio para ver si podía ver el nido con los pajaritos de nuevo.

Fuera de su ventana, un pájaro mamá, un pájaro papá y cuatro pajaritos estaban todos juntos dentro de su nido durmiendo.

—Me pregunto si estarán soñando con gusanos —preguntó, riéndose.

—Tal vez —su madre sonrió.

Luego, su hermano fue a hacer sus deberes, su padre fue a leer el periódico, y su madre fue a leer un libro.

Fue entonces cuando me acerqué.

Estaba tan feliz de escuchar el gran día de Rex que casi me olvido de mi propio día cuando me preguntó.

Mientras Rex disfrutaba de todo ese tiempo jugando con su familia, yo había pasado la tarde viendo películas con mi propia familia.

Aunque tuvimos dos días completamente diferentes, ambos tuvimos días realmente grandiosos.

Chocamos los cinco y luego pasamos el rato, disfrutando de una gran noche juntos.

Jugamos juegos de mesa, vimos películas, e incluso disfrutamos de un vaso de leche con chocolate que nos dio su madre. Luego, cuando se hizo tarde, me fui a casa y me acosté mientras Rex y su familia también se fueron a dormir.

Fue un gran día para los dos, y me alegré mucho de celebrar un día maravilloso con mi buen amigo Rex.

Me encantan los momentos como este en los que recuerdo lo divertido que es celebrar las victorias de mis amigos y celebrar mis propias victorias también.

En la vida, es importante recordar que si te preocupas por alguien, debes celebrar su felicidad y éxito con ellos también.

Por eso estaba tan feliz de celebrar con Rex hoy, ¡y él estaba feliz de celebrar conmigo también!

¿Qué estás celebrando ahora mismo?

¿Vas a despertarte por la mañana y tener un gran día?

¡Apuesto a que tú también lo tendrás!

Aquí hay algunas afirmaciones que te ayudarán a recordar que tienes un gran día, y a celebrar que la gente que te rodea y a la que amas también tiene un gran día.

"Hoy me siento feliz y exitoso".

"Tengo todo lo que necesito para tener un gran día".

"Hoy voy a tener un gran día".

"Soy capaz de tomar decisiones que me ayuden a tener un gran día".

"Estoy feliz por mi gran día".

"Soy genial pasándolo bien".

"Escucho a mis padres para que todos podamos tener un gran día".

"Celebro que mis seres queridos tengan un gran día".

"Tomo grandes decisiones por mí mismo".

"Tengo todo lo que necesito para ser feliz".

3 - Sally juega con la imaginación

Jugar con tu imaginación es muy divertido.
¿A ti también te gusta jugar con tu imaginación?
Nuestra imaginación puede llevarnos a donde queramos si se lo pedimos.
Con nuestra imaginación, podemos imaginarnos en un velero navegando por el océano, con vistas a la ciudad desde un alto castillo, o incluso corriendo en un campo con animales de granja.
Podemos hacer lo que queramos con nuestra imaginación si estamos dispuestos a hacerlo.
Esta noche, vamos a hablar de Sally y la experiencia que tuvo jugando con su imaginación.
Sally fue a muchos lugares increíbles con su imaginación y se divirtió mucho disfrutando de cada uno de estos lugares.
Lo mejor de todo es que ni siquiera salió de su habitación para ir a esos lugares.
Antes de que podamos explorar la imaginación de Sally con ella, sin embargo, tenemos que asegurarnos de que estás bien y cómodo y listo para ir a la cama.
Asegúrate de hacer tu rutina para acostarte, tomar un sorbo de agua y ponerte realmente cómodo en la cama para que estés listo para la historia de Sally y su imaginación.

Esta noche, para ayudarte a relajarte completamente, vamos a hacer una meditación de respiración fácil que te ayudará a calmar todo tu cuerpo para que puedas tener un sueño realmente bueno.
¿Estás preparado? Vamos a empezar.
Para empezar tu meditación de respiración esta noche, quiero que pongas una mano en tu barriga.
Mientras estás acostado, quiero que inhales y empujes tu mano hacia el cielo con tu barriga, usando solo tu respiración.
Ahora, exhala y siente tu mano caer hacia tu cama mientras tu barriga cae.
De nuevo, inhala y empuja tu mano hacia arriba con tu barriga, luego exhala y deja que tu mano caiga hasta la cama.
Voy a contar, y con cada cuenta, quiero que inhales, y luego en la siguiente cuenta exhala.
Así: uno, inhala y empuja tu mano hacia arriba, dos, exhala y deja caer tu mano hacia la cama.
Tres, inhala y empuja tu mano hacia arriba, y cuatro, deja que tu mano caiga hacia tu cama mientras exhalas.
Cinco, inhala, seis, exhala.
Siete, inhala, ocho, exhala.
Y una vez más, nueve, inhala y empuja tu mano hacia el cielo, y exhala y deja que tu mano caiga hacia la cama.
Ahora quiero que pongas tu mano a tu lado y respira naturalmente.
¡Este ritmo de respiración natural será como el que haces todo el día todos los días cuando ni siquiera te das cuenta de que estás respirando!
Tu cuerpo lo hace naturalmente para ti, y eso es exactamente lo que hará toda la noche.
Ahora que estás relajado, quiero que te concentres en mis palabras, y te voy a contar una gran historia sobre cómo Sally usó su imaginación para tomarse unas grandes vacaciones sin salir de su habitación.
Sally tiene una imaginación muy poderosa, ¡y apuesto a que tú también!
El día en que Sally jugó con su imaginación comenzó con ella aburriéndose en su dormitorio ella sola.
Su madre estaba ocupada cocinando, su padre estaba ocupado cortando el césped, y la hermana de Sally estaba en casa de su amiga.

Sally estaba sola en su dormitorio sintiendo lástima de sí misma cuando de repente se inspiró para empezar a jugar con sus juguetes y a divertirse con su imaginación.

Primero, Sally se imaginó que su pequeña almohada que le había hecho su abuela era un dragón azul.

Hizo volar al dragón azul por toda su habitación, fingiendo que estaba ahuyentando a los intrusos de su castillo.

Mientras el dragón azul seguía volando alrededor de su habitación, sus muñecas y animales de granja se escabullían a sus casas, tratando de esconderse del dragón.

—¡Roar! —gritó, persiguiendo a los animales y muñecos mientras todos se dirigían a sus casas para esconderse de ella.

Fuera de la casa de muñecas, una llama púrpura estaba indecisa.

No podía decidir si ir al granero para los animales de granja o a la casa de muñecas.

El granero para los animales de granja ya estaba lleno de cerdos, vacas, ovejas, pollos y cabras.

—¡Pero los animales no están permitidos en la casa! —dijo la llama púrpura, todavía tratando de decidir.

—¡Roar! —el dragón dio vueltas alrededor de los techos de los edificios, preparándose para quemar a cualquiera que aún no se escondiera con seguridad dentro.

Justo antes de que el dragón soplara su aliento de fuego, la llama púrpura corrió hacia la casa de muñecas y se escondió en la cocina.

Pronto, el dragón se aburrió y dejó de dar vueltas alrededor de las casas. Se acostó en la cama de Sally y vigiló todo el espacio, asegurándose de que todos se quedaran dentro para no tener que empezar a volar y perseguirlos hasta sus casas de nuevo.

Cuando todo se asentó, las muñecas de Sally comenzaron a jugar dentro de su casa.

Una de las muñecas de Sally decidió ir a la cocina a preparar comida para todos, tal como la madre de Sally lo hacía para su propia familia.

Cuando entró en la cocina, la muñeca gritó.
—¿Qué hace una llama púrpura en la cocina? —dijo ella, huyendo.
Una por una, todas las muñecas entraron a ver a la llama púrpura en la cocina.
—¡Fuera! —una de las muñecas empezó a decir, empujando a la llama púrpura fuera de la casa.
—¿Alguien está afuera? —gritó el dragón azul, preparándose para empezar a volar de nuevo.
Asustada por la seguridad de la llama púrpura, una de las muñecas de Sally salió corriendo de la casa y comenzó a proteger a la llama púrpura.
—¡No, no hay nadie aquí! —Sally dijo, protegiendo a la muñeca y a la llama púrpura.
Así de fácil, Sally, su muñeca y la llama púrpura se fueron a una aventura. Cuando el dragón azul empezó a perseguirlos, se fueron a esconder al bosque.
Primero se escondieron bajo los árboles, pero el dragón incendió todos los árboles.
Así que empezaron a correr hacia el agua porque Sally sabía que el agua impedía que el fuego se extendiera.
—¡El dragón no podrá quemarnos aquí! —dijo, escondiéndose ella, su muñeca y la llama púrpura en el arroyo bajo el bosque.
El dragón incendió los árboles que rodeaban el arroyo, y aunque nunca se incendiaron, ¡el agua se calentó mucho!
—¡Vámonos! —Sally dijo, agarrando su muñeca y a la llama púrpura, y salieron corriendo.
Corrieron por el arroyo, a través del campo junto a la casa del granjero, y de vuelta hacia el granero y a la casa de muñecas.
—¡No puedes traerlos aquí! —dijeron las otras muñecas, manteniendo la puerta cerrada para Sally, la otra muñeca y la llama púrpura.
—¡Bien! —Sally dijo, recogiéndolos y corriendo una vez más.
Esta vez, corrieron a través de la ciudad, cruzaron las carreteras (después de mirar a ambos lados, por supuesto) y bajaron por debajo de un patio de recreo que vieron junto a un alto edificio escolar.

—¡Seguramente, el dragón no nos encontrará aquí! —Sally dijo mientras miraban todas las cosas que el dragón había quemado.
—¿Estás segura? —preguntó la llama púrpura, escondiéndose en el bolsillo de Sally.
—¡Estoy segura! —Sally sonrió, golpeando su bolsillo para consolar a la llama púrpura.
Mientras continuaban escondiéndose, Sally escuchó a su madre llamándola para la cena.
Aún así, se quedó callada: no quería que el dragón supiera dónde estaban, después de todo, ¡ya que el dragón podría quemar a sus amigos mientras ella cenaba!
Sally escuchó a su madre llamándola de nuevo, y esta vez se metió más profundamente en su escondite, con miedo de que su madre dejara que el dragón supiera dónde estaban.
Finalmente, su madre llamó una vez más, y esta vez, ¡el dragón giró y comenzó a perseguir a su madre!
—¡Mamá, cuidado! —Sally dijo, corriendo hacia su madre.
—¿Qué pasa? —preguntó su madre, tomando a Sally en sus brazos.
—¡El dragón venía a buscarnos, y tú nos salvaste! —Sally sonrió, mirando al dragón azul posado al lado de su cama, a la casa de muñecas y al granero lleno de animales.
Sally se dio una palmadita en el bolsillo y luego sacó su muñeca y la llama púrpura y se las mostró a su madre,
—¿Ves? Nos has salvado.
Sonrió, acurrucándose en el hombro de su madre.
La madre de Sally se rio y dijo, —¡qué creativa eres! —mientras abrazaba a Sally aún más cerca.
—Lo sé —Sally sonrió.
Tener imaginación es una gran manera de jugar.
Cuando tienes una buena imaginación, puedes ir a donde quieras, ¡y nadie puede detenerte!
Puedes jugar con dragones azules o naranjas, llamas púrpuras u ovejas rosas; puedes viajar a la ciudad, al bosque o al río. Puedes hacer todo lo que

quieras cuando tienes imaginación, y ni siquiera tienes que ir muy lejos para jugar con ella.
Genial, ¿verdad?
¿Juegas con tu imaginación a menudo?
Fortalecer tu imaginación puede ayudarte a divertirte aún más cuando juegas, también.
El mundo puede ser lo que quieras que sea si tu imaginación es lo suficientemente fuerte para ayudarte a conseguirlo.
Esta noche, disfrutemos de algunas afirmaciones útiles que te ayudarán a divertirte aún más con tu imaginación.
De esta manera, podrás construir tu propia creatividad y divertirte tanto como Sally lo hizo con su dragón azul.

Las afirmaciones positivas que puedes usar para ayudarte a tener aún más creatividad en tu vida son:
"Soy una persona creativa".
"Mi imaginación es muy fuerte".
"Siempre tengo nuevas ideas".
"Jugar con mi creatividad es divertido".
"Jugar con mi imaginación es divertido".
"Puedo crear cualquier cosa que mi corazón desee".
"Mi talento es único para mí".
"Siempre me tomo el tiempo para hacer cosas creativas todos los días".
"Tengo una gran imaginación".
"La energía creativa fluye a través de mí".

4 - El día divertido de Gilbert

Aprender a divertirse sin importar lo que pase es una habilidad útil que todos pueden desarrollar.
Cuando sabes cómo divertirte, entonces no importa lo que estés haciendo, puedes encontrar la manera de hacer que sea una experiencia divertida.
Uno de mis buenos amigos, Gilbert, me enseñó una gran lección de diversión cuando eligió divertirse, aunque las cosas no salieron como él quería.
Esta noche, vamos a hablar de Gilbert y su experiencia de divertirse incluso cuando las cosas no van a su manera.

Para que te sientas cómodo y puedas escuchar la historia de Gilbert, vamos a hacer una técnica de relajación muscular que te ayudará a relajarte.

Esta simple habilidad te ayudará a aprender a traer calma a tu cuerpo incluso cuando te sientas inquieto o demasiado despierto para relajarte.

Para hacer esta habilidad, todo lo que tienes que hacer es escuchar mi voz, y yo te diré qué parte de tu cuerpo hay que relajar, y cuándo.

Vamos a empezar esta relajación muscular con los dedos de los pies.

Quiero que sientas que tus dedos se relajan completamente.

Si puedes, visualiza una luz dorada entrando en tus dedos y ayudándoles a relajarse para que puedas tener un sueño confortable toda la noche.

Observa esta luz dorada y la energía relajante moviéndose en la parte inferior de tus pies ahora, cubriéndolos completamente y luego envolviéndolos alrededor de la parte superior de tus pies.

Luego, mira esta energía relajante envolviendo tus tobillos.

A medida que la luz dorada continúa subiendo, siente que la parte inferior de tus piernas comienza a relajarse, ya que esa sensación relajante se mueve hasta las rodillas.

Luego, siente cómo pasa de las rodillas a los muslos, hasta las caderas.

Siente todos los músculos entre las rodillas y las caderas relajándose completamente mientras esta luz dorada se arremolina a través de ellos y les ayuda a sentirse completamente en paz.

Ahora, mira esta luz dorada moviéndose hacia la parte baja de tu estómago y tu espalda.

Siente cómo se relajan los músculos de la parte inferior de la barriga y la espalda, mientras la luz empieza a subir hasta la mitad de la barriga y la mitad de la espalda.

Sigue relajándote más profundamente mientras esta sensación relajante y esta luz dorada se mueve hacia tu pecho y la parte superior de tu espalda, y luego se envuelve alrededor de tus hombros como un chaleco.

Siente esa energía relajante moviéndose por tus brazos, hacia tus codos, luego a través de tus muñecas y a través de tus palmas y dedos, hasta la punta de tus dedos.

A continuación, deja que esa luz y sensación relajante se mueva por tu cuello, la parte posterior de tu cabeza, y suba como una capucha en tu chaqueta.

Siente la relajación bajando por tu frente y hacia tu nariz, labios y barbilla.

Ahora, siente que todo tu cuerpo está completamente relajado al notar que cada parte de tu cuerpo está lista para una gran noche de sueño.

Si estás listo ahora, comenzaremos a hablar de Gilbert y su importante lección sobre cómo siguió divirtiéndose aunque las cosas no salieran como él quería.

Esta es una lección importante que hay que aprender porque a veces las cosas no siempre salen como nosotros queremos, pero aún así tendrás que elegir cómo reaccionar ante esas situaciones, aunque te parezca muy difícil hacerlo.

Gilbert juega en un equipo de fútbol con todos sus amigos.

Cada sábado por la mañana, juegan juntos en un partido contra otros equipos.

Practican para esos juegos toda la semana después de la escuela, donde aprenden a patear el balón, a marcar goles y a proteger su red de los goles marcados en su contra.

Cada jugador del equipo estaba siendo entrenado para hacer lo mejor que podía hacer, y se sentían confiados de que estaban mejorando.

Aún así, cuando llegó el momento de los partidos del sábado, el equipo de Gilbert siempre perdía.

Por alguna razón, incluso cuando sentían que sabían lo que hacían, se volvían tímidos con otros equipos, y eso les hacía jugar de forma diferente.

Gilbert se tropezaba con el balón y se caía en el campo, y sus amigos hacían lo mismo.

A su portero le costaba más trabajo notar que el balón se acercaba a ellos y se esforzaba por ponerse delante para que no se metiera en su red.

A todos les resultaba muy difícil jugar bajo la presión del

público y con un equipo diferente alrededor, por lo que siempre perdían el partido.

Los compañeros de equipo de Gilbert a menudo se molestaban consigo mismos y con los demás por no jugar bien y no ganar el juego.

Se señalaban con el dedo, se culpaban unos a otros y se enojaban cuando perdían.

Una vez, uno de sus compañeros de equipo incluso le tiró la pelota a otro jugador de otro equipo e intentó iniciar una pelea con ellos porque el equipo ante el que habían perdido estaba siendo grosero con su victoria.

El entrenador de Gilbert y el del otro equipo detuvieron la pelea para que nadie saliera herido, y los dos equipos siguieron su propio camino.

A pesar de que los miembros del equipo de Gilbert se enojaban y molestaban cada vez que perdían, Gilbert nunca sintió lo mismo.

En lugar de enojarse consigo mismo o con su equipo por haber perdido, sintió compasión por ellos.

Gilbert sabía que todos se sentían tímidos y asustados bajo presión y eso hacía que jugar fuera más difícil para ellos.

En lugar de enfadarse con sus compañeros, siempre los felicitaba y los animaba a que se esforzaran más la próxima vez.

En los entrenamientos, siempre chocaba los cinco con sus compañeros cuando lo hacían bien, y en el campo, durante los partidos, los animaba incluso si perdían.

Gilbert pensaba que era importante que sus compañeros de equipo supieran que, independientemente de cómo jugaran, seguían siendo grandes jugadores de fútbol.

Un sábado, en particular, el equipo de Gilbert se molestó mucho por haber perdido el partido.

Habían estado perdiendo partidos toda la temporada, y empezaban a sentirse realmente derrotados.

Algunos de ellos incluso querían dejarlo porque sentían que nunca iban a ser lo suficientemente buenos para tener éxito en el campo de fútbol.

Gilbert se sentía triste de que sus propios compañeros de equipo quisieran dejar el juego porque se divertía mucho jugando con todos ellos cada semana y los sábados.

Gilbert sentía que sus compañeros de equipo se habían convertido en buenos amigos suyos, y no quería ver a sus amigos renunciar a algo que disfrutaban solo porque sentían que siempre estaban perdiendo o que no tenía sentido seguir jugando.

En su camino a casa después del juego, Gilbert habló con su padre.

—Todos quieren dejar el fútbol porque no estamos ganando, pero yo no quiero perder a mis amigos. ¡Me divierto jugando con ellos todas las semanas! —Gilbert dijo, tristemente.

—Tal vez tus amigos necesiten ayuda para aprender sobre el espíritu deportivo y sobre cómo divertirse, sin importar cómo juegues —el padre de Gilbert sugirió.

—No creo que me escuchen, siempre los animo, ¡pero nunca parece importarles!

»Aunque tenemos buenas amistades, se enojan y quieren renunciar incluso cuando soy un buen deportista. ¿Qué puedo hacer, papá? —preguntó Gilbert.

—Tal vez la próxima vez que estés en el campo, puedas hablar con tus amigos sobre el espíritu deportivo.

»Eres muy bueno en el deporte, y tal vez ellos estén dispuestos a aprender de ti —el padre de Gilbert sonrió, acariciando la mano de Gilbert.

—Bien, papá, lo intentaré.

n su siguiente práctica, el equipo era diferente.

Todos se presentaron, pero nadie se esforzaba tanto como solía hacerlo. Las pelotas volaban por todos lados, todos estaban malhumorados, y algunos niños estaban sentados al margen como si se hubieran rendido por completo.

Gibert se acercó a algunos de sus compañeros de equipo que estaban sentados y les preguntó:

—¿r qué no vienen a jugar con nosotros?

—¿Qué sentido tiene? Vamos a perder este fin de semana, de todos modos —uno de sus compañeros suspiró.

—Talvez, pero tal vez no —dijo Gilbert.

—¿Qué está pasando aquí? —preguntó el entrenador mientras se acercaba a todos los que estaban en la línea de banda.

—Queremos dejarlo; ¡solo seguimos perdiendo! —dijo uno de los compañeros de equipo.
—No quiero que renuncies; quiero que sigas jugando —dijo Gilbert.

El entrenador sopló su silbato, llamó a todos y empezó a hablar.
—Escuchen, sé que no nos ha ido muy bien, pero eso no es razón para rendirse.
»Gilbert dijo algo importante antes, y creo que todos deberíamos escucharlo. Gilbert, ¿quieres repetir lo que dijiste, por favor? —preguntó el entrenador.
—No quiero que renuncien; quiero quesigan jugando —repitió Gilbert.
—Pero, ¿por qué? ¡Siempre perdemos! —otro compañero de equipo protestó.
—Porque tal vez no ganemos, ¡pero está bien! Nos divertimos todas las semanas en los entrenamientos, y disfrutamos jugando juntos. El hecho de que no ganemos no significa que no podamos divertirnos juntos. Como dice mi padre: no se trata de si ganas o pierdes; se trata de cuánto te diviertes intentándolo —Gilbert dijo.
—Bien dicho, Gilbert —dijo el entrenador.
Todos los compañeros de equipo de Gilbert estuvieron de acuerdo y mencionaron lo mucho que se divirtieron cuando estaban en los entrenamientos cada semana.
—Los juegos no son tan malos, tampoco, solo apesta cuando perdemos, y el otro equipo se comporta tan mal al respecto —dijo uno de los compañeros de Gilbert.
—Estoy de acuerdo. Sin embargo, tal vez podamos ignorarlos y celebrarlo nosotros mismos —Gilbert sugirió.
—¡Intentemos eso! —un compañero de equipo respondió.
Con su renovado sentido de esperanza, todo el equipo de fútbol de Gilbert practicó lo mejor que pudo ese día.
Patearon el balón, marcaron goles y bloquearon goles como si fueran profesionales.

Mientras lo hacían, cada uno de los miembros del equipo se animaba y celebraba a viva voz, algo que Gilbert nunca antes había visto hacer a todos.
El equipo estaba más animado y emocionado que nunca antes, y todo gracias a que Gilbert estaba dispuesto a hablar y recordar a su equipo lo que importaba.
Cuando llegó el sábado, los compañeros estaban todos emocionados por jugar, y no les importaba si iban a ganar o perder.
En cambio, estaban felices de estar allí jugando.
También jugaron un gran juego, anotaron algunos puntos y ejecutaron las jugadas que su entrenador les había enseñado a hacer perfectamente.
Todo el tiempo se celebraron, se animaron y se chocaron los cinco cuando hacían un gran trabajo.
La moral del equipo estaba en su punto más alto, y realmente se demostró en la forma en que jugaron su partido.
A pesar de que no ganaron ese juego, se divirtieron mucho.
Después, todos se quedaron el tiempo suficiente para disfrutar del jugo y los bocadillos que su entrenador les había traído como recompensa por ser tan buenos jugadores de equipo.
La semana siguiente, practicaron aún más duro, y el equipo mejoró aún más en sus jugadas, y en celebrar y animarse mutuamente.
Jugaron lo mejor que pudieron en toda la semana, y cuando llegó el partido del sábado siguiente, se sentían muy bien consigo mismos.
Cuando el juego comenzó, todos pudieron ver que el equipo ya estaba jugando de manera muy diferente a como lo había hecho antes.
Una vez más, ejecutaron sus jugadas perfectamente y marcaron goles juntos.
Todo el tiempo, se celebraron, se animaron y se chocaron los cinco.
Se divirtieron tanto jugando que casi se olvidaron de prestar atención a cuántos goles se estaban marcando.
Hacia el final del juego, el entrenador los reunió a todos y les chocó los cinco porque estaban ganando.
El equipo estaba sorprendido y emocionado porque esta vez, no les importaba que estuvieran ganando; todo lo que les importaba era que se estuvieran divirtiendo juntos.

La victoria se sentía como la guinda del pastel, pero lo que realmente importaba era lo bien que se lo estaban pasando.

Cuando el juego terminó, su entrenador y sus padres estaban tan contentos de haber ganado que aceptaron llevar a todo el equipo a tomar un helado. Todos se reunieron en la heladería local y disfrutaron de una gran cucharada doble de su sabor favorito, y mientras lo hacían, chocaban los cinco y se reían y hablaban de lo bien que se habían divertido en el juego.

—¿Cómo se sienten todos? —preguntó el entrenador mientras comían su helado.

—¡Genial! —respondió todo el mundo.

—Pensé que me importaría más ganar o que significaría más para mí, pero estoy muy feliz de que todos nos hayamos divertido —uno de los compañeros de equipo de Gilbert dijo.

—¡Yo también! —todos estuvieron de acuerdo.

Juntos, todos acordaron que de ahora en adelante, jugarían lo mejor posible y que nunca más se pondrían tanta presión para ganar.

En su lugar, elegirían divertirse sin importar lo que pasara, y si ganaban, eso sería solo la guinda del pastel.

Me encanta cómo esta historia me recuerda que ganar es de lo que se trata la vida. Claro, ganar es divertido, y se siente genial, pero la vida no se trata de ganar en las cosas.

De hecho, la vida tiene muy poco que ver con ganar algo en absoluto.

En cambio, la vida se trata más de disfrutar y pasarla bien con tus amigos y confiar en que, pase lo que pase, siempre podrás disfrutar.

Si eliges disfrutar, entonces no te importará si ganas o pierdes porque estarás demasiado ocupado divirtiéndote.

Aquí están algunas grandes afirmaciones que pueden ayudarte a recordar que debes elegir divertirte sin importar qué, incluso si las cosas no van según lo planeado:

"Soy amable conmigo mismo".

"Recuerdo que merezco divertirme".

"Hago cosas sobre la diversión".

"La vida se trata de divertirse".

"Hoy, voy a divertirme mucho".
"Mido mi éxito por lo mucho que me divierto".
"Me merezco divertirme".
"Me encanta divertirme".
"Me encanta divertirme con la gente que amo".
"Lo celebro con la gente que amo".

5 - Penny encuentra un lugar soleado

Este maravilloso cuento para dormir es sobre un hermoso perro marrón llamado Penny.
En esta historia, vamos a aprender sobre Penny y cómo pasa una tarde maravillosa y relajante con su mejor amigo, Boots, el gato.
Relajarse es algo muy importante, ya que nos ayuda a tener la energía que necesitamos para hacer todo en nuestro día.
Para empezar la historia, tenemos que asegurarnos de que estás bien descansado y listo para disfrutar de una maravillosa noche de sueño.
Comienza por darle las buenas noches a tu familia, arropándote y poniéndote cómodo en tu cama.
Si necesitas beber agua o ir al baño, ¡asegúrate de hacerlo primero!
Luego, cuando estés listo, puedes empezar con la simple meditación de respiración que vamos a hacer para ayudarte a prepararte para un gran sueño.

Para esta meditación de respiración, te vas a concentrar en inhalar a la cuenta de cuatro y exhalar a la cuenta de cuatro.

Haz lo mejor que puedas para seguir mi conteo mientras inhalas y exhalas para que te puedas relajar profundamente, ¿de acuerdo?

Comencemos.

Empieza por inhalar en tu barriga contando uno, dos, tres, cuatro.

Ahora, respira hasta el final, uno, dos, tres, cuatro.

De nuevo, inhala, uno, dos, tres, cuatro, y espira, uno, dos, tres, cuatro.

Ahora inhala de nuevo, uno, dos, tres, cuatro, y exhala de nuevo, uno, dos, tres, cuatro.

Y ahora en tu cuarto aliento, inhala, uno, dos, tres, cuatro, y exhala, uno, dos, tres, cuatro.

Y una vez más, inhala, uno, dos, tres, cuatro, y exhala, uno, dos, tres, cuatro.

Ahora que te sientes bien y relajado, vamos a profundizar en esta hermosa historia sobre Penny, el perro, y su amigo Boots, el gato.

Penny, el perro, es un hermoso perro marrón.

Penny es de tamaño medio, llegando tan alto como la rodilla de su dueño. Es un perro gentil y amigable que le encanta jugar a buscar y salir a pasear con su dueño.

Cuando no está jugando a buscar o paseando, a Penny le gusta tomar largas siestas en casa con su amigo Boots.

Boots es un gato negro con pequeñas "botas" blancas en sus pies.

Penny y Boots se acurrucan juntos cuando duermen la siesta, pero por lo demás, tienden a hacer todo lo demás por su cuenta.

Mientras que Penny se queda cerca de su dueño, a Boots le gusta pasear solo y prefiere perseguir un pájaro en el patio trasero que jugar a buscarlo con su dueño.

Vive una vida muy diferente a la de Penny, y aún así son mejores amigos.

Un día, el dueño de Penny la llevó a pasear y luego lo dejó en su casa y se fue a ocuparse de algunos asuntos.

Cansada de su paseo, Penny decidió que iba a tomar una siesta para tener suficiente energía para volver a estar con su dueño cuando llegara a casa.

Mientras se preparaba para la siesta, Penny primero fue y tomó un trago de su tazón de agua, luego tomó unos bocados de comida de su tazón de comida.

Luego, comenzó a buscar a Boots para hacerle saber que era hora de que tomaran una siesta juntos.

Por lo general, Boots se encontraba sentado en la ventana de la cocina, jugando en el sótano, o durmiendo la siesta en la cesta de la ropa de su dueño.

Como ya estaba en la cocina, Penny se acercó a la ventana y miró hacia arriba, pero Boots no estaba allí.

Penny entonces caminó por la cocina, por el pasillo, por la puerta del sótano y bajó las escaleras para ver si encontraba a Boots jugando con sus juguetes en el sótano.

Buscó en las tres habitaciones de abajo, pero Boots no estaba en ninguna parte.

Luego, Penny subió las escaleras, atravesó la puerta del sótano, subió el pasillo, dobló la esquina, subió otro tramo de escaleras y bajó el pasillo hasta la habitación de sus dueños.

Allí, vio la cesta de la ropa, pero estaba vacía.

Confundida, Penny saltó a la cama de sus dueños y miró por la ventana al patio trasero.

Allí, en el patio, Penny vio a Boots persiguiendo a un pájaro.

Penny ladró dos veces, y Boots la miró.

Mientras lo hacía, el pájaro se alejó volando, y Boots se puso de mal humor porque Penny hizo que Boots se perdiera la oportunidad de atrapar un pájaro.

Aún así, Boots atravesó la puerta de los gatitos y entró en la casa, y Penny corrió escaleras abajo para encontrarse con él en la cocina.

Cuando Penny entró en la cocina, Boots le frotó la cabeza, y ella felizmente le lamió la cabeza mientras se saludaban por primera vez esa mañana.

Los dos bajaron por el pasillo y entraron en la sala de estar hasta su cama frente a la ventana de la sala de estar, donde siempre disfrutaban de una buena siesta juntos cuando su dueño estaba fuera.

Penny se acostó primero en la cama en el lugar donde le daba la luz del sol, pero Boots se acercó rápidamente y empujó a Penny fuera de su lugar.

Entonces, Penny se levantó y salió de su cama y esperó en el suelo mientras Boots se ponía cómodo.

Boots se estiró, se acurrucó en la esquina de la cama, luego se estiró y ocupó la mayor parte de la cama.

Él era un poco acaparador de camas, pero a Penny no le importaba porque seguía siendo su mejor amigo.

Feliz de tener a su amigo para acurrucarse, Penny se abrió paso hasta su cama y se acurrucó en lo que quedaba de su acogedora cama juntos.

Mientras yacía allí, Penny sintió el calor de la luz del sol en su nariz y en la punta de sus orejas y sintió la calidez de la cama debajo de su cuerpo.

Después de una larga caminata con su dueño, esto se sintió muy bien para ayudarla a relajarse y tener la energía para hacer otras cosas ese día como jugar a buscar y tal vez incluso ir a dar otro paseo.

Mientras yacían allí, Penny y Boots disfrutaron de una larga siesta junto a la ventana de la sala de estar hasta que su dueña llegó a casa.

Aprender a relajarse es muy importante, y solo porque estemos cerca de nuestros amigos o seres queridos no significa que no podamos relajarnos.

Tomarse el tiempo para relajarse es una gran oportunidad para ayudar a calmar la mente y el cuerpo, de modo que se tenga la energía para hacer las cosas que se necesitan hacer todos los días.

Ya sea que tengas un agradable y relajante sueño cada noche, o que te tomes unos minutos después de la escuela cada día para sentarte y relajarte después de un duro día de trabajo, relajarte es importante.

De hecho, relajarse no solo es importante para ti, ¡también es importante para todos!

Por ejemplo, apuesto a que ves a tus padres relajándose a menudo mientras dejan que sus cuerpos y mentes se sientan lo suficientemente descansados para hacer cosas importantes como cuidarte.

A medida que aprendes a relajarte como lo hacen Penny y Boots, hay algunas grandes afirmaciones que puedes disfrutar para ayudarte a relajarte aún más.

"Me relajo ahora".

"Dejo que todo mi cuerpo se relaje".

"Me siento tranquilo y en paz".

"Hago tiempo para relajarme".

"Relajarme ahora me ayuda a tener más energía después".

"Estoy relajado".

"Estoy tranquilo".

"Estoy en paz".

"La relajación me ayuda".

"Ayudo a otras personas a relajarse".

6 - Josh y su amigo hacen las paces

A veces en la vida, no estamos de acuerdo con otras personas.
Puede que te encuentres frustrado con tu familia o amigos, o incluso que tengas una discusión con ellos si realmente no estás de acuerdo en algo.
Las discusiones pueden ser estresantes, y también pueden llevar a herir sentimientos, si no tenemos cuidado.
En la historia de esta noche, vamos a hablar de un niño llamado Josh y de una discusión que tuvo con su amigo, y de cómo Josh y su amigo se reconciliaron para poder seguir siendo grandes amigos.
Antes de empezar esta historia, ¡ya sabes lo que tienes que hacer!
Asegúrate de que has hecho toda la rutina de la noche, que te sientes cómodo y tranquilo, y que estás listo para relajarte en la meditación y en una gran historia nocturna.
Esta noche, vamos a hacer una simple relajación muscular para ayudarte a relajarte y prepararte para la cama.

Esta relajación muscular es fácil: Voy a decirte en qué parte de tu cuerpo debes enfocarte, y vas a apretar tus músculos en esa parte de tu cuerpo tan fuerte como puedas durante cinco segundos, luego vas a soltarlo.
De esta manera, puedes liberar completamente cualquier energía que tengas en tu cuerpo para que puedas tener un sueño cómodo y relajante.
¿Estás preparado? ¡Vamos a empezar!
Empieza por concentrarte en tus pies.
Aprieta los músculos de los pies y los dedos de los pies tan fuerte como puedas para contar hasta cinco, ¡uno, dos, tres, cuatro, cinco!
Bien, ahora suéltalos completamente y siente los músculos de tus pies relajarse completamente.
Ahora, hagamos esto para tus piernas, ¡uno, dos, tres, cuatro, cinco!
Suelta los músculos de las piernas y siente cómo las piernas se relajan completamente en la cama.
Ahora, hagamos esto para tus glúteos, ¡uno, dos, tres, cuatro, cinco!
Deja que tus músculos se relajen y siente como te relajas aún más.
Ahora, tu estómago, ¡uno, dos, tres, cuatro, cinco!
Relájate y siente cómo te relajas profundamente.
Ahora, tu pecho, ¡uno, dos, tres, cuatro, cinco!
Bien, relaja tus músculos del pecho y siente cómo se relajan aún más y se sienten más cómodos.
A continuación, vamos a tensar los brazos completamente hasta las manos haciendo puños con las manos y apretando los brazos y las manos lo más fuerte posible durante uno, dos, tres, cuatro, cinco.
Bien, ahora suelta tus brazos y manos y siente como se relajan en la cama.
Ahora, relajemos el cuello y los hombros.
Aprieta los músculos del cuello y los hombros tan fuerte como puedas, uno, dos, tres, cuatro, cinco, y suéltalos.
Ahora, tu cabeza, aprieta los músculos de tu cabeza durante uno, dos, tres, cuatro y cinco, y luego suéltalos.
Ahora, los músculos de la cara, aprieta los músculos de la cara para uno, dos, tres, cuatro y cinco.
Ahora, suelta.
La historia de Josh y su amigo Alex es importante.

Es la historia de dos amigos que discuten y deciden resolver la discusión para seguir siendo grandes amigos.

Empecemos por el principio para que entiendas por qué Josh y Alex se pelearon en primer lugar.

Josh estaba teniendo un día maravilloso con su mamá y su papá y su hermanita Katie.

En algún momento de la tarde, su amigo Alex llamó y preguntó si quería venir a pasar el rato.

Josh dijo que sí, y su padre lo llevó a casa de Alex para que pudieran jugar por la tarde.

Cuando llegó allí, Alex estaba jugando con sus bloques y sus figuras de acción.

Alex había hecho un gran castillo con sus bloques y fingía que sus figuras de acción vivían dentro del castillo de bloques y se peleaban por quién se quedaría con el castillo y quién tendría que mudarse y hacer su propio castillo.

Josh pensó que esta idea era muy divertida e intentó jugar con Alex cuando llegó.

Josh cogió una de las figuras de acción de Alex y empezó a jugar, fingiendo que su figura de acción y la de Alex se peleaban por quién se quedaría con el castillo.

Al principio, se estaban divirtiendo, pero luego Alex comenzó a enojarse.

Dijo que Josh no estaba jugando bien y que estaba inventando historias que no existían.

Alex se divertía tanto imaginando por sí mismo y jugando a su manera que le costaba dejar que Josh tuviera la oportunidad de jugar con él.

Al principio, Alex trató de ayudar a Josh a entender el juego que estaba jugando para que Josh pudiera jugar a su manera también.

Josh no quería jugar a la manera de Alex, porque se estaba divirtiendo más jugando a su manera, y no entendía realmente lo que Alex estaba tratando de hacer, de todos modos.

Cada vez que Alex intentaba corregir a Josh y su estilo de juego, Alex se enfadaba cada vez más con Josh.

Finalmente, empezaron a pelearse por cómo jugaban, y la madre de Alex decidió que tal vez era hora de que se tomaran un descanso.
Josh llamó a su padre para que lo recogiera, y Josh regresó a casa para pasar la noche.
Dos días más tarde, cuando llegaron a la escuela, Josh todavía se sentía herido por Alex.
Estaba molesto porque Alex había sido tan malo y no dejaba que Josh jugara a su manera, y Alex seguía enojado porque Josh no lo escuchaba.
Cuando llegó el recreo, estaban enojados el uno con el otro, pero no sabían con quién más jugar, así que intentaron jugar juntos.
Intentaron jugar juntos en el gimnasio infantil, en los columpios, e incluso en el campo.
Cada vez que intentaban jugar, se enfadaban y se molestaban entre ellos.
Finalmente, Josh se enojó tanto que decidió que ya no quería jugar con Alex.
—Sigues hiriendo mis sentimientos y diciéndome que no puedo jugar o que no puedo opinar, y eso no es justo. ¡No quiero jugar más contigo! —Josh dijo.
—¡Bien, de todas formas, no sabes cómo jugar correctamente! —Alex discutió.
Solo que, en vez de alejarse el uno del otro, los chicos siguieron gritándose. En ese momento, su maestro se acercó y los separó.
—Tal vez sea hora de que se tomen un pequeño descanso el uno del otro —el Sr. Apple dijo mientras animaba a los chicos a jugar solos por un tiempo.
Josh se fue a jugar en los columpios solo, y Alex también se fue a las barras de los monos.
Durante los dos días siguientes, cada vez que llegaba el recreo o el almuerzo, los chicos jugaban solos.
Todavía estaban enfadados y heridos por las palabras del otro, así que no querían jugar más juntos.
A estas alturas, los padres de Josh se habían dado cuenta de que ya no hablaba ni jugaba con su buen amigo Alex.
Así que, en el viaje en coche a casa desde la escuela, su padre le preguntó qué estaba pasando.

—¿Por qué ya no juegas con Alex? —el padre de Josh le preguntó.
—Alex, es malo. Siempre trata de hacer las reglas de cómo tenemos que jugar, ¡y nunca me deja jugar a mi manera! —Josh dijo enojado.
—Lo entiendo —dijo su padre.
—¿No pueden encontrar una manera de resolverlo y encontrar una nueva forma de jugar juntos donde ambos puedan opinar? —preguntó.
—No —dijo Josh.
Cuando llegaron a casa esa noche, el padre de Josh llamó a la madre de Alex y los invitó a ambos a cenar.
Josh estaba enfadado con su padre por invitar a Alex cuando sabía que él y Alex ya no se hablaban.
Cuando Alex y su madre vinieron, Josh se negó a hablar con él y en su lugar se sentó en silencio en la mesa y comió el pollo que su padre había preparado para ellos.
—Entonces, ¿por qué no se hablan? —la madre de Alex preguntó.
—¡Nunca juegas bien! —Alex dijo, tirando su tenedor.
—¡Nunca me dejas opinar! —Josh discutió.
—Tranquilos, chicos —el padre de Josh respondió.
—Creo que ustedes dos necesitan encontrar una solución porque sé que son grandes amigos.
»Algún día desearán seguir jugando con el otro si no se reconcilian ahora.
»¿Recuerdan todos los momentos divertidos que pasaron montando en bicicleta, jugando en los charcos de barro y nadando en la piscina? —el padre de Josh se los recordó.
—Sí —Josh y Alex respondieron.
—Alex, tienes que disculparte con Josh por no dejarle inventar ninguna regla cuando ustedes dos están jugando —la madre de Alex dijo.
—Josh, lamento no haberte dejado inventar reglas cuando estamos jugando. Es solo que me gusta la forma en que juego y las reglas que invento, y quiero hacer las cosas a mi manera a veces —Alex dijo.
—Está bien, lo entiendo. Pero a veces también quiero inventarme las reglas. Me gusta jugar a mi manera, también —Josh respondió.
—Está bien —dijo Alex.

—Josh, debes disculparte con Alex por decir que no quieres jugar más con él —el padre de Josh dijo.
—Alex, siento haber dicho que no quería jugar más contigo.
—Está bien —dijo Alex.
Los cuatro disfrutaron de una deliciosa cena de pollo y arroz.
Mientras comían, todos hicieron grandes bromas y se divirtieron mucho.
Luego, después de la cena, Josh y Alex ayudaron a limpiar los platos y a guardarlos.
Una vez que terminaron, se reunieron con sus padres en la sala de estar.
—Alex, Josh, tenemos que hablar —la madre de Alex empezó.
Los chicos se sentaron frente a sus padres y escucharon.
—La próxima vez que estén enojados, deben asegurarse de parar y tener cuidado de no volver a lastimarse, ¿sí? —dijo.
—Bien —los chicos estuvieron de acuerdo.
—Así que, si te sientes enfadado por algo, tienes que decir por qué. Y si sientes que no puedes superar tu enojo, o que estás discutiendo, necesitas tomarte un pequeño descanso y luego regresar y disculparte por lo que has hecho mal. Está bien cometer errores, pero siempre debemos disculparnos y reconocer las cosas que hemos hecho en la vida. De esa manera, podemos ayudar a nuestros amigos a sentirse mejor, y podemos cuidar nuestras relaciones con las personas que más queremos. ¿Entienden? —preguntó el padre de Josh.
—Lo entendemos —dijeron los chicos.
—Bien.
Después de tener esta charla con sus padres, Josh y Alex fueron a la habitación de Josh a jugar con sus nuevas figuras de acción.
Construyeron un castillo de bloques y fingieron pelearse por quién se quedaría con el castillo y quién tendría que ir a construir el suyo.
Luego, cuando finalmente decidieron quién tenía que construir el suyo propio, ambos trabajaron juntos para construir el segundo castillo para que cada uno tuviera un gran castillo con el que jugar.
De esta manera, ambos pudieron jugar juntos y pasar un buen rato, sin que nadie se sintiera herido y sin que nadie se sintiera excluido por el otro.

A partir de ese momento, cada vez que Josh o Alex discutían o herían los sentimientos del otro, siempre se tomaban un pequeño descanso y luego se disculpaban.

Siguieron siendo los mejores amigos durante muchos, muchos años, incluso viendo a sus propios hijos crecer jugando juntos.

El valor de los amigos es algo que nunca debemos dar por sentado.

Cuando se tiene un gran amigo en la vida, es importante que siempre se haga las paces con él cuando se tenga un desacuerdo.

Solo porque no estés de acuerdo con alguien no significa que no puedas seguir siendo su amigo.

Tampoco significa que no debas decirle a esa persona cómo te sientes si ha herido tus sentimientos.

En lugar de eso, toma un poco de espacio y luego sé honesto con esa persona sobre cómo te ha hecho sentir.

Luego, si necesitas pedir perdón, asegúrate de pedirlo.

Si tu amigo te pide perdón, asegúrate de que aprendes a perdonarlo para poder seguir siendo amigos maravillosos.

Esto no es solo para los amigos, sino también para tu familia.

Todo el mundo comete errores, y eso está bien.

Mientras estemos dispuestos a reconocer nuestros errores y a tomar mejores decisiones en el futuro, todos merecemos la oportunidad de pedir perdón y hacer lo mejor para mejorar las cosas en el futuro.

Si alguna vez te encuentras en una discusión con alguien a quien amas, ya sea tu amigo o tu padre, es importante que siempre te tomes el tiempo de disculparte si has herido los sentimientos de alguien.

También debes asegurarte de perdonar a otra persona si ha herido tus sentimientos para que puedas ayudarte a curarte de la forma en que te han herido.

De esta manera, no te quedas de mal humor, sino que puedes encontrar la manera de volver a ser feliz, incluso después de que tus sentimientos hayan sido heridos.

Algunas grandes afirmaciones que puedes usar para recordarte a ti mismo que debes perdonar a los demás y pedir perdón cuando has hecho algo malo son:

"Es seguro para mí ser dueño de mis errores".
"Siempre me disculpo cuando he herido los sentimientos de alguien".
"Siempre puedo intentarlo mejor".
"Hay espacio para mejorar".
"Está bien cometer errores".
"Yo perdono a otras personas y sus errores".
"Entiendo que la gente comete errores".
"Puedo tener compasión por los errores de la gente".
"La amistad significa más que una pequeña discusión".
"La familia significa más que una pequeña discusión".
"Puedo perdonar a los demás".

7 - Lisa hornea un pastel

Esta noche, vamos a disfrutar de una encantadora historia sobre mi buena amiga Lisa, ¡y el pastel que hizo con su padre!
Esta historia del pastel va a ser muy divertida; sé que te encantará aprender a hacer un pastel con Lisa.
Antes de que podamos sumergirnos en esta encantadora historia, ¡tenemos que asegurarnos de que estés cómodo y lo suficientemente relajado para escuchar!
Asegúrate de que has hecho toda tu estupenda rutina para dormir y que estás listo para quedarte completamente quieto y escuchar esta historia.
Si aún no lo has hecho, toma un sorbo de agua, dale las buenas noches a tu familia y ponte cómodo en tu cama.

Luego, podemos empezar con una agradable y fácil meditación de respiración para ayudarte a calmar tu cuerpo para que puedas tener un gran sueño esta noche.
¿Estás listo?
Comencemos con la simple meditación de la respiración.
Para esta meditación, quiero que imagines que estás sosteniendo un globo frente a tu cara.
¿Puedes hacer eso por mí?
¡Grandioso!
Ahora, imaginemos que vas a tomar una agradable, profunda y lenta inhalación a través de tu nariz, ¡y luego vas a soplar por tu boca como si estuvieras tratando de llenar el globo con aire!
A partir de ahora, inhala despacio por la nariz, llenando tus pulmones de aire.
¡Ahora, exhala por la boca como si estuvieras tratando de llenar un globo con aire!
Perfecto, hagámoslo de nuevo.
Inhala lentamente por la nariz, y ahora exhala por la boca para llenar el globo.
Inhala lentamente, llenando tus pulmones hasta el final, y luego exhala por tu boca, llenando el globo con aire.
Inhala lentamente, y una vez más exhala llenando el globo.
Una vez más, inhala lentamente por la nariz, llenando los pulmones hasta arriba con aire.
Ahora, exhala a través de tu boca llenando el globo con aire.
¡Perfecto!
Ahora imaginemos que tu globo lleno de aire flota en el cielo nocturno, dejándote relajado y listo para disfrutar de una maravillosa historia y una buena noche de sueño.
¡Adiós, globo!
¡Un día, el padre de Lisa le dijo que se acercaba el cumpleaños de su madre!
Emocionada, Lisa comenzó a planear lo que podía hacer para el cumpleaños de su madre.

Lisa solo tenía ocho años, así que no le fue fácil ir a la tienda y elegir un bonito regalo para dárselo a su madre.
Así que le pidió a su padre que la ayudara a elegir un regalo y hacer un pastel para su madre.
Por supuesto, su padre dijo que sí, y así, la semana antes del cumpleaños de su madre, el padre de Lisa la llevó al centro comercial para elegir un regalo para su madre.

Mientras estaba allí, Lisa eligió un hermoso collar de plata que decía "mamá" en él y tenía una forma de corazón a su alrededor con tres piedritas en el corazón.
Lisa lo trajo a casa, lo envolvió y lo escondió en su armario para que su madre no lo encontrara antes de su cumpleaños.
El día del cumpleaños de su madre, Lisa y su padre fueron a la cocina a hornear un pastel para su madre.
Empezaron por reunir todos los suministros que necesitaban.
—¿Qué necesitamos primero, papá? —Lisa preguntó.
—Bueno, la receta dice que necesitamos harina, azúcar, cacao, bicarbonato de sodio y sal. ¿Puedes conseguirlos para nosotros, pequeña? —el padre de Lisa preguntó.
—¡Claro que sí! —Lisa dijo.
Lisa fue a la despensa, la abrió, y tomó la harina del estante inferior, y el azúcar, el bicarbonato de sodio y la sal del segundo estante.
Entonces, miró hacia arriba y vio que el cacao estaba en el estante superior.
—¿Puedes tomarlo por mí, por favor, papá? —Lisa preguntó.
—¡Muy buenos modales, Lisa! Por supuesto que puedo —su padre dijo, tomando el cacao del estante superior y poniéndolo en el mostrador.
—¿Y ahora qué, papá? —Lisa preguntó.
—Bueno, a continuación, necesitamos dos huevos, suero de leche, mantequilla y vainilla —respondió su padre.
—¡Genial! ¡Puedo hacerlo! —Lisa dijo, abriendo la nevera para traer los huevos, suero de leche y mantequilla.

—¿Dónde se guarda la vainilla? —preguntó, buscando por todas partes la vainilla.

—¡Uy! ¡Está en el armario! —su padre sonrió, volviendo a la despensa para coger la vainilla.

Lisa solo se rio y agarró un tazón de mezcla del armario.

—¿Eso es todo? —Lisa preguntó.

—¡Así es! —su padre sonrió.

Lisa volvió a la despensa, tomó el taburete y lo colocó junto al mostrador donde estaba el tazón de mezcla.

—¿Estamos listos para empezar? —preguntó.

—¡Sí, lo estamos! ¡Pero primero, necesitamos las tazas y cucharas de medir, y una espátula! —su padre dijo, sacándolas del armario.

—¡Bien, empecemos! —dijo él.

—Primero, hay que medir la harina. ¿Puedes medir una y tres cuartos de taza de harina? —preguntó su padre, entregándole las tazas de medir.

—¡Absolutamente! —Lisa dijo.

Ella midió cuidadosamente la harina y la echó en el tazón de mezclar.

—Genial, ahora necesitamos dos tazas de azúcar. ¿Puedes poner dos tazas de azúcar en el tazón? —preguntó el padre de Lisa.

—Claro que puedo —Lisa sonrió, añadiendo dos tazas de azúcar al tazón.

—Ahora, necesitamos tres cuartos de taza de cacao en polvo.

—¡Está bien! —Lisa sonrió, añadiendo el polvo de cacao al tazón.

—¿Puedes añadir una cucharadita y media de bicarbonato de sodio ahora, Lisa? —preguntó su padre, dándole las cucharas medidoras.

—¡Claro! —Lisa dijo, midiendo el bicarbonato de sodio y añadiéndolo al tazón.

—Genial, ahora necesitamos tres cuartos de cucharadita de sal.

—¡Ya lo tengo! —Lisa dijo, añadiendo la sal.

Mientras añadía la sal, un poco se derramó sobre la encimera.

—¡Uy! —Lisa dijo, mirando a su padre.

—No hay problema —él sonrió, limpiándola con un paño húmedo.

—¿Y ahora qué? —Lisa preguntó.
—Bueno, aquí dice que ahora tienes que mezclar los ingredientes.
—¡De acuerdo! —Lisa respondió, usando la espátula para mezclar la harina, el azúcar, el cacao en polvo, el bicarbonato de sodio y la sal.
La mezcla se oscureció cuando el cacao en polvo se mezcló con los otros ingredientes secos y comenzó a parecerse a los pasteles empaquetados que su abuela compraba a veces cuando no quería hacer un pastel desde cero.
—Genial, eso se ve bien, Lisa. Ahora, agreguemos los ingredientes húmedos juntos. Empecemos con los huevos —dijo su padre, dándole dos huevos—. ¿Puedes hacerlo tú sola? —preguntó.
—¡Seguro que puedo! —Lisa sonrió, rompiendo cuidadosamente el primer huevo sobre el lado del tazón de mezcla.
El lado se partió y Lisa usó sus dedos para abrir el huevo, revelando una clara y una yema pegajosa en su interior.
Tiró el huevo en el tazón, y luego colocó la cáscara de huevo a un lado. Abrió el siguiente huevo, volviendo a abrir el huevo pegajoso y dejando que la clara y la yema se deslizaran en el tazón junto al otro huevo.
Esta vez, accidentalmente metió algo de cáscara en el tazón.
—¡Uy! ¿Cómo puedo sacar eso? —Lisa preguntó.
—Mira esto —dijo su padre, tomando la mitad de la cáscara de huevo vacía y sacando el trozo roto de la masa.
—Vaya, ¿cómo lo has hecho? —Lisa preguntó, sorprendida por la facilidad con la que su padre sacó la cáscara de huevo.
—Secreto de panadero —guiñó el ojo.
—Bien, ahora agreguemos el suero de leche, necesitamos una taza y media de eso —el padre de Lisa dijo, dándole la leche.
Lisa midió la leche y luego la vertió en el tazón de mezclar, viendo cómo la leche blanca espesa se mezclaba con los huevos sobre los ingredientes secos.
—Hecho —dijo Lisa, dejando la taza de medir.
—Genial, ahora vamos a añadir la mantequilla. Necesitamos derretirla primero, así que yo lo haré —su padre dijo, midiendo la mitad de una taza de mantequilla y colocándola en una pequeña olla a fuego medio, revolviéndola regularmente para ayudar a que se derrita.

Una vez que la mantequilla se derritió, el padre de Lisa la añadió directamente al tazón de mezcla.

—Ahora, la vainilla. ¡Este es el último ingrediente! —dijo, entregándole la vainilla.

—¿Cuánto? —preguntó ella.

—Una cucharada —él sonrió, entregándole las cucharas de medición una vez más.

—Excelente —ella sonrió, vertiendo una cucharada de vainilla en el tazón de mezcla.

—¡Eso es! ¡Mézclalo! —el padre de Lisa dijo.

Cuando ella empezó a mezclar el tazón, su padre encendió la estufa y preparó los moldes para el pastel.

Mientras tanto, Lisa usó la espátula para mezclar los ingredientes en el tazón.

Al principio, parecía que no se unían tan bien, pero Lisa siguió mezclando y mezclando.

Pronto, todos los ingredientes se unieron en una mezcla húmeda como una sopa.

La masa estaba bastante húmeda y espesa, pero parecía que una vez hecha sería absolutamente deliciosa.

Cuando Lisa quedó satisfecha de haberla mezclado hasta el final, su padre le dio una última mezcla para asegurarse de que estaba perfecta.

Luego, vertieron la mezcla en dos bandejas para pasteles separadas, y su padre las puso en el horno caliente por ella.

Lisa estaba tan emocionada de terminar estos pasteles para su madre que se quedó en la cocina todo el tiempo que estaban horneando.

Se sentó en el suelo frente al horno, viendo cómo se levantaban.

Al principio, parecía que no pasaba nada, ya que los pasteles simplemente estaban en el horno.

Pronto, sin embargo, el olor del pastel de chocolate comenzó a llenar la casa, y los pasteles comenzaron a subir lentamente.

Lisa continuó sentada allí, viendo todo el proceso de horneado ante sus propios ojos mientras ambos pasteles se elevaban y se horneaban por completo.

Cuando el horno se apagó, Lisa se quedó atrás mientras su padre sacaba los pasteles del horno y les clavaba un palillo en el centro para asegurarse de que se horneaban por completo.
—¡Perfecto! —sonrió, mostrándole que los palillos estaban completamente limpios al salir del pastel.
La abuela de Lisa le había enseñado que esto significaba que los pasteles estaban cocidos, pero si el palillo salía sucio con la masa del pastel en él, necesitaban ser cocidos un poco más.
Dejaron los dos pasteles descansar unos minutos antes de ponerlos en una rejilla de secado y dejarlos enfriar aún más.
Luego, glasearon la parte superior de un pastel y apilaron el otro pastel sobre él.
—¡Un doble piso! —Lisa se rio, mirando el gran y delicioso pastel de chocolate que habían hecho para su madre.
Hicieron el resto de la tarta, y la cubrieron con chispas y velas para el cumpleaños de su madre.
Luego, esperaron a que su madre llegara a casa.
Cuando llegó, encendieron las velas y le mostraron el pastel a su madre, y su madre sonrió y sopló todas las velas.
—¿Hiciste esto para mí? —preguntó su madre, abrazando a Lisa.
—¡Sí, papá y yo lo hicimos! —respondió ella.
—¡Toma, también tenemos esto para ti! —Lisa dijo, dándole a su madre el regalo que le habían comprado.
La madre de Lisa abrió el regalo y sonrió cuando vio el collar.
—Es perfecto —dijo, abrazando a Lisa y a su padre muy cerca—. Qué cumpleaños tan perfecto —la madre de Lisa suspiró.
Los tres se comieron el pastel y disfrutaron de una tarde riendo y jugando juegos de mesa juntos.
Cuando quieres tener algo en tu vida, puede ser útil saber cómo tener la motivación para hacer el trabajo.
Puede parecer más fácil ir por el camino más conveniente y dejar que alguien más haga todo el trabajo por ti, pero entonces no tienes la sensación especial de saber que hiciste el trabajo tú mismo.

Hacer el trabajo por ti mismo significa que te sientes orgulloso del trabajo que has hecho, y que puedes compartir los resultados especiales con otros. Los buenos sentimientos que tienes en tu interior cuando logras algo especial son importantes, y pueden ayudarte a sentirte aún mejor.

Cuando quieras algo en tu vida pero estás luchando por mantenerte motivado para hacer el trabajo, recuerda estas importantes afirmaciones:

"Puedo hacerlo".

"Soy capaz de todo".

"Soy genial para hacer que las cosas sucedan".

"Si lo quiero, puedo crearlo".

"Siempre puedo intentarlo de nuevo".

"Soy lo suficientemente bueno".

"Es más especial cuando lo hago yo mismo".

"Siempre puedo pedir ayuda".

"Intentarlo cuenta".

"Un paso a la vez".

8 - Corey se lastima la rodilla

A veces, no todo lo que pasa en tu vida es algo bueno.
A veces, puede que te encuentres triste, enfadado o incluso estresado cuando pasas por algo en tu vida.
Estos sentimientos pueden ser dolorosos, pero siguen siendo sentimientos importantes.
Saber cómo reconocer y aceptar tus sentimientos es una habilidad importante, y la historia de esta noche es una gran historia sobre cómo puedes hacer precisamente eso.
Antes de empezar, asegúrate de que te has lavado los dientes, has dado las buenas noches a tu familia y que estás bien arropado para pasar la noche.
Asegúrate de que puedes descansar completamente para que puedas tener un gran sueño esta noche mientras escuchas esta historia especial.
Una vez que estés arropado, vamos a hacer una agradable y fácil meditación de relajación muscular progresiva, que es una habilidad que puedes usar para ayudarte a aprender a calmar tu cuerpo.
Esta meditación será fácil: mencionaré una parte de tu cuerpo, y simplemente te concentrarás en ese cuerpo y dejarás que se relaje.

Cuando hayamos terminado, tu cuerpo se sentirá bien y cómodo, y estarás listo para disfrutar de un gran sueño.
Vamos a empezar esta relajación muscular con los pies.
Quiero que te imagines tus pies sintiéndose completamente relajados, tan relajados como sea posible.
Imagina cómo se sentirían si se sintieran realmente, realmente en paz.
Ahora, imagina esa misma sensación de paz moviéndose a través de tus piernas, hasta los muslos.
Siente que tus muslos se relajan pacíficamente, ya que empiezan a quedarse dormidos.
Deja que esa sensación suba por tus caderas ahora, relajando todos tus músculos a lo largo del camino.
Siente toda la parte inferior del cuerpo desde las caderas hasta los dedos de los pies, relajándote completamente con esta cómoda sensación que se mueve a través de los pies, las piernas y las caderas.
Ahora, deja que esa sensación de relajación se mueva hacia arriba a través de tu barriga.
Siente tu barriga relajarse completamente, y siente esa sensación relajada envolviendo toda la parte baja de tu espalda, también.
Deja que esa sensación se mueva hacia arriba, mientras sientes que tu pecho y la parte superior de tu espalda empiezan a relajarse completamente ahora, también.
Ahora, observa cómo esa sensación recorre todo el camino hasta los brazos, las manos y las puntas de los dedos.
Siente que los brazos se relajan profundamente, ahora.
En este punto, todo el cuerpo, desde los hombros hasta el vientre, las rodillas y los dedos de los pies, debe estar completamente relajado.
Ahora, siente esa sensación de relajación subiendo por la cabeza, por toda la cara y el cabello, mientras te relaja completamente hasta la parte superior de la cabeza.
Ahora, desde la parte superior de la cabeza hasta los dedos de los pies, y desde la planta de los pies hasta la frente, debes estar completamente relajado.
Es hora de empezar nuestra historia.

Un día, un niño llamado Corey estaba montando su bicicleta.
La bicicleta de Corey era su juguete favorito, y la montaba tan a menudo como podía.
La recibió hace casi un año por su cumpleaños, y al mismo tiempo que recibió la bicicleta aprendió a montarla.
En ese entonces, no era muy bueno en el manejo de su bicicleta.
Se caía mucho y a veces le costaba seguir el ritmo de los otros niños cuando iba en bicicleta.
Sin embargo, a medida que la montaba más y más, fue mejorando en su manejo.
Antes de que se diera cuenta, podía montar su bicicleta tan rápido y tanto tiempo como cualquiera de los otros niños, sin caerse nunca.
Corey era tan bueno montando su bicicleta que incluso estaba aprendiendo algunos pequeños trucos en ella, como cómo pasar por encima de los bordillos o saltar sobre los pequeños saltos que él y sus amigos instalaron en sus jardines delanteros.
Cuando Corey volvía a casa de la escuela, inmediatamente iba a su bicicleta y empezaba a montarla con sus amigos.
Montaba su bicicleta sin importar la hora que fuera hasta que sus padres le dijeron que era el momento de venir a casa a cenar o a dormir.
Cuando terminaba, Corey guardaba su bicicleta en el garaje donde la almacenaba y se aseguraba de que estuviera limpia y lista para salir por la mañana.
Un día, en particular, Corey estaba emocionado de llegar a casa para montar su bicicleta.
Sabía que su padre iba a estar en casa ese día, y realmente quería mostrarle a su padre los nuevos trucos que había estado aprendiendo en su bicicleta.
Después de la escuela, corrió a casa y encontró a su padre esperándole, y fueron directamente a su bicicleta para que Corey pudiera mostrarle los trucos que más le entusiasmaban.
Cuando estuvieron listos, Corey y su padre salieron al jardín delantero, y Corey comenzó a hacer saltos sobre el bordillo de la entrada de su casa, y sobre el pequeño salto que había construido en su jardín delantero.

Estaba tan emocionado y orgulloso de mostrarle a su padre los trucos que se dio cuenta que se sentía un poco tembloroso y nervioso, pero siguió practicando y presumiendo de todos modos.

Su padre lo celebró con él, diciendo lo geniales que eran los trucos y lo grandioso que era el desempeño de Corey.

Queriendo impresionar a su padre, Corey intentó un salto más desafiante que había visto hacer a los niños mayores.

Corey no había intentado este salto todavía, pero pensó que podría hacerlo, y realmente quería mostrarle a su padre lo bien que estaba montando su bicicleta.

Así que, fue a por el salto de todas formas.

El padre de Corey lo vio, y Corey hizo el salto, y luego cuando bajó para el aterrizaje, su rueda delantera giró, y Corey se cayó de su bicicleta.

Cuando aterrizó, el manubrio se le había clavado en el costado, y se había despellejado la rodilla.

Corey empezó a llorar y se sintió muy molesto por el dolor que sentía en la rodilla, ya que empezó a sangrar y a picar.

Inmediatamente, el padre de Corey se acercó a él y lo sacó del suelo para darle un gran abrazo.

Tomó la bicicleta de Corey y la llevó a la casa y entró a Corey para que le echara un vistazo a su herida y viera lo que podía hacer para ayudar a curarla.

Avergonzado y con dolor, Corey empezó a llorar y a esconder su cara. Se sentía mal por no haber podido hacer este salto para su padre, y se sentía aún peor por el dolor.

—Está bien no estar bien, hijo —el padre de Corey dijo, limpiando su rodilla y poniendo tiritas sobre sus cortes.

Luego le dio a Corey un gran abrazo y le secó las lágrimas.

—Pensé que podía hacerlo, pero nunca lo había intentado antes. ¡Me hice daño de verdad, papá! —Corey dijo, llorando en el hombro de su padre.

—Está bien estar triste cuando te duele, Corey. ¡Hiciste un gran intento! Tal vez la próxima vez puedas volver a ver a los otros niños, y ellos puedan darte algunos consejos sobre cómo hacer un mejor trabajo la próxima vez —dijo su padre, abrazándolo aún más fuerte.
—¡La madre de David dijo que no deberíamos llorar porque somos chicos! —Corey dijo, ocultando su cara aún más.
—Eso no es cierto; los chicos también lloran —el padre de Corey dijo—. Incluso yo lloro a veces —añadió.
—¿Tú lloras? —preguntó Corey.
—Sí, lo hago. Es bueno llorar cuando estamos tristes, sentir nuestros sentimientos es importante. Siempre debemos aceptar nuestros sentimientos cuando los sentimos, no importa lo que estemos sintiendo.
—¿Por qué? —preguntó Corey.
—Porque tus sentimientos te dicen cosas importantes como lo que está bien o mal para ti. Cuando aceptas tus sentimientos, te das la oportunidad de curarte de ellos. Cuando no aceptas tus sentimientos, se quedan dentro de ti y se sienten peor hasta que no puedes contenerlos más —el padre de Corey dijo.
—¿Qué otros sentimientos debería sentir? —preguntó Corey.
—¡Todos ellos! Cuando estás triste o herido, deberías sentir tus sentimientos. Cuando estás enfadado, frustrado o molesto, deberías sentir tus sentimientos. Cuando estás avergonzado, culpable, o apenado, deberías sentir tus sentimientos. Cuando estás feliz, emocionado o sorprendido, debes sentir tus sentimientos. Debe sentir cada uno de sus sentimientos, aunque pienses que es un sentimiento bueno o malo. Todos tus sentimientos son importantes —el padre de Corey dijo.
—Ya veo —respondió Corey.
A estas alturas, Corey empezaba a sentirse mejor, y su rodilla no le picaba tanto.
Se secó las lágrimas, se sentó y miró a su padre.
—¿Por qué algunas personas piensan que no debemos sentir nuestros sentimientos? —preguntó.
—No lo sé —el padre de Corey respondió suspirando.

»Pero sé que tus sentimientos son importantes, y que debes aceptarlos siempre que los sientas —añadió.

—Pero, ¿qué pasa si mis sentimientos son fuertes, o si tengo ganas de herir a alguien porque mis sentimientos están heridos? —preguntó Corey.

—Sentir y aceptar tus sentimientos no siempre significa que tengas que actuar en consecuencia, Corey.

»Siempre debes pensar antes de actuar sobre tus sentimientos para asegurarte de que te estás comportando de manera que no hieras a alguien más.

»Recuerda: herir a alguien más no te hará sentir mejor.

»Siempre debes decirle a la gente cómo te sientes, y luego encontrar una manera de sentir tus sentimientos de una forma que no sea hiriente para ti ni para nadie más —el padre de Corey dijo.

—Lo entiendo —dijo Corey.

—Me siento mucho mejor ahora, y mi rodilla no me duele tanto. Gracias por ayudarme, papá —Corey dijo.

—De nada. ¿Quieres ir a intentar montar en bicicleta otra vez? —preguntó el padre de Corey.

—Claro que sí —Corey sonrió, se levantó y se volvió a poner el casco.

Los dos volvieron a salir, y Corey volvió a montar su bicicleta.

Esta vez, la subió y bajó por el césped, con pequeños saltos, y sobre los bordillos.

Sin embargo, ahora lo hizo sobre el gran salto porque sabía que no estaba listo para eso, y eso estaba bien.

Ahora mismo, se sentía perfectamente feliz montando los saltos más fáciles en los que Corey sabía que era bueno y dejando el resto para otro día.

Corey seguía estando muy orgulloso de sí mismo, y su padre estaba impresionado por todos sus trucos.

Pasaron una tarde maravillosa jugando juntos, y Corey se sintió mucho mejor sobre cómo manejar sus propios sentimientos de ahora en adelante.

Los sentimientos pueden ser intensos y abrumadores a veces, y a veces puedes sentirte avergonzado por lo que estás sintiendo.

Recuerda, no importa cómo te sientas, es importante que siempre aceptes tus sentimientos.

Sé sincero sobre cómo te sientes y cuéntale a la gente cómo te sientes, especialmente si esas personas te hacen tener ciertos sentimientos.

Cuando aceptes tus sentimientos, asegúrate de que siempre pienses en formas de sentirlos que sean respetuosas y amables contigo mismo y con los demás a tu alrededor.

Después de todo, actuar de forma poco amable debido a un sentimiento fuerte no te ayudará a sentirte mejor, pero puede hacer que te sientas peor.

Cuando se trata de emociones difíciles, aquí hay algunas grandes afirmaciones que puedes recordar y que pueden ayudarte a sentirte mejor a medida que las atraviesas:

"Es seguro para mí sentirme así".
"Puedo aceptar mis sentimientos".
"Puedo sentirme así y seguir siendo amable".
"Es seguro hablar de mis sentimientos".
"Está bien sentirse así".
"Yo acepto mis sentimientos siempre".
"No hay tal cosa como un mal sentimiento".
"Mis sentimientos importan".
"Puedo expresarme con seguridad".
"Los sentimientos pueden ser sentidos por todos".

9 - Pauline necesita un descanso

A veces, cuando nos sentimos abrumados o frustrados por la vida, un buen descanso es importante.
Tal vez hayas visto a otras personas, como tus padres, tomar descansos en la vida para ayudarles a sentirse mejor cuando se sienten abrumados.
Tal vez incluso te hayan ayudado a tomar un descanso antes cuando te sentías particularmente abrumado.
Sea cual sea el caso, tomar un buen descanso es siempre importante cuando lo necesitas.
En la historia de esta noche, vamos a hablar de Pauline y de cómo necesitaba un descanso, y lo que hizo con su descanso para ayudarla a sentirse más relajada después de un día estresante.
Pero antes de entrar en nuestra historia, ¡necesitamos asegurarnos de que estás relajado y listo para tener un gran sueño!
Asegúrate de que has dado las buenas noches a tu familia, has tomado un sorbo de agua y te has acostado.

Si duermes con tu peluche o manta favoritos, asegúrate de que estés bien arropados y que estés listo para concentrarte en un sueño maravilloso esta noche.

Para ayudarte a calmarte y relajarte, aún más, vamos a usar una meditación especial de respiración para ayudarte a tener una gran noche de sueño.

Esta meditación de respiración es fácil, y te ayudará a sentirte mucho más relajado.

Si estás listo para esta meditación de respiración, vamos a empezar.

Para la meditación de respiración de esta noche, vas a imaginar el aire lleno de luz dorada que inhalarás y exhalarás mientras te relajas.

Esta luz dorada te ayudará a relajarte completamente mientras te hundes en una sensación más pacífica para que puedas tener una maravillosa noche de sueño.

Empezarás esta meditación ahora tomando una agradable y profunda inhalación y visualizando la luz dorada llenando tus pulmones mientras inhalas y los llenas completamente.

Luego, visualizarás esta luz dorada saliendo de tus pulmones mientras exhalas y liberas completamente todo el aire de tus pulmones.

Una vez más, vas a respirar agradable y profundamente, visualizando el aire dorado llenando tus pulmones y ayudándote a relajarte aún más profundamente.

Ahora, exhala y visualiza todo el aire dorado, dejando tus pulmones completamente.

Una vez más, inhala y visualiza este aire dorado llenando tus pulmones, y exhala visualizando este aire dorado dejando tus pulmones completamente.

Inhala, visualizando la luz dorada que llena tus pulmones y te ayuda a relajarte, luego exhala visualizando el aire dorado que sale de tus pulmones y ayudándote a relajarte.

Una vez más, inhala y deja que esta luz dorada llene tus pulmones, ayudándote a relajarte aún más.

Luego, exhala, visualizando esta luz dorada liberándose de tus pulmones y ayudándote a relajarte aún más profundamente.

Ahora, estás en paz y listo para esta maravillosa historia de tomar un descanso cuando lo necesites.

Pauline estaba pasando un momento abrumador en su vida.

Su familia se había mudado recientemente, así que todo era nuevo para ella.

Su dormitorio, su escuela y su vecindario habían cambiado.

Pauline ya no reconocía a nadie con quien fuera a la escuela, y no tenía absolutamente ningún amigo de donde venía.

Estaba abrumada y le costaba mucho adaptarse a esta nueva vida que sus padres le habían dado, aparentemente de la nada.

Fue muy difícil para Pauline sentir que pertenecía cuando todo parecía tan fuera de lugar.

Echaba de menos a sus viejos amigos, su antigua casa y su antiguo vecindario.

Un día, cuando aún era nueva en la escuela, Pauline tuvo un día particularmente difícil.

Su clase estaba un poco adelantada a la de su antigua escuela, y no entendía del todo lo que su profesor le estaba enseñando.

Sus compañeros de clase no eran tan acogedores como podrían serlo, lo que hizo aún más difícil para ella aprender y ponerse al día porque se sentía sola y extrañaba a sus viejos amigos.

Pauline tuvo dificultades para encontrar su camino y realmente se sintió abrumada y enojada con todos los cambios que sus padres habían hecho.

Ese día, en particular, Pauline recibió una gran tarea sobre un tema que aún le parecía muy confusa.

Estaba segura de que no le iba a ir bien con esa tarea y le preocupaba que sus padres se enfadaran con ella por no hacerlo tan bien.

No quería decepcionarlos, especialmente porque siempre le decían lo orgullosos que estaban de que fuera tan inteligente y buena en la escuela.

Pauline tenía miedo de decepcionarlos y de que no se sintieran orgullosos de ella si se daban cuenta de que ya no le iba bien en la escuela.

No podía manejar más estrés en su vida, y esto se sentía demasiado para que lo manejara sola.

Cuando llegó a casa de la escuela ese día, sus padres le preguntaron cómo le iba, y Pauline no supo qué decir.
—Me siento abrumada —finalmente admitió.
—¿Te sientes abrumada porque nos mudamos? —preguntó su madre.
—Sí, no conozco a nadie aquí, mi dormitorio es muy diferente, y mis profesores no son tan amables conmigo. Esta escuela está enseñando algo nuevo para mí, y no lo entiendo. Siguen presionándome, y estoy confundida. Para colmo, nadie quiere estudiar conmigo, así que no puedo conseguir ayuda, y tengo miedo de decepcionarlos. Lo siento mucho —Pauline dijo, enterrando su cabeza en sus manos.
—No lo sientas, Pauline. Sabemos que estás pasando por muchas cosas en este momento, y no es fácil. Está bien sentirse abrumada. No nos estás decepcionando; ¡nunca nos decepcionarás! —el padre de Pauline dijo, dándole un abrazo.
—Sé justo lo que necesitas —la mamá de Pauline dijo.
—¿Qué? —Pauline preguntó.
—Espera aquí —la mamá de Pauline dijo.
Pauline se sentó con su papá, esperando mientras su mamá desaparecía arriba, y cuando regresó, le dijo a Pauline,
—¡Todo está listo para ti!
Confundida, Pauline siguió a su madre arriba.
Cuando llegaron arriba, Pauline vio que su mamá le había preparado un baño para que tuviera un lugar cómodo para relajarse.

La bañera estaba llena de burbujas y encendió algunas velas en la encimera para ayudarla a tener un momento aún más relajante.
—Esto te ayudará a sentirte mejor. Cuando termines, te ayudaré a relajarte en tu dormitorio también —la madre de Pauline dijo, besando a Pauline en la frente.
—Está bien pasar por un momento estresante, y es importante que defiendas tus necesidades como lo hiciste ahora. Puedes tomarte un

descanso hoy; está bien. Los deberes pueden esperar —la madre de Pauline sonrió, saliendo de la habitación.

Pauline se subió a la bañera y se recostó, mirando cómo las burbujas la cubrían y escuchando cómo hacían ruidos de chasquido en sus oídos.

Se quedó allí tumbada durante varios minutos mientras las velas parpadeaban y la luz bailaba en las paredes, y pensó en lo mucho que echaba de menos su casa, sus amigos y su escuela.

Siguió tumbada allí hasta que ya no se sintió tan abrumada, y luego salió de la bañera, se secó y drenó el agua de la misma.

Cuando salió del baño y entró en su dormitorio, Pauline vio que su madre también hacía que el ambiente de su dormitorio fuera relajante.

Su cama estaba hecha con cómodas sábanas, su conejo de peluche favorito estaba en la cama junto a sus almohadas, y su mamá había dejado un pequeño plato de bocadillos y un trago de leche en la habitación para ella.

—¿Cómo te sientes ahora? —preguntó su madre, entrando en su habitación.

—Estoy bien; aunque todavía estoy abrumada —dijo Pauline.

La mamá de Pauline le dio un abrazo y la ayudó a entrar a su cama, y le dio la merienda de galletas y su leche.

—Relájate aquí, te ayudará a sentirte mejor. A veces, un tiempo de descanso puede ayudar a nuestra mente a aceptar todo lo que está pasando para que puedas empezar a sentirte más en paz con tu vida —la madre de Pauline explicó.

—Está bien —respondió Pauline.

—Volveré más tarde, disfruta de tu descanso y no te preocupes por los deberes ni nada, solo relájate —la mamá de Pauline sonrió.

Pauline se recostó en su cama y miró por la ventana mientras comía galletas y bebía su leche.

Se acostó en su cama, preguntándose qué hacían sus amigos y cómo era la escuela en su antigua escuela ese día.

Se preguntaba si alguien la echaba de menos, también, y si volvería a ver a sus amigos.

Durante un tiempo, siguió sintiéndose abrumada y estresada por lo mucho que echaba de menos a todos los de su antigua escuela.

A Pauline le costó mucho aceptar todos estos sentimientos y todo lo que estaba pasando por esta mudanza.
Empezó a sentirse enojada de nuevo, y molesta con sus padres por hacerla dejar atrás a sus mejores amigos.
No podía entender cómo sus padres podían hacer esto, o por qué lo harían, y sentía que nada volvería a ser lo mismo.
—¿Cómo te va? —el padre de Pauline preguntó cuando entró en su habitación para ver cómo estaba.
—Estoy enfadada; ¿por qué hiciste que nos mudáramos? ¡Extraño a mis amigos! —Pauline dijo, haciendo pucheros en su edredón.
—Sé que no lo entiendes, Pauline, pero esta mudanza fue para mejor. En este momento, extrañas a tus viejos amigos y a tu antigua escuela, y eso está bien. Pero un día, puede que te entusiasmes con tu nueva escuela. Hay nuevos amigos aquí esperando para jugar contigo, y sé que los conocerás pronto. ¿Ya has conocido a alguno? —preguntó.
—¡No, no lo he hecho! No quiero nuevos amigos; ¡quiero a *mis* amigos! —Pauline protestó.
—Lo sé, Pauline. Siento que hayamos tenido que mudarnos —el padre de Pauline respondió—. Sigo pensando que un día sentirás curiosidad por saber a quién conocerás aquí, y qué harán juntos tú y tus nuevos amigos. ¿Puedes hacerme un favor? Mañana, cuando vayas a la escuela, intenta tener curiosidad sobre qué nuevos amigos podrías hacer y cómo sería la vida cuando te establezcas.
—Lo intentaré —dijo Pauline, con tristeza.
—Está bien —el papá de Pauline le dio un abrazo y salió de la habitación, dejando que se relajara una vez más.
Mientras Pauline se sentaba en la habitación, empezó a pasar de la ira a la curiosidad.
Se preguntaba si su padre tenía razón y si haría nuevos amigos aquí.
Se preguntaba si le agradaría a alguien y si se llevaría tan bien con alguien como con sus viejos amigos.
Pronto se cansó, se acostó y se durmió para la siesta.
Para cuando se despertó, Pauline estaba empezando a sentirse mucho mejor.

Ese día en la escuela, Pauline entró con una mentalidad curiosa como su padre le pidió.
Tenía curiosidad por saber a quién podría conocer, qué amigos podría tener y cómo sería la vida con sus amigos.
Mientras lo hacía, se dio cuenta de que había mucha gente muy divertida en su nueva escuela.
Conoció a dos nuevos amigos, y se sintió mucho más feliz y relajada de lo que se había sentido en días.
«Tal vez las cosas no sean tan malas después de todo» Pauline pensó para sí misma, mientras almorzaba con sus nuevos amigos.
Cuando llegó a casa de la escuela, Pauline le contó a su mamá y a su papá sobre los nuevos amigos que hizo.
—Tenías razón, ¡hice nuevos amigos! Me siento mucho mejor ahora; realmente creo que el descanso de ayer me ayudó mucho. Gracias —Pauline dijo.
—¡Sabía que lo harías! —su padre sonrió.
—De nada —la mamá de Pauline dijo, besando su frente y dándole un gran abrazo.
A veces, la vida puede ser estresante y abrumadora.
Cuando estamos estresados o abrumados, se siente más difícil hacer las cosas porque estás demasiado tenso.
Tomarse un buen descanso puede ayudarte a despejar tu mente, liberar tu estrés y sentirte listo para hacer las cosas que necesitas hacer en la vida.
A veces, tomarse un tiempo libre y tener un buen descanso es lo mejor que puedes hacer por ti mismo.
Siempre es importante reconocer tus necesidades y aceptarlas para poder hacer cosas en tu vida sin sentirte tan estresado o abrumado.

Si te sientes estresado o abrumado, o necesitas respetar y honrar tus propias necesidades, aquí tienes algunas afirmaciones para ayudarte:
"Mis necesidades son importantes".
"Es seguro decir no en este momento".
"No es una respuesta completa".
"Puedo tomarme un descanso".

"Los descansos son importantes".
"Mis necesidades son importantes".
"Es seguro tomar un descanso".
"Puedo satisfacer mis necesidades".
"Puedo pedir ayuda".
"Puedo ser honesto sobre lo que necesito".

10 - Devon lo intenta de nuevo

Aprender algo nuevo puede ser un desafío.
Puede que te preocupe que no seas tan bueno en lo que intentas hacer como la gente que lleva más tiempo haciéndolo.
Parte de ser bueno en algo es aprender a intentarlo de nuevo, incluso cuando cometes un error para poder aprender a mejorar tu nueva habilidad. En la historia de esta noche, eso es exactamente de lo que vamos a hablar.
Comencemos esta noche con una suave y progresiva habilidad de relajación muscular para que puedas dejar que tu cuerpo se relaje completamente y se duerma mientras escuchas esta historia.
Para hacer esta meditación, todo lo que tienes que hacer es enfocarte en las partes del cuerpo en las que te digo que te concentres y dejarte relajar completamente.

A medida que aprendas a relajar cada parte de tu cuerpo, te encontrarás relajándote cada vez más fácil y rápido, lo que te ayudará a quedarte dormido aún más fácilmente en el futuro.

Antes de empezar a relajarte, asegúrate de haberle dado las buenas noches a tu familia, de haberte lavado los dientes y de haberte puesto cómodo en la cama.

Una vez que todo esté listo para que le des las buenas noches, puedes empezar esta relajación, ¡y podremos compartir un cuento para dormir juntos!

Para empezar la relajación muscular, quiero que te concentres en la planta de los pies hasta las rodillas.

Por favor, pídele a cada músculo en esta área de tu cuerpo que se relaje completamente para que puedas tener una maravillosa noche de sueño. Siente cómo se relajan los músculos mientras se hunden más profundamente en la cama y se relajan completamente.

Ahora, concéntrate desde las rodillas hasta las caderas.

Siente cómo cada músculo de esta zona del cuerpo se relaja completamente mientras te dejas hundir más profundamente en la cama y te sientes más cómodo para tener una noche de sueño acogedor.

A continuación, concéntrate en las caderas hasta el ombligo.

Deja que cada músculo de esta área de tu cuerpo se relaje, mientras te preparas para un maravilloso sueño.

Ahora, concéntrate en el ombligo hasta los hombros, y los hombros hasta la punta de los dedos.

Pide a todos los músculos de tu pecho y brazos que se relajen completamente y siente cómo se hunden más en tu cama mientras te relajas completamente.

Ahora, concéntrate en el espacio entre tus hombros y la parte superior de tu cabeza.

Pida a todos los músculos del cuello, la cara y la cabeza que se relajen completamente para que puedas tener un sueño maravilloso esta noche.

Cuando sientas que todos tus músculos desde la parte superior de tu cabeza hasta la parte inferior de tus pies están relajados, podemos empezar tu cuento para dormir.

Devon era un chico muy agradable.
Obedecía a sus padres, era amable con su hermana y sacaba buenas notas en la escuela.
Sabía cómo ayudar a los vecinos a cortar el césped, siempre ayudaba a los ancianos a llevar la comida a su coche, y le encantaba compartir sus bocadillos con sus amigos del vecindario.
Desde que era pequeño, sus padres siempre le decían a Devon lo buen chico que era y lo servicial que era.
A Devon le encantaba saber que era amable y siempre se esforzaba por ser amable con toda la gente que conocía.
Un día, los padres de Devon decidieron mudarse a un nuevo vecindario donde estarían más cerca del trabajo de sus padres.
Allí, él también asistiría a lo que ellos decían que era una mejor escuela.
Además, como ya tenía diez años, ayudaría a su hermana a ir y venir del jardín de infancia para ayudar a sus padres y ayudarla a pasar un día maravilloso en la escuela.
Devon estaba entusiasmado con todas las nuevas responsabilidades que tendría, y todas las cosas nuevas que tenía que prever.
Aunque sabía que iba a extrañar a sus viejos amigos y a la vieja escuela, sus padres le aseguraron que podría ver a sus viejos amigos cuando quisiera los fines de semana y en las vacaciones escolares.
Así que, aunque estaba un poco asustado, Devon estaba emocionado por hacer nuevos amigos y disfrutar de una nueva escuela.
En su primer día en su nueva escuela, Devon se despertó, se vistió y se lavó los dientes.
Se peinó, puso todos sus libros en su bolso y se sentó a desayunar con su hermana pequeña Christy.
Una vez que terminaron de comer, su madre también empacó la bolsa de Christy y la preparó para ir a la escuela.

Cuando llegó el momento, Devon se despidió de su madre y acompañó a Christy a la escuela.

Se aseguró de detenerse en todos los cruces peatonales, mirar a ambos lados y ayudarla a cruzar la calle con seguridad.

Llegaron a la escuela antes de que sonara la campana, y la dejó en su clase de jardín de infantes y le mostró dónde la recogería cuando terminara la escuela.

Después de dejar a Christy en el jardín de infantes, Devon fue a buscar su propia clase.

Recordó dónde estaba porque sus padres acababan de llevarlo a él y a Christy a recorrer su nueva escuela el fin de semana anterior.

Así que se dirigió a la clase y se preparó para el día.

Su nuevo maestro, el Sr. Stokes, ayudó a Devon a encontrar su casillero y su escritorio y le ayudó a prepararse para su primera clase.

Devon estaba entusiasmado, y estaba seguro de que haría muchos nuevos amigos en esta maravillosa escuela nueva.

A medida que pasaban los minutos, los niños empezaron a apilarse en la clase y a sentarse en sus escritorios a su alrededor.

Cada uno de ellos parecía estar con un grupo de amigos y se sentaron juntos, hablando entre ellos.

Ninguna persona habló con Devon, y Devon se preguntó si podían ver que estaba allí.

«¿Nadie se dio cuenta de que había alguien nuevo en la clase con quien hablar?» Devon se preguntaba.

Para cuando llegó el recreo, Devon todavía pasaba su tiempo solo.

Todos salieron de la sala con sus grupos de amigos, y Devon salió solo.

Cuando llegó al patio, Devon miró a su alrededor y se dio cuenta de que todos tenían un grupo de amigos con los que pasar el rato, excepto él.

Entonces, Devon se acercó a un grupo de amigos que parecían divertirse y trató de jugar con ellos.

Intentó jugar con ellos en las barras, los columpios y en los toboganes.

Devon intentó jugar con ellos en el campo, en el patio y en el parque.

Por mucho que lo intentara, nadie quería jugar con Devon, simplemente lo empujaban o huían de él.

Devon se sentía triste.

La campana sonó, y Devon regresó a la clase, solo.

Se sentó en la clase solo e hizo su trabajo solo.

Entonces, llegó la hora del almuerzo.

Esta vez, Devon trató de jugar con un grupo diferente de amigos, pero lo mismo ocurrió.

Cada vez que trataba de jugar con ellos, los amigos se escapaban, y Devon se quedaba jugando solo.

Empezó a sentirse solo y se preguntaba si algo le pasaba o si había alguna razón por la que nadie quería jugar con él en su nueva escuela.

Devon se sentía triste.

Al final del día, Devon sintió que tal vez su nueva escuela no era tan maravillosa después de todo.

Fue a buscar a su hermana Christy al jardín de infantes y se fueron caminando a casa.

Cuando llegaron a casa, la madre de Devon les preguntó cómo les había ido.

Christy le contó lo maravilloso que fue y cuántos nuevos amigos hizo, y le mostró a su mamá la artesanía que hicieron en el jardín de infantes.

Devon suspiró y dijo:

—¡No fue divertido! Intenté hacer amigos, pero nadie quería jugar conmigo. Es como si ni siquiera vieran que estaba allí.

La madre de Devon se sentó a su lado y dijo:

—Cuéntame. ¿Qué hiciste cuando intentaste hacer nuevos amigos?

—Bueno, me acerqué a ellos y empecé a jugar. Jugué como ellos jugaban, pero nadie me incluyó. ¡Simplemente seguían huyendo!

—Ya veo —la madre de Devon dijo, abrazándolo—. Mañana, ¿por qué no intentas presentarte primero? Tal vez estos niños solo querían saber quién eras y no sabían cómo preguntar —su mamá sugirió, dándole un último apretón.

—Supongo que sí —dijo Devon.
—Sigue intentándolo, cariño, hacer amigos puede ser difícil. Lo harás mejor; requiere práctica —le aseguró su madre.
Luego, les dio un refrigerio y jugaron en el patio el resto de la tarde.
Al día siguiente, Devon se preparó para ir a la escuela otra vez.
Dejó a Christy hasta el jardín de infantes, asegurándose de detenerse y mirar a ambos lados de los cruces peatonales y tomándose su tiempo para llevarla a salvo.
Luego, se dirigió a su clase.
Esta vez, se sentó allí, listo para hacer nuevos amigos de inmediato.
Cuando el primer grupo de niños entró por la puerta, se levantó y se acercó a ellos.
—¡Hola, me llamo Devon! —dijo, sonriendo.
Todos estaban callados y siguieron caminando hacia sus escritorios, excepto un niño que dijo,
—¡Hola Devon! ¡Soy Scott!
Devon sonrió y se animó, dándose cuenta de que alguien le había contestado y se había dado cuenta de que estaba allí.
—¡Hola Scott! —Scott siguió caminando hacia su escritorio.
—Estos son Patrick, Lenora, Silas y Alyssa —dijo Scott, señalando a los otros niños que entraron en la habitación con él.
Todos sonrieron y saludaron a Devon, y Devon les devolvió el saludo.
Devon se sentó en un escritorio cerca del grupo, y él y Scott hablaron, y Devon se enteró de que no hace mucho tiempo, Scott era el chico nuevo también.
Scott explicó que al principio era difícil hacer nuevos amigos, pero luego empezó a sentir que encajaba y ahora tenía grandes amigos.
Devon se sintió inspirado por Scott y esperaba que él tuviera la misma maravillosa experiencia en su nueva escuela.
Cuando empezó la clase, todos se sentaron juntos, y Scott ayudó a Devon a entender el trabajo que hacían en clase.
Luego, cuando llegó el recreo, Alyssa invitó a Devon a venir a jugar con ellos.

A la hora del almuerzo, Silas y Patrick se ofrecieron a intercambiar los artículos del almuerzo con Devon porque no era un gran fan del almuerzo que su madre le había preparado.
Al final del día, Devon se enteró de que Lenora vivía cerca de él y se fue a casa con Devon y Christy.
Devon comenzó a sentirse mucho mejor cuando se dio cuenta de que hacer amigos no era tan difícil como él pensaba; solo requería práctica.
Cuando llegó a casa, la madre de Devon le preguntó cómo le fue en la escuela.
—¿Hiciste nuevos amigos? —le preguntó.
—Sí, los hice. Hice nuevos amigos con Scott, Patrick, Silas, Lenora y Alyssa. ¡Lenora incluso vive cerca y caminó a casa con Christy y conmigo! —sonrió.
—Sabía que podías hacerlo. ¿Presentarte ayudó? —preguntó su madre.
—¡Sí, lo hizo! Al principio, solo Scott me hablaba, pero luego todos empezaron a hablarme, y todos jugamos juntos en el recreo y en el almuerzo.
—Parece que hoy te fue mucho mejor —su madre sonrió.
—Así fue —Devon le devolvió la sonrisa.
A veces, intentar algo nuevo, como hacer amigos, puede ser un desafío. Puede que te encuentres abrumado o luchando por hacer lo que te propones.
Es normal sentirse asustado o abrumado cuando se intenta algo nuevo, que es lo que hace que tengas miedo de volver a intentarlo.
La buena noticia es que si sigues intentándolo, solo podrás mejorar.
Darse la oportunidad de intentarlo de nuevo es una maravillosa oportunidad para asegurarte de que puedes hacerlo mejor la próxima vez.

Mientras intentas nuevas cosas y te preparas para volver a intentarlo, aquí hay algunas afirmaciones maravillosas que te ayudarán en el camino:
"Intentarlo de nuevo es importante".
"Intentarlo de nuevo es la forma de mejorar".
"La mejora viene de intentarlo de nuevo".
"Puedo hacerlo mejor la próxima vez".

"Cada vez que lo intento, mejoro".
"La práctica hace la mejora".
"Puedo aprender nuevas habilidades".
"Puedo hacer esto".
"Siempre puedo intentarlo de nuevo".
"Está bien intentarlo de nuevo".

11 - David va a ver a las ballenas

¿Alguna vez te has preguntado cómo sería salir al mar e ir a ver ballenas con tu familia?
El avistamiento de ballenas es una experiencia maravillosa que disfrutan muchos que viven cerca del hermoso océano.
En la historia de esta noche, vamos a hablar de cómo David fue a ver ballenas con su familia y todas las maravillosas experiencias que tuvo y las emociones que aprendió a medida que viajaba.
Antes de empezar nuestra historia, ¡asegúrate de que estás listo para ir a la cama!
Dale las buenas noches a tu familia, lávate los dientes y bebe un poco de agua.
Si tienes una manta o un peluche favorito, con el que te guste dormir, acurrúcate cerca de ellos yprepárate para una maravillosa noche de sueño.
Luego, cuando estés listo, podemos pasar unos minutos respirando para ayudarte a relajarte con una meditación calmante antes de empezar la historia de esta noche.

De esta manera, tu cuerpo estará bien relajado y listo para quedarse quieto mientras escuchas la historia y te preparas para un maravilloso sueño.

Para esta meditación de respiración, vamos a inhalar a la cuenta de cinco, mantenerla durante dos segundos y exhalar a la cuenta de siete.

Esto te ayuda a relajar tu mente, y le dice a tu cuerpo que es hora de calmarse y dormir.

Puedes empezar esta meditación cuando estés listo respirando a la cuenta de uno, dos, tres, cuatro, cinco, sosteniéndola por uno, dos, y exhalando por uno, dos, tres, cuatro, cinco, seis, siete.

De nuevo, inhala por uno, dos, tres, cuatro, cinco, aguanta por uno, dos, y exhala por uno, dos, tres, cuatro, cinco, seis, siete.

Inhala otra vez por uno, dos, tres, cuatro, cinco, aguanta por uno, dos, y exhala por uno, dos, tres, cuatro, cinco, seis, siete.

Inhala por uno, dos, tres, cuatro, cinco, aguanta la respiración por uno, dos, y exhala por uno, dos, tres, cuatro, cinco, seis, siete.

Una vez más, inhala por uno, dos, tres, cuatro, cinco, aguanta por uno, dos, y déjalo ir por uno, dos, tres, cuatro, cinco, seis y siete.

Ahora, deja que tu respiración vuelva a la normalidad mientras te acomodas para una maravillosa historia sobre David y su experiencia de avistamiento de ballenas.

David estaba tan emocionado de ir a visitar a su familia en la costa.

Se pasó toda la semana haciendo las maletas.

Empacó sus pantalones, sus camisas, su ropa interior, sus calcetines, sus zapatos e incluso algunos de sus juguetes favoritos.

En una bolsa más pequeña, empacó su cepillo de dientes, pasta de dientes, champú, acondicionador y una pequeña toalla.

Todas sus bolsas estaban listas para irse el viernes por la mañana cuando era hora de que él y sus padres hicieran el viaje a la costa donde se quedarían con los abuelos de David durante el fin de semana.

David estaba tan emocionado de ver a sus abuelos ya que no los había visto en meses, y los echaba mucho de menos.

Durante todo el camino, habló con entusiasmo sobre lo que harían, cómo pasarían el tiempo y lo divertido que sería pasar el fin de semana con sus abuelos.

Para ayudarle a contener su emoción, sus padres le animaron a jugar juegos como contar cuántos postes de teléfono vio en una ciudad, o contar cuántos coches verdes vio en el camino.
David jugó y contó 19 postes de teléfono y 37 coches verdes.
Después de lo que pareció una eternidad, David y sus padres llegaron a la costa y a la casa de sus abuelos.
Sus abuelos estaban tan emocionados de verlo como él lo estaba de verlos, y disfrutaron de una maravillosa velada comiendo los deliciosos espaguetis y albóndigas de su abuela con una rebanada de pastel de postre.
Esa noche, durmió en la habitación de invitados con una gran sonrisa en su cara porque estaba muy emocionado de estar con sus abuelos de nuevo.
Cuando llegó la mañana siguiente, David se despertó y vio que sus abuelos y sus padres estaban haciendo algunas maletas.
—¿Ya nos vamos? —David frunció el ceño.
—No, en absoluto. Hoy nos vamos de aventura —el abuelo de David exclamó.
—¿Una aventura? ¿Adónde? —preguntó David.
—Es una sorpresa —su abuelo sonrió.
—¡Antes de la aventura, necesitas un buen desayuno para ayudarte a empezar el día! Vamos, disfrutemos de unos panqueques y tocino antes de irnos —la abuela de David dijo, llamando a todos al comedor.
Todos fueron y comieron sus desayunos, y fue delicioso.
Cuando terminaron, limpiaron sus platos.
—¿Ahora ya podemos irnos a la aventura? —preguntó David.
—¡Claro que sí! —sonrió su abuelo, dándole la razón.
David, sus padres y sus abuelos se pusieron los zapatos y se prepararon para salir de la casa.
Mientras iban camino a la aventura, David se sentía emocionado y confundido.
No tenía ni idea de lo que estaban haciendo, pero sabía que sería un buen momento porque siempre se divertía con sus abuelos.
Mientras conducían, David empezó a ver el océano delante de ellos.
Podía verlo cada vez más grande a medida que se acercaban.

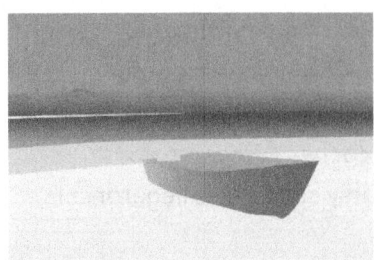

—¿Vamos a la playa? —preguntó.
—Más o menos —dijo su madre, manteniendo su aventura como un misterio.
David se volvió aún más curioso a medida que se acercaban a la playa, y finalmente se estacionó en un estacionamiento cerca del agua.
—Vamos a la playa, ¿no? —dijo, emocionado.
—Ya lo verás —su padre sonrió.
Sus padres y abuelos recogieron algunas de las bolsas del maletero y cerraron el auto con llave mientras caminaban hacia un pequeño edificio en la playa.
Cuando llegaron allí, David vio toneladas de fotos y estatuas de ballenas en el edificio.
—¿Qué estamos haciendo, abuelo? —preguntó, mirando alrededor con asombro.
—¡Vamos a ver ballenas! —respondió su abuelo.
—¿A ver ballenas? ¡Nunca lo he hecho! ¡Esto es tan emocionante! —David dijo, saltando por todos lados.
Sus padres y abuelos sonrieron mientras se registraban, y todos se prepararon para ir a ver ballenas.
Cuando todos se registraron, uno de los guías llevó a David y a su familia al barco que usarían para ir a ver las ballenas.
Cada uno de ellos subió a bordo y encontró un asiento para sentarse mientras se relajaban y miraban hacia el mar.
David estaba tan emocionado por lo que estaba pasando que apenas podía contenerse, pero el guía para el avistamiento de ballenas le dijo que era importante que se sentara y se quedara quieto para que no se lastimara accidentalmente o se cayera del barco.
Entonces, el guía les entregó a cada uno de ellos chalecos salvavidas y les dijo qué hacer si se caían del barco o si sucedía algo.
Les aseguró que era improbable que alguien se cayera, pero que era importante que les dijera qué hacer de todos modos por si acaso.

Mientras David escuchaba al guía, miró por encima del borde del barco y se dio cuenta de lo lejos que estaba el agua.
Empezó a asustarse al darse cuenta de lo que podría pasar si se movía, así que se quedó increíblemente quieto.
De hecho, se sentó tan quieto que la abuela de David se preguntó si algo estaba mal.
—¿Estás bien? —preguntó.
—Lo estoy, solo tengo miedo de caerme al agua. Nunca me he caído en el océano antes, ¿y si me hago daño? —preguntó.
—Estarás bien, solo mantente relajado y cerca del abuelo y de mí y te mantendremos a salvo —el padre de David le aseguró.
Estaba sentado entre su padre y su abuelo, y al darse cuenta de que no estaba solo, empezó a sentirse más cómodo.
Durante el primer rato en el agua, David se sintió asustado.
Le preocupaba que algo pudiera suceder y que se lastimaran.
Sin embargo, una vez que pasó un tiempo, David comenzó a calmarse.
Se relajó tanto que pudo reírse de los chistes que su abuelo le contaba mientras disfrutaban de la vista y de un maravilloso momento juntos.
Pronto llegaron al punto donde estaban las ballenas, y el guía les dijo que miraran la superficie del agua.
David miró hacia donde el guía apuntaba y vio los lomos de las ballenas mientras se balanceaban en el agua.

Parecían estar jugando y bailando en las olas mientras nadaban.
¡Una incluso roció agua en el aire más arriba de su barco!
El guía movió cuidadosamente el bote un poco más cerca para que pudieran tener una mejor vista.
David se sorprendió de lo hermoso y fascinante que era observar a las ballenas.

Cuando pidió acercarse, el guía le dijo que tenían que permanecer más lejos para que las ballenas no se lastimaran.
El guía dijo que a veces las ballenas se ponían tan curiosas de los barcos, que venían a tocarlos con sus narices, y que podrían resultar heridas por las hélices.
David no quería que las ballenas se lastimaran, así que acordó que debían mantenerse a distancia y disfrutar de las ballenas desde lejos.
Se sentaron allí un rato y vieron a las ballenas bailando en las olas mientras disfrutaban de la luz del sol.
Parecía como si estuvieran jugando todas juntas, y David pensó que eso era lindo.
Después de un tiempo, las ballenas comenzaron a desaparecer.
Los otros barcos que también habían estado observando ballenas comenzaron a regresar a la costa, y su guía sugirió que la familia de David regresara a la costa también.
—¡Aw, pero yo no quiero! ¡Me estoy divirtiendo! —David dijo.
—Lo sé, ¡pero tenemos que despedirnos de la manada de ballenas y dejarlas dormir bien! —la madre de David dijo.
—¿Qué es una manada de ballenas?
—Una manada es el nombre que se le da a un grupo de ballenas —respondió su madre.
—Oh. ¡Adiós manada de ballenas! —David dijo, señalando a las ballenas.
El guía comenzó a llevar a David y a su familia de vuelta a la orilla.
Cuando llegaron, se quitaron los chalecos salvavidas y uno por uno se bajaron del barco.
Sus padres fueron a hablar con el guía mientras David y sus abuelos llevaban sus maletas al coche.
Cuando sus padres terminaron de hablar, todos se subieron al auto y comenzaron a regresar a la casa de sus abuelos.
Lentamente, el océano se alejó cada vez más mientras regresaban a los suburbios donde vivían sus abuelos.
Antes de que se diera cuenta, estaban de vuelta en casa y listos para disfrutar de una maravillosa cena juntos.

David estaba cansado, pero se mantuvo despierto lo suficiente como para disfrutar de la cena con sus abuelos y su familia.
Cuando la cena estuvo lista, todos se sentaron juntos a la mesa y disfrutaron de una maravillosa comida.
Tenían jamón, puré de papas, zanahorias, salsa, maíz y bollos.
Cuando ya habían terminado de comer todo, David y su familia disfrutaron de otra rebanada de su pastel favorito como postre, y David incluso pudo comer algunas de las galletas que su abuela solía comer con su té después de la cena.
Mientras estaban sentados disfrutando de la noche, su abuela preguntó:
—David, ¿cuál fue tu parte favorita de hoy?
—Mi parte favorita fue ver la manada de ballenas jugando en las olas. ¡Parecía que estaban bailando! ¡Y cuando la ballena roció agua en el aire! —David dijo, haciendo un gran gesto en el aire como si fuera la ballena rociando agua.
Los padres y abuelos de David se rieron mientras lo veían representar el papel de las ballenas.
Cuando terminó, David se sentó en el sofá y comenzó a dormirse.
—¿Estás cansado? —le preguntó su madre.
—Sí —susurró David.
El padre de David lo llevó a la habitación de invitados, donde estaba arropado para que pudiera disfrutar de una maravillosa noche de sueño después de un gran día de avistamiento de ballenas con su familia. ¡Fin!
Ir de aventuras puede ser divertido, pero a veces también puede ser aterrador.
Cuando no sabes lo que estás haciendo, puede ser aterrador probar cosas nuevas.
Lo bueno es que no tienes que ir a las aventuras solo, y siempre puedes confiar en tus seres queridos para que te ayuden a sentirte seguro.
Cuando sabes que vas a estar seguro mientras te vas de aventura, las aventuras pueden ser muy divertidas y pueden llevarte a maravillosos recuerdos de toda la vida.

Puede que no te des cuenta ahora, ¡pero estos recuerdos serán muy especiales para ti!

A medida que pruebes nuevas aventuras en tu propia vida, te animo a que mantengas estas afirmaciones cerca para ayudarte a sentirte seguro al emprender aventuras:

"Es seguro ir a las aventuras".
"Las aventuras con mi familia son divertidas".
"Probar cosas nuevas es genial".
"Me gustan mis sentimientos cuando pruebo cosas nuevas".
"La aventura es divertida".
"Me encantan las aventuras con mi familia".
"Escucho las reglas cuando voy a las aventuras".
"Escuchar las reglas me ayuda a estar seguro".
"Las aventuras pueden ser un gran momento".
"Estos recuerdos durarán para siempre".

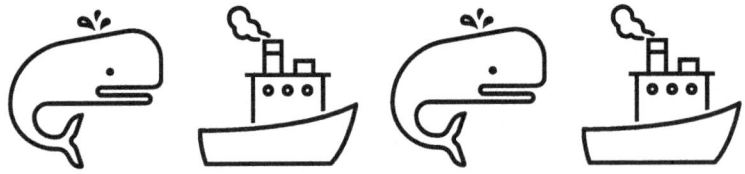

12 - Narcisa conoce a una amiga

Aprender a hacer amigos es una habilidad maravillosa para tener en la vida. Hacer nuevos amigos puede ser difícil, especialmente si te sientes tímido o tienes miedo de hablar con grupos de personas nuevas.
Siempre que me siento tímido o tengo miedo de hacer nuevos amigos, siempre pienso en la historia de Narcisa, el hada.
Narcisa era un hada que quería una nueva amiga pero no estaba segura de cómo conseguirlo.
Sin embargo, cuando aprende, se siente mucho mejor sabiendo que ahora tiene una amiga con el que puede jugar todos los días, ¡igual que las otras hadas!

Para ayudarte a prepararte para la hora de los cuentos, asegurémonos de que hayas completado toda tu rutina para ir a la cama.

Asegúrate de haberte lavado los dientes, tomado un sorbo de agua, ido al baño, dado las buenas noches a tus amigos y acostado en la cama.

¡También debes asegurarte de que tu luz está apagada para que puedas tener un gran sueño!

Una vez que estás bien arropado y listo para ir a la cama, puedes empezar la meditación de esta noche usando una maravillosa habilidad de relajación muscular que te ayudará a sentirte más en paz en tu vida.

¿Estás listo? ¡Empecemos!

Comienza tu meditación muscular relajante enfocándote en tus pies, tus tobillos, tus piernas, tus rodillas y tus caderas.

Agradece a tus pies, tobillos, piernas, rodillas y caderas por ayudarte a caminar durante el día, y pídeles que se relajen completamente.

Ahora, pueden tener un maravilloso descanso de todo el correr, saltar, escalar y brincar que hiciste para que tengan mucha energía para jugar de nuevo mañana.

A continuación, vamos a centrarnos en tu estómago.

Agradece a tu estómago por ayudarte a comer toda la maravillosa comida que comiste hoy y por ayudarte a beber todas las maravillosas bebidas que tomaste hoy, y luego pídele que tenga un maravilloso descanso.

Deja que se relaje completamente mientras te preparas para dormir.

Ahora, enfoquémonos en tu pecho.

Agradece a tu pecho por permitirte respirar y por llenarte de aire y ayudar a tu corazón a latir.

Luego, pídele que se relaje para que puedas tener una maravillosa noche de sueño.

Siente tu respiración ayudándote a relajarte mientras inhalas y exhalas.

Ahora, enfoquémonos en los hombros, brazos, codos, muñecas, manos y dedos.

Agradece a tus hombros, brazos, codos, muñecas, manos y dedos por ayudarte a recoger, agarrar, levantar, cargar y subir en todo el día.

Pídeles que se relajen completamente para que puedan tener mucho descanso y energía para un nuevo día mañana.

Ahora, enfoquémonos en tu cuello y cabeza.
Relaja todos los músculos de tu cuello y cabeza mientras les agradeces que te ayuden a pensar, hablar, ver y oler durante todo el día.
Déjalos que se relajen completamente para que ellos también puedan tener un maravilloso descanso.
Una vez que le hayas pedido a todo tu cuerpo que descanse y le hayas agradecido por todo el trabajo que ha hecho, estarás listo para comenzar tu historia sobre Narcisa, el hada y su nueva amiga Daisy.
Narcisa era un hada adorable.
No era más grande que tu dedo meñique, y era una amiguita encantadora, de hecho.
Narcisa tenía el pelo amarillo y la piel pálida, y llevaba un hermoso vestido blanco hecho de pétalos.
Sus alas parecían hojas brillantes, y la ayudaban a volar por el bosque como toda una experta.
A Narcisa le encantaba volar, casi tanto como le gustaba hornear y jugar a los bolos con pequeñas bayas del bosque.
Un día, mientras volaba por el bosque y jugaba con las mariposas, Narcisa se dio cuenta de que se sentía muy sola.
Quería tener amigos, pero todas las demás hadas del bosque parecían tener ya amigos.
Se dio cuenta de que siempre estaba sola mientras las otras hadas jugaban entre ellas y pasaban un rato maravilloso juntas.
Esto hizo que Narcisa se sintiera triste y la dejaran de lado porque quería ser parte de la diversión.
En lugar de dejar que su tristeza la afectara, Narcisa decidió que quería hacer una amiga también.
Ya no iba a ser la única hada sin amigos; quería tener a alguien con quien jugar, a quien le gustara tanto como a ella jugar a los bolos y volar con las mariposas. Así que, Narcisa se dispuso a conocer nuevos amigos.
Narcisa buscó por todas partes nuevos amigos.
Voló alrededor del bosque, fue a los pozos de agua locales, y revisó todos los parches de bayas de donde las hadas siempre obtenían su comida.

Comprobó las casas de las ranas y las tortugas, y voló alrededor del arroyo, y sin embargo, en todos los lugares donde fue, todo lo que vio fueron grupos de hadas que parecían demasiado ocupadas para prestarle atención. Narcisa estaba demasiado asustada para ir a un grupo entero de hadas para tratar de hacer amigos, así que en vez de eso, se quedó sola ese día.
Se sintió triste porque al final del día, no tenía ni un solo amigo.
Narcisa se preguntaba si estaría sola para siempre, o si algún día encontraría un amigo que quisiera jugar con ella.
Cuando llegó a casa esa noche, Narcisa se preparó una cena de bayas y jugo de bayas y se sentó junto a su chimenea y se relajó.
Esta noche fue diferente a las otras noches, sin embargo.
No se sentía con energía y feliz por pasar el día jugando con las mariposas, sino que se sentía triste y sola porque no encontraba ni una sola hada con la que pudiera jugar.
Narcisa se sintió triste cuando se fue a la cama esa noche, y se sintió triste cuando se despertó en la mañana.
Aún así, no iba a dejar que su tristeza o soledad la detuviera, Narcisa quería hacer amigos, y así lo intentaría de nuevo en este nuevo día.
Esta vez, Narcisa fue a todos los mismos lugares.
Voló alrededor de los campos de bayas, las casas de ranas y tortugas, y el arroyo.
Fue a los lugares donde todas las hadas se reunían, y una vez más, todo lo que vio fueron grupos de hadas pasando el rato y jugando.
Se reían, bromeaban, bailaban y jugaban con los animales del bosque.
Narcisa parecía ser la única que estaba sola, excepto las hadas mayores que se relajaban en sus patios y disfrutaban del tiempo a solas, como solían hacer en sus años mayores.
Sintiéndose derrotada, Narcisa fue a visitar a su anciana favorita, la Sabia Anciana.
La Sabia Anciana era un hada mayor que había vivido en el bosque durante muchos años y tenía una gran cantidad de conocimientos para ofrecer a Narcisa sobre la vida cada vez que hablaban.

Esperando algún consejo, Narcisa se sentó con la Sabia Anciana en su patio y le explicó su problema de no poder encontrar a nadie que fuera su amigo. Esta vez, en lugar de darle consejos, la Sabia Anciana mencionó que tenía una nueva sobrina en el bosque que también estaba buscando una amiga.

Ella también tenía dificultades para encajar en cualquiera de los grupos y se sentía sola en el bosque.

La Sabia Anciana estableció un momento en el que Narcisa conocería a su sobrina, y luego las dos simplemente se sentaron y disfrutaron de una taza de té de bayas mientras veían a todos jugar y disfrutar del sol brillante.

Al día siguiente, Narcisa apareció en el arroyo donde la Sabia Anciana le dijo que se presentara, y cuando llegó, otra hada ya estaba sentada allí. Narcisa voló hacia el hada y se presentó.

—¡Hola, mi nombre es Narcisa! —dijo ella, sonriendo.

—¡Hola, soy Daisy! —dijo la otra hada.

Daisy estaba vestida con un vestido amarillo y blanco y tenía el pelo castaño y unas hermosas alas brillantes que parecían hojas, como las que tenía Narcisa.

—¿Quieres jugar conmigo? —preguntó Narcisa.

—¡Claro! —Daisy se rio.

Las dos hadas comenzaron a volar por el bosque, persiguiendo mariposas, cantando a los pájaros y jugando con las ranas.

Volaron a pequeñas cuevas en el bosque y jugaron al escondite, saltaron por el arroyo y jugaron en los campos de bayas donde recogían las bayas para la cena.

Cuando terminaron, volvieron a la casa de Narcisa y prepararon una deliciosa sopa de bayas para la cena.

Disfrutaron de la sopa de bayas en su patio y observaron el sol mientras bailaba por el cielo, preparándose para la puesta de sol.

—¡Este día ha sido muy divertido! —Narcisa sonrió.

—¡Estoy de acuerdo! —Daisy dijo.
—Me sentía tan sola; puede ser difícil hacer amigos a veces. Parece que todos los demás ya tienen amigos, y yo siempre soy la que queda fuera. ¡Estoy tan contenta de haberte conocido! —dijo Narcisa.
—¡Yo también me alegro de haberte conocido! Soy nueva aquí, y pensé que nunca haría amigos —Daisy dijo.
Las dos chicas sonrieron y terminaron su sopa de bayas.
Cuando terminaron, llevaron sus tazones adentro y los lavaron, y los guardaron en los armarios.
Luego, tomaron algo del pigmento de las bayas y volvieron a salir para pintar el atardecer mientras se proyectaba sobre el cielo.
Cuando oscureció, Daisy dijo que era hora de volver a casa.
—¿Quieres hacer una pijamada? —preguntó Narcisa.
—¡Claro! —Daisy dijo.
En lugar de quedarse en su casa por la noche, Daisy fue a su casa y agarró su pijama, y luego regresó con Narcisa para disfrutar de una pijamada.
Las dos hadas vieron películas, se pintaron las uñas y charlaron toda la noche sobre lo maravilloso que era jugar con las mariposas y los pájaros y vivir en un bosque tan hermoso.
También colgaron sus pinturas en la pared para que la casa de Narcisa se viera aún más acogedora.
Cuando se cansaron, las dos se acurrucaron y se fueron a dormir y disfrutaron de un sueño encantador.
Mientras ella se dormía, Narcisa pensó en lo agradable que era tener una amiga con la que pudiera hacer todo.
Le encantaba que ya no se sintiera sola y que ahora tenía a alguien a quien llamar cuando quería tener a alguien con quien jugar.
Narcisa pensó en lo genial que era que ya no se sintiera como una extraña mientras todos los demás jugaban con sus amigos, y se sentó sola a jugar.
Sonrió mientras se dormía y tuvo un maravilloso sueño toda la noche.
A la mañana siguiente, las dos hadas se despertaron y se prepararon un desayuno de tortitas de bayas y jarabe.
Luego, volvieron a salir para jugar toda la mañana de nuevo.
De nuevo, volaron con las mariposas y los pájaros.

Jugaron con las ranas y las tortugas, y recogieron bayas frescas de la parcela de bayas.
Luego, se detuvieron en la casa de la Sabia Anciana para agradecerle por presentarlas.
—Me alegra ver que ustedes dos están disfrutando de la compañía de la otra —la Sabia Anciana sonrió, ofreciéndoles a ambas una taza de té de bayas.
—¡Estamos muy felices! —las dos hadas sonrieron, bebiendo su té de bayas frescas.
Desde ese día, Narcisa y Daisy siempre tuvieron una mejor amiga con la que ir por la vida.
Las dos hadas pasaron muchos momentos maravillosos, y también tuvieron muchos momentos difíciles y a veces tristes.
Sin embargo, no importaba lo que pasara, siempre sabían que tenían una maravillosa mejor amiga con la que ir por la vida.
Estuvieron al lado de la otra en todo, y sabiendo que nunca más tendrían que pasar por la vida solas, siempre tendrían alguien con quien contar.
De esta manera, ya no eran las hadas solitarias, sino que siempre tenían alguien con quien disfrutar de la vida.
Incluso cuando crecieron y cambiaron, siempre se tuvieron la una a la otra, y eso es lo que hizo su amistad tan hermosa.
Tener buenos amigos es una parte importante de la vida.
Hacer amigos puede ser un reto, pero una vez que haces amigos, es importante que te aferres a ellos.
Asegúrate de que siempre tratas a tus amigos con amabilidad y de que siempre cuidas de tus amigos, y ellos te cuidarán a ti también.
A veces es difícil encontrar un buen amigo, pero duran toda la vida, y son personas increíblemente especiales para tener en tu vida.

Cuando vayas por tu vida y empieces a hacer amigos maravillosos, puedes usar estas afirmaciones para ayudarte a ser fiel a tus amigos y disfrutar de mejores amistades:
"Soy un gran amigo".
"Cuido de mis amigos".

"Me preocupo por mis amigos".
"Soy útil para mis amigos".
"Mis amigos me ayudan".
"Aprecio a mis amigos".
"Amo a mis amigos".
"Estoy agradecido por mis amigos".
"Estoy agradecido de ser un amigo".
"Aprecio ser un amigo".

Conclusión

Muchas gracias por comprar *Historias Cortas de Meditación para Niños*.

Espero que este libro te haya ayudado a tener muchas noches maravillosas de sueño.

Recuerda: una buena noche de sueño es una parte importante para despertar sintiéndote fresco y listo para tener un gran día.

Siempre debes practicar haciendo todo lo que puedas para ayudarte a tener una maravillosa noche de sueño todas las noches.

¡La meditación tampoco es solo para dormir!

Si te sientes abrumado, enfadado, estresado o incluso triste, siempre puedes utilizar las importantes habilidades de meditación que has aprendido aquí en este libro.

Por ejemplo, la próxima vez que te sientas abrumado, intenta usar la práctica de relajación muscular que aprendiste en este libro.

O, la próxima vez que te sientas enfadado, intenta usar una meditación de ayuda para la respiración.

Estas habilidades te ayudarán de muchas maneras en la vida, ¡así que asegúrate de seguir practicándolas!

Gracias de nuevo por comprar *Historias Cortas de Meditación para Niños*.

Si realmente disfrutaste de este libro y sentiste que te ayudó a dormir mejor, asegúrate de hacérselo saber a tus padres para que te dejen una reseña de cómo este libro te ha ayudado a dormir mejor cada noche.

De esta manera, ¡aún más niños pueden tener un gran sueño!

Cuentos Para Dormir Para Niños Vol.2

Una Colección de Historias y Cuentos únicos ilustrados, divertidos y educativos que ayudarán a estimular la Imaginación y la Creatividad

Introducción

¡Bienvenido a Cuentos Para Dormir Para Niños!
Este libro está lleno de muchas historias emocionantes y mágicas sobre hadas, fiestas de cumpleaños y mucho más.
Seguramente encontrarás una gran historia que te ayudará a tener un sueño maravilloso cada noche.
A la hora de tener un buen sueño cada noche, conviene que entiendas lo que supone tener un buen sueño.
Dormir bien no consiste solo en tumbarse en la cama y escuchar historias.
Es más, la ayuda para tener un sueño maravilloso empieza incluso antes de meterse en la cama.
Si quieres tener el mejor sueño y los mejores sueños, también tienes que asegurarte de que te prepares bien para ir a la cama.
Tienes que asearte, cepillarte los dientes, ponerte el pijama e ir al baño.
También debes dar las buenas noches a tu familia y asegurarte de que tu cama está hecha para que, cuando te metas en ella, te sientas cómodo y acogido y estés preparado para dormir bien.
Cuando hayas hecho todo lo necesario para prepararte para ir a la cama, puedes acurrucarte bajo las sábanas y escuchar un delicioso cuento para conciliar el sueño.
De este modo, podrás tener el mejor sueño de todos los tiempos y con los mejores sueños.
Si ya estás preparado para dormirte rápidamente, ¡adelante, elige un cuento para dormirte!

1 - Daisy y la Mariposa

Daisy, el hada, podía saltar por los nenúfares y trepar por la hierba de las serpientes.
Podía pintar cuadros de mariquitas y dar saltos de verano por la hierba.
Hasta podía crear pequeñas esculturas de arcilla que encontraba junto al arroyo.
Sin embargo, una cosa que Daisy no podía hacer era volar.
Cuando nació, sus alas estaban rotas y no podía usarlas.
A medida que crecía, sus alas se fueron estropeando y retorciendo y se hizo aún más evidente que nunca podría volar como las demás hadas.
Si bien Daisy se divertía mucho disfrutando de su vida, siempre deseaba poder volar como las demás hadas.
A veces, se sentaba sola y se sentía triste porque, mientras todas las demás jugaban al escondite en el aire, ella se quedaba en el suelo, sin poder jugar con las demás.

La familia de Daisy se sentía triste porque ella no podía jugar con sus amigos todo el tiempo, así que hacían todo lo posible por hacerle compañía y ayudarla a pasar un buen rato.

Un día, Daisy estaba haciendo una escultura junto al arroyo cuando una mariposa gigante se posó cerca.

Encantada por la belleza de esta mariposa, Daisy se acercó a ella y empezó a mirar sus grandes y hermosas alas.

A Daisy le sorprendió lo tranquila y amable que parecía la mariposa mientras contemplaba su belleza.

La mayoría de las veces, si Daisy se acercaba a ellas, las mariposas simplemente se alejaban y la dejaban sola, preguntándose por su belleza.

Esta mariposa, sin embargo, era diferente.

Conforme Daisy la miraba y se acercaba más y más, las alas de la mariposa dejaban de moverse y parecía que la mariposa le hacía un gesto con la cabeza.

Curiosa, Daisy se acercó más.

La mariposa volvió a asentir con la cabeza, como si invitara a Daisy a sentarse en su lomo. Poco a poco, Daisy se subió a la mariposa y se sentó sobre su espalda, rodeando su cuerpo con los brazos y las piernas para apoyarse.

Una vez que estuvo sobre la mariposa, ¡esta echó a volar!

Daisy se sorprendió: nunca había volado.

Cuando era un bebé, su madre y su padre solían volar con ella a cuestas, pero a medida que crecía, Daisy se volvía demasiado pesada para ellos.

Esta era la primera vez que Daisy volaba desde que era tan pequeña.

Al principio, Daisy tenía miedo, así que se aferró a la mariposa y cerró los ojos.

Podía sentir la ráfaga de aire fresco soplando contra su cara mientras volaban por todo el bosque.
Sin embargo, al cabo de unos momentos, Daisy se relajó y se dio cuenta de lo divertido que era volar.
Abrió los ojos y vio cómo los árboles, las ranas y las flores del bosque pasaban flotando mientras ellas volaban por el bosque junto al arroyo.
Al principio, la mariposa simplemente volaba como si estuviera jugando con la luz del sol y bailando con la brisa que recorría el bosque.
Sin embargo, pronto pareció que la mariposa tenía una misión.
Comenzó por dirigirse a un hermoso prado lleno de flores silvestres.
Allí, la mariposa se posó en cada una de ellas y comenzó a beber el dulce néctar de las plantas.
Daisy la observó, sorprendida por lo impresionante que era ver a una criatura tan hermosa disfrutando de un delicioso manjar de una flor.
Cuando terminó de beber, la mariposa voló a otra flor, y luego a otra.
A su alrededor, las abejas también flotaban de flor en flor.
Daisy también pudo ver a lo lejos a muchos de sus amigos jugando a la mancha.
Por una vez, supo lo que se sentía al estar en el aire con ellos, aunque no estuviera jugando al escondite con sus amigos.
Daisy abrazó a la mariposa con más fuerza porque estaba muy agradecida de que la mariposa le diera un regalo tan especial.
Después de que la mariposa bebiera el néctar de las flores, salió del prado y volvió al arroyo.
Allí, la mariposa empezó a beber agua del arroyo.
A medida que lo hacía, Daisy podía sentir cómo el vientre de la mariposa se hinchaba con una deliciosa comida y bebida del bosque.
Cuando terminó de beber, la mariposa llevó a Daisy a otro viaje.
Esta vez, se adentraron en lo alto de los árboles y se posaron en una pequeña ramita al final de una larga rama.
Allí, la mariposa descansó durante varios minutos, digiriendo su comida y tomando el calor del sol.
Daisy se relajó y se acurrucó en la espalda de la mariposa, disfrutando de un dulce descanso con su nueva amiga voladora.

Cuando terminaron de descansar, la mariposa comenzó a moverse una vez más.

Esta vez, la mariposa se dirigió a un prado diferente donde se encontraron con muchas mariposas diferentes. Algunas se parecían a la mariposa que montaba Daisy, mientras que otras tenían un aspecto completamente diferente.

Al llegar, algunas de las mariposas se movían de flor en flor, recogiendo néctar como había hecho antes la mariposa de Daisy.

Otras, en cambio, optaron por merendar los frutos que crecían en los árboles del borde del prado.

En esta ocasión, la mariposa se dirigió a los árboles y empezó a picar algunos frutos.

Curiosa, Daisy alargó la mano y tomó un puñado de fruta y probó ella misma.

La fruta tenía un sabor más dulce y sabroso que las frutas que ella y su familia solían comer, que eran las que estaban conectadas desde más abajo al suelo.

Daisy sabía que era afortunada y que se trataba de un manjar especial que recordaría para siempre.

Cuando terminaron de comer la fruta especial, la mariposa comenzó a volar de vuelta hacia el arroyo donde Daisy había estado haciendo esculturas de arcilla.

Daisy se sujetó con fuerza mientras volaban en picado y giraban por el aire, disfrutando de un juguetón paseo de vuelta. Se reía todo el tiempo.

Finalmente aterrizaron de nuevo en el arroyo y Daisy saltó de la espalda de la mariposa y aterrizó en el suelo con sus propios pies.

Le dio las gracias a la mariposa, le dio un gran abrazo alrededor del cuello y le pidió que volviera a visitarla algún día.
La mariposa asintió y sonrió antes de volar en la distancia.
Daisy observó los colores de la encantadora mariposa mientras la luz del sol atrapaba sus alas y creaba un hermoso espectáculo para que Daisy lo viera.
Cuando se alejó, la mariposa se volvió y le guiñó un ojo a Daisy, como si quisiera agradecerle también un día maravilloso.
Daisy estaba tan feliz por su día en el cielo que dejó su escultura de arcilla para poder terminarla otro día.
En lugar de eso, regresó felizmente a su casa con su madre y su padre y se sentó a la mesa para comer un bocadillo con su familia.
Cuando sus padres le preguntaron por qué estaba tan contenta, Daisy les contó su experiencia con la mariposa y cómo había emprendido un maravilloso vuelo por el bosque.
Les habló del néctar, de la bebida del arroyo y de los frutos del cielo.
Sorprendidos, los padres de Daisy se miraron y se preguntaron cómo era posible que sucediera algo tan mágico.
Se alegraron por su hija y por su oportunidad de volar con el resto de las hadas.
Cuando Daisy se fue a dormir esa noche, soñó con volar por el cielo y disfrutar de una deliciosa fruta del cielo.
Se sintió muy afortunada de conocer a una amiga tan maravillosa que la ayudaría a tener la oportunidad de volar por el cielo como las demás hadas.
Y la mariposa volvió muchas veces.
Cada vez que volvía, llevaba a Daisy a volar por el bosque y le mostraba las nuevas flores, las frutas del cielo y los arbustos que crecían en el bosque.
Daisy nunca más se quedaría atrapada en el suelo con su nueva amiga cuidando de ella.
¡Qué hada tan afortunada era Daisy!

2 - El Ratón Encuentra un Bocadillo

Encontrar un tentempié en invierno puede ser difícil cuando eres un ratón. En invierno, la nieve cae y lo cubre todo con sus gruesos mantos de hielo. Normalmente, los ratones se aprovisionan de granos y pequeños trozos de comida durante el verano y los esconden en su madriguera para poder comerlos durante todo el invierno.

Eso es lo que había estado haciendo el Sr. Ratón durante todo el verano, al igual que los demás ratones de su familia.

El Sr. Ratón, su mujer, la Sra. Ratón, y sus hijos Ratoncito y Bebé Ratón se habían pasado todo el verano preparando una madriguera llena de comida para ellos.

Habían recogido granos, semillas y pequeños trozos de fruta que podían llevar fácilmente a su madriguera y esconder en su nido para comerlos más tarde.

Tenían cuidado de no comer nunca demasiado para asegurarse de que habría suficiente comida para disfrutar durante todo el invierno.

Mientras recogían sus alimentos durante todo el verano, la señora Ratón se aseguraba de almacenarlos adecuadamente.
Organizaba cada tipo de comida por separado y se aseguraba de que todos estuvieran listos para ser consumidos en invierno.
Seleccionó los trozos que no eran buenos y los apartó de su pila de comida abundante.
Durante todo el verano, la señora Ratón se encargó de que su familia tuviera una pila de alimentos ordenada y deliciosa para comer mientras el mundo se enfriaba.
Hasta hace poco, todo iba según lo previsto.
Su almacén de comida estaba lleno y saludable, sus barrigas estaban creciendo bien y gordas para el frío invierno, y su madriguera parecía acogedora.
Pensaban que lo tenían todo planeado.
Entonces, un día, escucharon un fuerte sonido sobre el suelo.
Aterrados, salieron corriendo de su madriguera para ver qué pasaba.
En el exterior, vieron una enorme máquina que se dirigía hacia ellos, así que

se escabulleron lo más rápido que pudieron.
Se escabulleron justo a tiempo para que una gran retroexcavadora removiera el suelo donde estaba su madriguera y se llevara toda su casa y su pila de comida al mismo tiempo.
Antes de que se dieran cuenta, todo lo que habían trabajado había desaparecido en un instante, y no tenían ni idea de qué hacer ahora.
Mientras veían desaparecer su hogar, la señora Ratón, el Ratoncito y el Bebé Ratón lloraban.
El Sr. Ratón se quedó de pie, triste y sintiendo la impotencia de no poder ayudar a su familia.

La familia observó durante horas cómo las excavadoras y las retroexcavadoras destruían toda su casa y la de todos sus amigos ratones. Antes de que se dieran cuenta, estaban todos desamparados, y no había nada que pudieran hacer.

La comida que todos los ratones habían estado reuniendo durante todo el verano se había acabado, y apenas les quedaba tiempo para arreglar el desastre que se había hecho.

Muchos de los amigos del Sr. y la Sra. Ratón estaban helados de miedo y no podían hacer nada.

Se sentaron junto a la base de los árboles, a poca distancia de la maquinaria, y vieron cómo todo lo que habían conocido desaparecía ante sus propios ojos.

Otros amigos recogieron a sus hijos y se marcharon en busca de una nueva vida en otro lugar, sabiendo que no podían hacer nada para arreglar lo ocurrido.

Simplemente encontrarían un nuevo campo con nuevos alimentos y nuevos amigos con los que vivir y esperarían tener el tiempo suficiente para reponer lo que habían perdido.

Otros seguían en la periferia del bosque y cavaban nuevas madrigueras no muy lejos de las antiguas, sin querer dejar atrás su hogar y su bosque.

Parecían confiar en que esas grandes máquinas no vendrían a quitarles más terreno, y por eso se quedaron cerca.

El Sr. Ratón, la Sra. Ratón, el Ratoncito y el Bebé Ratón no tenían ni idea de lo que iban a hacer.

El Sr. Ratón sabía que tenía que idear un plan, y rápido, pero no lograba entender lo que había sucedido, ni lo que debían hacer al respecto.

La familia del ratón vagó por el bosque durante un rato, tratando de idear un nuevo plan.

Mientras lo hacían, se dieron cuenta de que empezaba a hacer frío y de que apenas les quedaba comida para forrajear.

Si intentaban construir una nueva reserva de comida para el invierno, casi seguro que fracasarían, y no habría manera de que tuvieran suficiente para todos.

El Sr. Ratón pensó que lo mejor era dejar lo que quedaba de comida a sus amigos que querían quedarse cerca de sus antiguos hogares y decidió que la familia Ratón viajaría más lejos del bosque e intentaría otra cosa.
La familia Ratón viajó mucho.
Atravesaron el bosque, rodearon un pantano y llegaron a una zona urbana donde vivía gente.
La Sra. Ratón tenía miedo, ya que había oído hablar mal de las zonas urbanas y temía por su familia.

Le preocupaba que, si se quedaban cerca de la gente, les echaran o algo peor.
Sin embargo, el Sr. Ratón estaba seguro de que esta sería su oportunidad de conseguir suficiente comida para pasar el invierno, así que insistió en que se aventuraran y encontraran un lugar donde esconderse.
La familia de ratones pasó con cuidado por delante de restaurantes, peatones y todo tipo de animales grandes y temibles que vivían en las ciudades.
Se escondían bajo las rejillas cuando los pájaros pasaban volando, y se escabullían detrás de los contenedores de basura cuando los enfadados dueños de los restaurantes salían con sus bolsas llenas de basura.
Cada vez que uno tiraba una bolsa a la basura, todos los ratones y ratas de la ciudad salían a comer la comida que sobraba en las bolsas de basura.
El Sr. Ratón sabía que él y su familia no podían competir con ellos, ya que los ratones y ratas de la ciudad eran todos mucho más grandes que ellos.
Siguieron bajando por las alamedas y atravesando los patios hasta que se encontraron con un pequeño barrio que parecía estar bastante tranquilo.
Aunque habían visto un par de ratones en la zona, no parecía haber pájaros, gatos o ratas más grandes a la vista.
En cambio, parecía que el Sr. Ratón y su familia estaban bastante solos en esta zona.

Finalmente, se calmaron un poco mientras seguían aventurándose por el barrio en busca de un nuevo lugar para vivir.

Mientras seguían caminando, la familia del ratón olió algo tan delicioso que hizo que los cuatro se detuvieran en seco y volvieran la nariz hacia el olor.

Nunca habían olido algo tan delicioso y no pudieron evitar seguir el olor para ver de dónde venía.

Estaban ya muy hambrientos y habían llegado tan lejos, y no estaban seguros de dónde podrían encontrar comida en un lugar así.

Así que confiaron en su olfato y siguieron el olor.

Siguieron el olor a través de un patio, por debajo de una puerta, a través de un jardín, y hasta el patio trasero de una pequeña casa.

La casa parecía normal, al menos para ellos.

Pero dentro, la casa brillaba con cálidas luces amarillas y olía a algo tan sabroso que sus estómagos rugieron.

Decidido a conseguir un bocadillo para su familia, el Sr. Ratón entró a echar un vistazo mientras la Sra. Ratón, el Ratoncito y el Bebé Ratón esperaban en el patio.

Cuando entró, el Sr. Ratón vio inmediatamente de dónde procedía el olor.

En la encimera, una barra de pan recién horneada descansaba junto al horno.

El olor era tan delicioso que el Sr. Ratón casi no se dio cuenta cuando un humano se dirigió hacia la cocina y hacia el pan.

Antes de que nadie lo viera, se escabulló bajo la encimera y se escondió del humano.

Cuando pensó que era seguro, se asomó cuidadosamente desde su escondite y observó a una pequeña señora mayor que cortaba el pan mientras hablaba con su marido en la otra habitación.

El Sr. Ratón pudo ver que cada vez que cortaba el pan, caían pequeñas migas sobre la encimera.

Esperaba que las dejara allí para poder tomar rápidamente algunas para su familia.

La señora lo hizo aún mejor.

Cuando terminó de cortar el pan, la señora untó unas cuantas rebanadas con mantequilla y guardó el resto en la alacena.
Luego, con el dorso de la mano, quitó todas las migas de la encimera y las puso en el suelo delante del Sr. Ratón.
Este estaba tan encantado de recibir un regalo tan especial que le dio las gracias en silencio a la señora mientras salía de la cocina.
Cuando ella se fue, el Sr. Ratón recogió todas las migas en sus mejillas y llevó todas las que pudo fuera con su familia.
La familia del Ratón se sentó en el patio de esta casita que brillaba de color amarillo, comiendo migas de pan y manteniéndose caliente en el calor que irradiaba suavemente desde la puerta.
Mientras lo hacían, hablaban de lo que harían a continuación para poder vivir cómodamente durante el invierno.
El Sr. y la Sra. Ratón decidieron que buscarían un lugar cerca de esta misma casa para poder estar cómodos y calientes y tener acceso a migas de pan frescas siempre que quisieran.
También sugirió que tal vez alguna de las otras casas del vecindario tuviera también algo rico para comer.
Cuando terminaron de comer, encontraron un pequeño agujero en el patio que conducía a un espacio cálido directamente debajo de la casa de la señora mayor.
Sorprendentemente, nadie había hecho su hogar allí todavía, así que la familia Ratón se instaló oficialmente.
Pasaron el resto del invierno recibiendo comida fresca directamente de la casa de la señora mayor y de todos sus vecinos.
Disfrutaron de todo, desde migas de pan hasta migas de magdalena, e incluso pequeños trozos de queso cuando tenían suerte.
Nunca habían sido tan felices, y se sentían muy agradecidos por haber encontrado un hogar tan maravilloso antes de que llegara el frío invierno.
Bajo ese patio, la familia de ratones vivió feliz para siempre.
¡Fin!

3 - Leo Conoce a un Hada

Leo era un alumno de guardería que tenía una maravillosa imaginación y un corazón valiente.
Le encantaba inventar historias y compartirlas con sus compañeros, y aventurarse en nuevas experiencias con un valor que inspiraba a sus amigos a ser valientes también.
Por eso, no es de extrañar que cuando un día Leo se encontró con una pequeña hada en el jardín de su madre, la siguiera.
El colegio acababa de salir y Leo había ido en autobús hasta su casa.
Se despidió de sus amigos, bajó del autobús y corrió hacia su madre, que había estado esperando a que llegara a casa.
—¿Qué tal el colegio? —le preguntó.
—Bien —Leo sonrió.
La tomó de la mano y caminaron por el camino hasta su casa y entraron.
Primero, Leo dejó su mochila y sus libros.
Luego, comió un bocadillo.

Cuando terminó, Leo le preguntó a su madre si podía ir a jugar al patio trasero.

—¡Claro! —respondió la madre de Leo.

Así que Leo salió a jugar.

Mientras jugaba, Leo se dio cuenta de que seguía oyendo una risa tranquila pero aguda.

Parecía que cada vez que corría en círculos, podía oír ese sonido de risa.

Curioso, siguió corriendo en círculos.

Finalmente, el sonido de la risa se hizo tan claro que lo siguió.

Lo siguió por el patio, por encima de la manguera y hasta el borde del jardín de su madre.

Allí, pudo oír las risas con mayor claridad.

Buscó con todas sus fuerzas, pero Leo no pudo encontrar el origen de la risa.

Así que, cuando dejó de hacerlo, se dio por vencido y volvió a jugar en el patio.

Leo dio patadas a su balón de fútbol, lanzó su pelota de béisbol y montó en bicicleta.

Se subió a un árbol, hizo un fuerte y jugó con las ramas que se habían caído del árbol.

Mientras empujaba las ramas hacia delante y giraba en círculos, podía oír cómo volvían a empezar las risas.

Esta vez, Leo no perdió el tiempo y empezó a seguir el sonido de la risa hasta el jardín una vez más.

En cuanto llegó, la risa cesó y ya no pudo oírla.

Frustrado, Leo empezó a buscar por todas partes para ver si podía encontrar de dónde podía venir la risa.

Pero, al no encontrar nada, se dio la vuelta y empezó a salir del jardín.

Tan pronto como salió del jardín, pudo oír las risas de nuevo.

Esta vez, se dio la vuelta rápidamente y se encontró con una pequeña criatura sentada encima de una de las tomateras de su madre, ¡soltando una carcajada!

La pequeña criatura era tan alta como una manzana y llevaba ropa de color caramelo.

Llevaba unas diminutas botas con cascabeles, unas pequeñas alas brillantes y un diminuto sombrero que parecía hecho con una hoja fresca de primavera.

Sorprendido, Leo se acercó lentamente a la niña e intentó averiguar qué era.

A medida que se acercaba, ella dejó de reírse.

Cuando se acercó demasiado, ella se alejó volando hacia otra planta.

—¡Espera! —gritó él, siguiéndola por el jardín.

La pequeña seguía volando de planta en planta, y Leo la perseguía por el jardín hasta que no pudo seguir persiguiéndola.

Leo se había mareado tanto que se cayó justo en el jardín de su madre.

La niña volvió a reírse y aterrizó justo en la punta de la nariz de Leo.

—¿Quién eres? —preguntó él, mirándola por debajo de la nariz.

—¡Luna! —rio ella, volando.

—¡Vuelve! —dijo, saltando una vez más.

Esta vez, Leo no persiguió a Luna, sino que esperó a que dejara de volar para poder hablar con ella.

Finalmente se posó en otra planta cercana y esperó a que Leo se levantara y viniera a hablar con ella.

Leo caminó lentamente hacia ella, esta vez con cuidado de no moverse demasiado rápido.

No quería asustarla.

¿Qué eres? —preguntó mirando a Luna.

Luna sonrió y dijo: —¡Soy un hada!

—¿Un hada? —preguntó Leo.

—¡Sí! —rio ella.

—¿Qué es un hada? —preguntó Leo.

—¡Somos pequeñas criaturas de jardín! Cuidamos los jardines y nos aseguramos de que las plantas crezcan y de que todas las pequeñas

criaturas del jardín estén cuidadas. Gracias a nosotras, ¡las flores, las frutas y las verduras de tu madre crecen!
—¡Vaya! —dijo Leo, fascinado.
Miró alrededor del jardín todas las plantas que crecían y luego volvió a mirar a Luna.
—Espera, ¿nosotras? —preguntó.
—¡Sí, nosotras! —rió ella.
Al hacerlo, otras hadas se hicieron visibles alrededor del jardín.
Leo vio a un hada que masajeaba suavemente las raíces de una planta para ayudarla a crecer, y a otra que ayudaba a una araña a tejer su tela.
También vio a unas cuantas hadas colocando algo en la tierra, y a otras regando tranquilamente las flores de todo el jardín.
Leo estaba tan sorprendido por lo que veía que no sabía qué decir.

En lugar de eso, se quedó mirando a todas las hadas que hacían su trabajo de cuidar el jardín.
Luna volvió a soltar una risita al ver cómo la sorpresa de Leo cruzaba su rostro.
—¿Has oído hablar alguna vez de las hadas? —le preguntó.
—¡Solo en los libros de cuentos! —dijo él, todavía observando a todas las hadas en su jardín.
—¡Entonces, debo mostrarte el lugar! —Luna sonrió, animando a Leo a seguirla.
Luna voló hasta el huerto de tomates, donde Leo la había encontrado por primera vez.
—Aquí cuidamos los tomates y nos aseguramos de que crezcan bien. Lo hacemos cantándoles canciones y tocando la flauta. Cada vez que hacemos música para los tomates, se ponen rojos, ¡que es justo el color que les gusta a los humanos! Observa esto —dijo Luna.

Se sentó junto a un pequeño tomate cherry verde que Leo supuso que no estaría listo hasta dentro de un tiempo.

Su madre le había dicho que los pequeños verdes necesitaban días y a veces semanas para estar lo suficientemente maduros como para comerlos, así que nunca los arrancaba de la planta.

En cambio, esperaba a encontrar tomates rojos, grandes y jugosos para arrancarlos de la planta y comerlos.

Mientras lo observaba, Luna sacó una pequeña flauta de su bolsillo trasero y empezó a tocar música y a cantar para el tomate.

Mientras hacía música, el pequeño tomate crecía y empezaba a sonrojarse, ¡tal y como Luna dijo que haría!

Leo se sorprendió de lo que vio.

¿Era esto realmente la verdad todo el tiempo?

¿Realmente las tomateras crecían gracias a las hadas que les cantaban?

—¡Guau! —dijo sin palabras.

—¡Y mira esto! —dijo Luna, dirigiéndose a las raíces de la planta de calabaza.

—¡Esta planta no estará lista hasta dentro de un tiempo, porque hay que cuidarla mucho! ¿Ves cómo las hadas masajean sus raíces? Así es como crecen las plantas —dijo Luna.

—¡Vaya! —contestó Leo.

Observó cómo varias hadas pequeñas masajeaban amorosamente las raíces visibles de la planta de calabaza y le tarareaban suavemente.

Mientras masajeaban y tarareaban, Leo estaba seguro de poder ver cómo la planta crecía lentamente, y las pequeñas calabazas empezaban a tomar su forma.

Mientras trabajaban con la planta de calabaza, las pequeñas hadas sonreían y saludaban a Leo mientras este las observaba.

Finalmente, Luna voló hasta donde estaba el huerto de fresas.

Este era el huerto especial de Leo, ya que las fresas eran sus favoritas, por lo que su madre le dejaba cultivarlas todos los años.

—¿Y estas fresas que tanto te gustan, Leo? También se ruborizan, como los tomates. ¿Sabes lo que hay que hacer para que una fresa se sonroje y se vuelva dulce? —preguntó Luna.

—No, ¿qué? —preguntó él.
—Para que una fresa se sonroje, ¡hay que decirle cumplidos dulces! Cuanto más dulces sean los cumplidos, más roja y jugosa será la baya —Luna soltó una risita.
—¿De verdad? —preguntó Leo.
—¡De verdad! ¡Inténtalo! —dijo Luna.
Nervioso, Leo trató de pensar en un cumplido para la planta de fresa.

—¡Vaya, fresa, eres eh, realmente hermosa! Eres mi favorita. Me caes muy bien —dijo.
Mientras lo hacía, Leo vio cómo todas las fresas de la planta se volvían rojas.
¡No podía creer lo que veía!
—¡Leo! —La madre de Leo llamó desde el patio.
—¡Uh oh, tengo que irme! —Dijo Luna, volviendo a esconderse.
—¡Espera! —dijo Leo, dando vueltas en busca de su amiguita.
De repente, todas las hadas estaban escondidas de nuevo, y él no podía ver a ninguna de ellas.
—¿Qué estás haciendo en el jardín? —preguntó la madre de Leo, saliendo a verle.
—¡Yo... me he dado cuenta de que las fresas están rojas! —dijo señalándolas.
Mientras lo hacía, siguió mirando para ver si encontraba a Luna y a sus amigas, pero no estaban por ningún lado.
—¡Oh, mira eso! ¡Sí que están! Bueno, ¡vamos a elegir algunas para acompañar la cena! —dijo la madre de Leo.
Así que recogieron algunas fresas y entraron para disfrutar juntos de una deliciosa cena.
Una vez dentro, Leo se sentó a la mesa con las fresas frente a él.
Al mirar su plato, vio que una de ellas estaba todavía un poco verde.
Así que empezó a susurrarle dulces cumplidos.
—Eres una fresa muy bonita y encantadora —le dijo Leo a la fresa.

Al hacerlo, la fresa se volvió de un color rojo intenso y jugoso.
—¿Qué fue lo que le dijiste a tu fresa? —preguntó la madre de Leo, sonriendo.
—¡Um, solo algo bonito y dulce, para que la baya estuviera más jugosa! —sonrió.
—¿Dónde has aprendido eso? —preguntó su madre.
—El hada me lo dijo —respondió Leo.
—¿Y qué hada es esa?
—¡Luna! —se rio.
La madre de Leo se limitó a sonreírle y los dos disfrutaron de su cena de jugosas fresas del jardín y sándwiches de queso a la plancha.

4 - Oscar toma el té

Oscar era cuatro años mayor que su hermana pequeña Minnie.
Desde que nació, Oscar siempre ayudaba a Minnie.
Cuando era un bebé, le ayudaba trayendo pañales limpios para que su madre y su padre pudieran cambiarle los pañales sucios.
También le ayudaba a tomar el biberón y el chupete, así como su manta de elefante favorita para mantenerla tranquila.
Todas las noches, cuando se iba a la cama, Oscar le daba un beso en la frente y le daba las buenas noches antes de que su madre acunara a Minnie para que se durmiera y la acostara en su cuna.
Cuando Minnie empezó a gatear, Oscar le enseñó a desplazarse.
Luego le enseñó a caminar y a hablar.
Oscar incluso le enseñó a Minnie a correr, saltar, brincar y esquivar.
Siempre le enseñaba a Minnie trucos geniales y la ayudaba a aprender a hacer cosas divertidas con él.

Cuando llegaba la hora del baño, Óscar se aseguraba de que Minnie tuviera sus juguetes favoritos y le ayudaba a traer una toalla seca cuando llegaba la hora de salir.

Luego, se sentaba tranquilamente mientras su padre le leía a Minnie un cuento antes de dormir después del baño para ayudarla a relajarse mientras su madre se tomaba un pequeño descanso para tomar un té.

A medida que Minnie y Oscar crecían, Oscar se dio cuenta de que quería pasar más tiempo a solas.

Aunque quería mucho a su hermanita Minnie, a veces quería jugar solo.

Cuando quería estar solo, Óscar se iba a su habitación, cerraba la puerta y jugaba solo con sus bloques y sus coches de carreras.

Normalmente, Minnie se quedaba fuera de su habitación y jugaba con sus propios juguetes en su propia habitación.

A veces, Oscar oía a Minnie llorar desde la otra habitación cuando quería algo, pero su madre le decía que no.

Sin embargo, por lo general, Minnie era bastante tranquila y siempre jugaba bien.

Era un bebé muy bueno, decían sus padres.

Un día, Minnie no paraba de llorar y Óscar no entendía por qué.

Al principio, pensó que tal vez quería comer algo o quería un juguete al que su madre le había dicho que no.

Pero el llanto continuaba, y no parecía detenerse.

Óscar esperó en su habitación, preguntándose si Minnie estaría bien o si tendría problemas.

Como el llanto no cesaba, Oscar fue a ver cómo estaba su hermana.

—¿Qué pasa? —preguntó Oscar cuando llegó al salón.

La madre de Óscar estaba meciendo a Minnie de un lado a otro en la mecedora, y el padre de Óscar estaba en la cocina, preparando algo para Minnie.

—Minnie tiene fiebre —dijo la madre de Óscar, abrazando a Minnie.

—¿Fiebre? —preguntó Oscar.

—Sí, Minnie no se encuentra bien —Dijo el padre de Oscar, entrando en la habitación con un pequeño vaso de medicina para Minnie.

—¿Por qué no se siente bien? —Preguntó Oscar.

—A Minnie le están saliendo las muelas.
La madre de Óscar sonrió, levantando a Minnie para que Óscar la viera.
—¿Qué son las muelas? —preguntó Oscar.
—Las muelas son los dientes de la parte posterior de la boca, con los que se mastica la comida —Contestó el padre de Óscar.
Mientras lo hacía, le dio la medicina a Minnie y luego se fue a limpiar la taza.
La mamá de Oscar siguió meciendo a Minnie de un lado a otro y abrazándola estrechamente.
—Creía que tenía todos los dientes —preguntó Óscar, recordando que a Minnie le habían salido los dientes delanteros hacía mucho tiempo.
—Todavía no —Respondió la madre de Oscar.
—¿Estará bien? —preguntó Oscar, preocupado por su hermanita.
—Lo estará; solo tiene fiebre y le duele un poco porque los dientes que le crecen le duelen —Dijo la mamá de Oscar.
—¿Tal vez pueda ayudar? —Dijo Oscar, subiéndose al regazo de su mamá.
—Sabes qué, creo que sería una gran idea —La mamá de Oscar sonrió.
Oscar abrazó a su hermanita Minnie en el regazo de su mamá hasta que Minnie dejó de llorar.
La ayudó a calmarse frotándole suavemente las mejillas, tomándole la mano y cantándole en voz baja.
Al hacerlo, ella empezó a sonreírle y pronto empezó a reírse.
—¡Mira, mamá, he ayudado! —dijo Óscar, orgulloso de sí mismo.
—¡Lo hiciste! —La madre de Oscar sonrió, apretando a sus dos hijos en un abrazo.
Cuando la soltó, Óscar saltó del regazo de su madre y Minnie le siguió de cerca.
Como no quería que se sintiera sola, Oscar se ofreció a venir a jugar a la habitación de Minnie para ayudarla a sentirse mejor.
Minnie se rio y corrió hacia su habitación, y Oscar la siguió.
Cuando llegaron a su habitación, Minnie sacó su juego de té y lo puso en manos de Oscar.
—¿Té? —sonrió.
—Vale, Minnie, ¡vamos a jugar a la fiesta del té!

Oscar recogió todos los juguetes de Minnie para la fiesta del té y los colocó en su mesita.
Colocó la tetera en el centro y luego puso las tazas al lado.
Puso la pequeña jarra de leche al lado de la tetera y añadió algunos platitos con comida de mentira.
Luego, Oscar fue a la caja de juguetes de Minnie y sacó un disfraz de princesa con una tiara para que Minnie se lo pusiera.
La ayudó a ponerse el vestido y a colocarse la tiara, y luego Minnie se sentó a la mesa.
—¿Quieres té? —preguntó, tomando la taza y fingiendo que se servía té en su taza.
—Sí —Oscar sonrió, extendiendo su taza.
Minnie fingió que vertía té en la taza de Óscar, y luego ambos fingieron beber su té.
Cuando terminaron, fingieron comer sus bocadillos y luego hablaron de todo tipo de cosas de las que a los niños pequeños les gusta hablar.
Cuando terminaron de tomar el té, los padres de Oscar entraron en la habitación para ver cómo estaban.
Comprobaron la temperatura de Minnie para asegurarse de que estaba bien y de que la fiebre estaba mejorando, y luego le revisaron la boca para ver cómo estaba.
Cuando terminaron, dijeron que era hora de bañarse y de irse a la cama.
Cuando todos salían de la habitación, el padre de Oscar pidió hablar con él.
—Óscar, ¿puedes venir aquí, por favor? —dijo su padre, alejándose del baño.
—Vale, papá —dijo Óscar, siguiendo a su padre.
Su padre se agachó hacia Óscar, como hacía cuando quería tener una conversación seria, y se inclinó hacia delante, rodeando a Óscar con su brazo.

—Lo que has hecho hoy por tu hermanita Minnie ha sido muy bonito —dijo el padre de Oscar.
—Gracias, papá —dijo Oscar.
—A veces, tu hermanita va a necesitar tu ayuda en la vida. Me alegra saber que tiene un hermano mayor tan maravilloso para ayudarla cuando lo necesite, eres un gran hermano mayor —sonrió su papá, abrazándolo.
Oscar le devolvió el abrazo y pensó en la suerte que tenía de tener una hermanita tan buena y en lo orgulloso que estaba de poder ser un hermano mayor tan bueno para su hermanita.
Cuando terminaron de abrazarse, Óscar fue al baño para llevarle a Minnie su juguete favorito y su toalla.
Luego, volvió a su habitación para jugar él solo con sus juguetes.
Mientras estaba allí, pensó en lo feliz que era por tener una familia tan maravillosa, y lo feliz que le hacía poder ayudar tanto a su familia.
Óscar se sentía muy afortunado de tener una familia tan estupenda y esperaba que su hermanita se sintiera mejor pronto.
¡Fin!

5 - Hailey se va de paseo por la naturaleza

Hailey amaba la naturaleza y todo lo relacionado con el aire libre.
Cuando era solo un bebé, su madre solía atarla a una mochila portabebés y llevar a Hailey a lo largo de algunas de las mejores excursiones del noroeste del Pacífico.
Subían montañas, escalaban senderos y observaban las increíbles cascadas que decoraban las laderas de los acantilados por los que caminaban.
Cuando se hizo mayor, Hailey pudo empezar a recorrer los senderos por sí misma, y pronto se convirtió en su afición favorita.
A Hailey le encantaba ver el exterior y todas las maravillas curiosas del mundo cuando estaba en la naturaleza, tanto que siempre pedía ir de excursión con su madre.
Un día, Hailey se dio cuenta de que hacía tiempo que no salían de excursión por la naturaleza.

Su madre había estado muy ocupada y no había podido dedicar mucho tiempo a hacer algo juntas.
Hailey se sentía triste y quería ir de paseo, así que le preguntó a su madre si podían ir pronto.
La madre de Hailey dijo que sí, y las dos fueron a dar un paseo por la naturaleza ese mismo fin de semana siguiente.
Al principio, Hailey se sorprendió porque no se subían al coche para ir a ningún sitio.
Cuando salían de excursión, la madre de Hailey siempre preparaba el coche y se dirigían al sendero para luego hacer la caminata.
Esta vez, la madre de Hailey no empacó nada, y nunca subieron al coche.
En su lugar, se pusieron los zapatos y los jerséis y empezaron a caminar por la carretera.
—¿A dónde vamos? —preguntó Hailey, mientras seguía a su madre por la carretera.
—A dar un paseo por la naturaleza —Respondió la madre de Hailey.
—¿Adónde? —Preguntó Hailey.
—¡Ya lo verás! —Dijo la mamá de Hailey.
Confundida, Hailey siguió caminando con su madre por la carretera.
Al principio, no tenía ni idea de lo que estaba pasando.
Luego, Hailey se frustró y se enfadó con su madre.
Esto no es lo que ella quería; Hailey quería ir a un paseo por la naturaleza, no a un paseo por la carretera.
¿En qué estaba pensando su madre? se preguntaba Hailey.
—¡Esto es una mierda, quiero ir a casa! —dijo Hailey, cada vez más molesta con su paseo.
A estas alturas, habían doblado varias esquinas pero seguían en la carretera; no había ningún sendero que encontrar.
—Espera, Hailey, ten paciencia, por favor. Ya verás lo que vamos a hacer —Respondió la madre de Hailey, continuando la marcha.
Hailey la siguió a regañadientes, aunque a estas alturas ya no se estaba divirtiendo.
Quería volver a casa y jugar con sus juguetes y fingir que ese día nunca había ocurrido.

Todo lo que quería era ir a dar un paseo por la naturaleza con su madre y, en cambio, estaban caminando por el barrio y ella no tenía ni idea de adónde iban.

Después de dar unas cuantas vueltas más, la madre de Hailey giró hacia un pequeño sendero que se abría a un campo.

—¡Hemos llegado! —dijo, mirando a su alrededor.

Todavía confundida, Hailey miró a su alrededor para ver dónde estaban. Habían llegado a uno de los parques locales.

—¿Dónde? —Preguntó Hailey.

—¡En un paseo por la naturaleza, tontita! —La madre de Hailey sonrió.

—Esto no es un paseo por la naturaleza, mamá, esto es un parque —dijo Hailey, con toda naturalidad.

—¿Ah, sí? Bueno, entonces, ¿qué es esto? —dijo la madre de Hailey, señalando una extraña planta que bordeaba los senderos.

Hailey puso los ojos en blanco y miró más de cerca.

Al mirar, se dio cuenta de que la planta no se parecía a nada que hubiera visto antes.

Sus hojas, de color púrpura-negro, se enroscaban en todas las direcciones y tenían pequeños pelos que hacían que parecieran pequeñas manos peludas de la planta que buscaban la luz del sol.

Hailey soltó una risita y se puso de pie.

—Vale, es una planta genial. ¿Pero ahora qué? —preguntó Hailey.

—¿Oyes eso? —Preguntó la madre de Hailey.

—¿Oír qué?

—¡Ese sonido, ese pájaro! —Dijo la madre de Hailey.

—¡Sí, lo oigo! —Respondió Hailey, empezando a emocionarse con el parque en el que estaban.

—¡Vamos a buscarlo! —Dijo la mamá de Hailey.
Las dos comenzaron a caminar hacia el lugar de donde provenía el sonido.

Mientras seguían el camino, se encontraron con el pájaro que estaba subido a un árbol y que les estaba piando.
Era un pájaro carpintero de cresta roja, que llamaba a sus amigos antes de picotear el lado de un árbol para conseguir comida.

—¡Genial! —dijo Hailey, mirándolo mientras llamaba y luego picoteaba el lado del árbol.

Hailey y su madre empezaron a caminar por el sendero del parque un poco más, y mientras lo hacían, empezaron a ver diferentes tipos de plantas y pájaros a su alrededor.

Luego, empezaron a ver bichos geniales.

Primero, Hailey vio una elegante araña que tejía su tela.

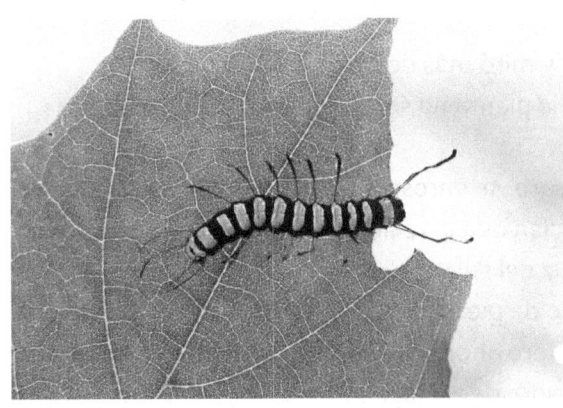

Luego, vio una pequeña oruga que masticaba una hoja.
Mientras seguían caminando, también vieron un castor en el arroyo cercano, tres arañas más, una mariquita, dos saltamontes y varios abejorros.

Hailey empezó a contar todas las cosas que vio mientras caminaban por el parque.

Su madre también se detuvo para hacer unas cuantas fotos de los pájaros y de las hermosas plantas que había alrededor del parque en el que estaban. Cuando llegaron al final del sendero, volvieron a la calle.
Hailey estaba segura de que el paseo por la naturaleza había terminado y empezó a sentirse triste de nuevo, pero su madre le aseguró que había mucho más que ver.
—¡Hay tanta naturaleza en nuestro propio patio trasero! —sonrió la madre de Hailey, señalando diferentes plantas, bichos y pájaros a lo largo del camino.
Hailey continuó buscando especies interesantes que se encontraban alrededor de su paseo.
Se sorprendió al darse cuenta de que había tantas cosas interesantes que ver en su propio barrio.
Antes, solo se fijaba en las casas, las entradas y los coches.
Pero ahora podía ver que su propio barrio tenía tantas piezas increíbles de la naturaleza entretejidas en él.
Sabía que nunca volvería a ver su barrio de la misma manera.
Cuando se acercaban a su casa, la madre de Hailey le preguntó si había disfrutado del paseo por la naturaleza que habían hecho.
—¡Sí que lo disfruté! —sonrió Hailey.
—Me hubiera gustado que fuéramos a una excursión por la naturaleza porque quería ir a ver una cascada o una montaña, pero este fue un paseo muy divertido también. Gracias por llevarme, mamá —dijo Hailey.
—Sé que querías ir de excursión, Hailey, pero a veces la vida se complica y no podemos ir a hacer cosas así. Sé que estás decepcionada, pero te agradezco que seas tan amable al respecto. Si tienes un poco más de paciencia, todo el trabajo se calmará y podremos volver a ir de excursión muy pronto. Hasta entonces, espero que te parezca bien que nos limitemos

a dar paseos por la naturaleza en nuestro propio barrio. Aquí también hay muchas cosas bonitas que ver —dijo su madre.

—Me da pena que no hayamos ido, pero lo sé. Era un paseo divertido. ¡No sabía que teníamos tantas cosas en nuestro propio barrio! —dijo Hailey.

—Yo tampoco —sonrió su madre, abrazándola.

Cuando terminaron de hablar, la madre de Hailey les trajo a las dos un vaso de zumo y unos bocadillos para ayudar a llenar sus estómagos después de un largo paseo.

Las dos disfrutaron de su zumo y sus bocadillos y hablaron de todas las cosas chulas que habían visto, y de lo que esperaban ver cuando salieran a dar otro paseo el fin de semana siguiente.

Y, cuando las cosas se calmaron en el trabajo, la madre de Hailey la llevó de excursión como había prometido, y ambas pudieron disfrutar de un maravilloso viaje juntas viendo cascadas que caían por los acantilados y viendo montañas que se elevaban hacia el cielo.

6 - Tish consigue un tutor

Las cosas no siempre son tan fáciles para unos como para otros.
Eso es lo que aprendió Tish cuando empezó a tener problemas con su clase de matemáticas en la escuela.
Al principio, Tish pensó que solo le costaba y que tenía que estudiar más.
Pensó que tal vez el problema era que no prestaba suficiente atención al trabajo que estaba haciendo y que se distraía con los amigos.
Pero incluso cuando se centró en estudiar más y en tener menos amigos, Tish se dio cuenta de que le seguía costando sacar buenas notas en matemáticas.
A Tish le preocupaba quedarse atrás en la escuela, pero tenía miedo de decir algo sobre los problemas que estaba teniendo.
No quería que sus padres se enfadaran con ella y no quería que sus amigos se burlaran de ella por tener tantas dificultades en la clase.
Tish tenía miedo de que la gente se enfadara con ella o la tratara de forma diferente si sabía que no lo estaba pasando tan bien con las matemáticas como parecían hacerlo todos sus amigos.
No quería decepcionar a nadie ni perder a sus amigos, así que no dijo nada.

Un día, Tish tenía un examen de matemáticas en clase y se pasó todo el fin de semana estudiando para ello.

Sin embargo, cuando llegó el examen, a Tish le costó entender las ecuaciones y responder a las preguntas correctamente.

Creía que lo había hecho bien, pero sabía que le costaba entender el significado de las preguntas y cómo debía responderlas.

Aun así, terminó el examen y lo entregó.

Al día siguiente, Tish descubrió que había suspendido el examen y se sintió muy mal.

No quería llevar el examen suspendido a sus padres porque le preocupaba que se avergonzaran de ella o se enfadaran por haber suspendido.

Pero sabía que tenía que hacer lo correcto, así que llevó el examen a casa.

Cuando se lo enseñó a sus padres, estos le preguntaron qué había pasado.

—¿Por qué has suspendido? —le preguntaron.

Tish miró a su regazo y, entre lágrimas, dijo: —No lo entiendo

—¿Qué quieres decir con que no entiendes? —preguntó su padre.

—No entiendo las matemáticas; me confunden —dijo ella.

El padre y la madre de Tish la abrazaron y le secaron las lágrimas.

—Está bien no entender y estar confundida, Tish. Hay cosas que son difíciles de aprender y que requieren tiempo para entenderlas. ¿Te están costando mucho las matemáticas? —le preguntaron.

—Sí —dijo ella con el ceño fruncido.

Sus padres la abrazaron de nuevo y luego se fue a su habitación y se relajó con sus peluches en la cama.

Más tarde, esa misma noche, su padre vino a leerle un cuento y la arropó para que durmiera bien y pudiera descansar después de su difícil día.

A la mañana siguiente, Tish bajó a desayunar antes de ir al colegio.

Su madre estaba en la cocina, tomando una taza de café, y su padre estaba en el salón viendo las noticias de la mañana.

Cuando llegó a la cocina, su madre y su padre se acercaron a hablar con ella.

—Tenemos que decirte algo, Tish —le dijeron.

—¿Qué? —preguntó ella, asustada de que se enfadaran con ella.

—Está bien que te esfuerces y está bien que estés confundida, pero no queremos que sigas sintiéndote así. Así que te hemos contratado un tutor,

que vendrá a veces después de clase para ayudarte con los deberes de matemáticas. Esperamos que trabajar con un tutor te ayude a entender —dijo su madre.
—¿Un tutor? ¿Qué es eso? —preguntó.
—Un tutor es alguien que te enseña cómo hacer las cosas, especialmente cuando tienes problemas. En este caso, tu tutor te enseñará a hacer matemáticas para que no te cueste tanto —dijo su papá.
—Oh —Tish sonrió. Luego, bebió un poco de leche y se comió un bollo.
Tish fue a la escuela, como de costumbre, siguió su día como de costumbre, y llegó a casa de la escuela como de costumbre.
Sin embargo, cuando estaba en casa, algo era diferente.
Alguien estaba sentado en la cocina con su madre bebiendo té y hablando de la escuela.
Tish entró en la cocina y su madre le presentó a esta nueva persona como su tutora.
—Tish, esta es Clara. Te va a enseñar cómo puedes entender las matemáticas y sacar mejores notas —le dijo su madre.
—¡Hola, Tish! —Clara sonrió, saludando.
—Hola, Clara —dijo Tish. Luego, cogió un bocadillo y se sentó en la mesa con Clara y su mamá.
—¡Bueno, las dejo a las dos! —La madre de Tish sonrió, saliendo de la habitación.
—¡Espera, mamá! —dijo Tish, saltando de su asiento y corriendo a abrazar a su mamá.
—Tengo miedo —dijo, escondiendo su cara en el suéter de su mamá.
—Está bien, Tish, estaré en la otra habitación. Esto será fácil, ya verás —sonrió su madre, animándola a volver a la mesa.

Tish se dirigió lentamente a la mesa y se sentó junto a Clara.
—¿Qué deberes de matemáticas tienes hoy? —preguntó Clara, sonriendo.
Tish sacó sus libros de matemáticas y le mostró a Clara los deberes que tenía que hacer esa tarde.
—Vaya, parece que puede ser un reto si te cuesta las matemáticas. ¿Qué te parece esta tarea? —preguntó Clara.
—Confusa —dijo Tish, frunciendo el ceño.
—¡Arreglemos eso! —dijo Clara, sonriendo.
Las dos trabajaron juntas en los deberes de Tish.
Clara ayudó a Tish a entender lo que se pedía en cada pregunta, cómo responderla y qué hacer con los diferentes pasos de las matemáticas.
Mientras seguía trabajando con Clara, Tish empezó a entender poco a poco lo que significaba cada ecuación matemática, lo que pedía y cómo podía hacerlo.
Pronto, Tish empezó a sentirse mucho más segura de su capacidad para las matemáticas.
Terminaron los deberes y, cuando acabaron, Clara se marchó y Tish siguió con su tarde como de costumbre.
Al día siguiente, en clase, Tish entregó sus deberes y se sorprendió cuando recibió una C.
—La profesora sonrió y le dio a Tish una pegatina con una estrella dorada.
Tish sonrió y volvió a su pupitre, sintiéndose segura de sus nuevas habilidades matemáticas.
Ese día, en clase, Tish entendió un poco más de lo que solía hacer, y no se sintió tan confundida ni molesta consigo misma durante la clase.
Después de las clases, se fue a casa a hacer los deberes de nuevo.

Clara venía cada dos días a ayudarla con los deberes y le enseñaba lo que significaba cada pregunta, cómo hacerla y los pasos matemáticos para responder correctamente a la pregunta.

También le enseñó a Tish cómo comprobar que tenía las respuestas correctas.

A medida que seguían trabajando juntos, Tish empezó a tener cada vez más confianza en su capacidad para las matemáticas.

Pronto, cada vez que Tish iba a clase, se sentía segura y como si supiera lo que estaba haciendo.

Respondía a las preguntas con facilidad y terminaba los deberes sin esfuerzo.

Incluso empezó a levantar la mano en clase para responder a las preguntas que había en la pizarra, y la mayoría de las veces acertaba las respuestas.

Tish empezaba a sentirse muy orgullosa de sí misma y de sus mejoras en matemáticas.

Incluso empezó a sacar B y A en sus deberes.

Un día, la profesora de Tish anunció que iban a hacer otro examen.

A pesar de que había mejorado en matemáticas, le preocupaba que no le fuera tan bien en el examen.

Después de todo, la última vez que tuvieron un examen, Tish lo suspendió, y no podía estar segura de que no volvería a suspender.

Inmediatamente empezó a preocuparse, y eso la preocupó durante el resto del día.

Al llegar a casa ese día, Tish le contó a Clara lo preocupada que estaba.

Clara le aseguró que no tenía nada de qué preocuparse y que había mejorado mucho en matemáticas.

Aun así, Tish temía que le costara entender las matemáticas en el momento y que le resultaran demasiado abrumadoras.

Por eso, Clara y Tish hicieron pruebas de práctica durante toda la tarde, lo que ayudó a Tish a sentirse más segura bajo presión.

Al final de la sesión, Tish acertó todas las respuestas y se sintió muy segura de su capacidad para hacer los exámenes.

Cuando llegó el día del examen, Tish estaba nerviosa, pero estaba segura de que podría hacer un buen trabajo.

Se esforzó al máximo e hizo todo lo que Clara le enseñó a hacer en cada una de las preguntas del examen.

Cuando su profesora le dijo que se había acabado el tiempo, Tish entregó su examen con confianza y esperó a que le dieran la nota.

Al día siguiente, la profesora de Tish le entregó un cuestionario con un sobresaliente. Tish estaba muy orgullosa de sí misma, y Clara y sus padres también lo estaban.

Incluso lo celebraron esa noche con magdalenas durante su sesión de tutoría y una cena especial en su restaurante favorito.

A partir de entonces, Tish supo que cada vez que necesitara ayuda, la pediría en lugar de intentar resolver las cosas por sí misma. Sabía que pedir ayuda y obtener la que necesitaba era siempre la mejor idea, y eso es exactamente lo que hizo.

¡Fin!

 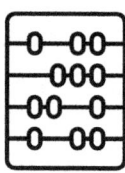  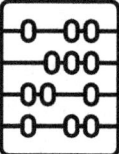

7 - Max se va de paseo

A Max, el labrador negro, le encantaba salir a pasear.
Todo el día esperaba a que su dueño llegara a casa para poder salir a pasear con su amigo y disfrutar del barrio.
Todos los días, después de que su dueño, John, llegara a casa del trabajo, daban un maravilloso paseo por los alrededores y Max podía ver a todos sus amigos.
Veía a la gata del barrio, Liza, al bulldog del barrio, Willy, y a la liebre del barrio, Hopper.
Siempre sonreían y se saludaban con la cabeza mientras Max caminaba orgulloso junto a John.
Cuando llegaban a casa, John siempre le daba una galleta a Max, que se sentaba junto al fuego y disfrutaba de su golosina.
Un día, Max esperaba ansiosamente en la puerta principal su paseo con John.
Mientras esperaba, se dio cuenta de que John tardaba más de lo habitual.
Se sentó un poco más, esperando que John volviera a casa.

Cuando empezó a hacerse tarde, Max se preocupó de que tal vez hubiera pasado algo malo y John no volviera a casa.

Asustado por lo que había sucedido, Max corrió a la puerta trasera, a la puerta del perro y a la puerta trasera.

Saltó a la puerta, tratando de ver por encima para ver si podía ver el camino de entrada donde John siempre aparcaba su coche cuando llegaba a casa. Mientras saltaba, la verja se soltó y se abrió.

Max salió corriendo hacia la entrada para descubrir que no había ningún coche a la vista.

Así que se embarcó en un viaje para buscar a John. Max corrió por el camino por el que él y John solían pasear.

Al hacerlo, vio a su amiga Liza acurrucada en algún arbusto, disfrutando de una siesta.

Este día en particular, Max no ladró para despertarla y saludarla, sino que la dejó dormir mientras seguía su camino en busca de John.

Siguió trotando hasta que llegó a la esquina donde él y John solían girar. Hoy, Max decidió girar a la izquierda con la esperanza de encontrar a John. Mientras corría, vio a su amigo el bulldog Willy. Willy estaba sentado en la ventana de su casa; sus patas aún estaban mojadas por el paseo que acababa de dar con su dueña Macy.

Saber que Willy ya había terminado todo su paseo, hizo que Max se preocupara aún más al darse cuenta del tiempo que había pasado.

Willy y Max se saludaron con la cabeza mientras Max seguía trotando por el camino.

Willy ladró un par de veces, pero nadie se dio cuenta de que Max había salido sin John.

Cuando llegó al final de ese camino, Max se sintió confundido.

Este no era el camino que él y John solían seguir, así que no estaba tan familiarizado con esta ruta.
Aunque lo había hecho varias veces, no tenía muy claro hacia dónde ir.
A lo lejos, le pareció ver a Hopper, así que empezó a correr en esa dirección, seguro de que esa sería la dirección correcta para ir a buscar a John.
Max trotó por algunas calles, luego se detuvo y miró a su alrededor.
Antes de darse cuenta, Max no tenía ni idea de dónde estaba, y no estaba seguro de cómo podía encontrar el camino a casa.
Confundido, Max se dio la vuelta e intentó volver por donde había venido.
Solo que no podía recordar dónde había girado y dónde había seguido recto.
Estaba tan preocupado por buscar a John que se olvidó de prestar atención a dónde estaba, y ahora no tenía ni idea.
Max estaba perdido.
Desesperado por volver a casa para ver si tal vez John había regresado, Max empezó a intentar seguir su olor para ver si podía encontrar el camino por ahí.
Solo que, cuanto más lo intentaba, más difícil le resultaba encontrar su propio olor.
Siguió oliendo a otros perros, gatos e incluso las cenas de la gente que ahora se estaba sirviendo mientras todos se relajaban y disfrutaban de una maravillosa velada juntos.
Max se aterrorizó al pensar que nunca llegaría a casa para disfrutar de una cena con John. En ese momento, ni siquiera sabía si John podría encontrarlo.
Pero Max estaba decidido a llegar a casa, así que siguió trotando y tratando de encontrar el camino.
En un momento dado, pasó un hombre con el pelo oscuro como el de John, y Max pensó que tal vez era él, pero no fue así.
Triste, Max siguió trotando.
Corrió aún más rápido cuando escuchó al hombre detrás de él comenzar a hablar porque le preocupaba que el hombre pudiera ser peligroso.
A estas alturas, estaba empezando a oscurecer y Max se estaba asustando mucho.

No tenía ni idea de dónde estaba John y se sentía muy triste por no poder encontrarlo.
Además, ni siquiera podía encontrar su propia casa.
Finalmente, Max se cansó y se acostó debajo de un árbol en el césped de alguien y trató de dormirse.
Esperaba que tal vez se despertara y se diera cuenta de que todo había sido un mal sueño.
Algún tiempo después, cuando las luces de la calle se encendieron y el cielo estaba negro y lleno de estrellas, Max oyó algo en la distancia.
Sonaba como si tal vez, solo tal vez, alguien estuviera llamando su nombre, pero Max no podía estar seguro.
Se quedó quieto un poco más, pero con la cabeza alta y en alerta.
Entonces, lo oyó de nuevo.
Esta vez, estaba seguro de que lo llamaban por su nombre.
Se levantó de un salto y empezó a correr hacia el sonido.
El sonido, sin embargo, provenía de alguien que definitivamente no era John.
Asustado, Max se escabulló y trató de mantener la distancia con la persona extraña que le llamaba por su nombre.
Sin embargo, la persona trató de llamarlo hacia adelante. Sin embargo, Max se negó a moverse.
Unos minutos más tarde, después de que la persona siguiera intentando acercarse a Max, otra voz atravesó la noche.
Esta vez, Max estaba seguro de que era John.
Se emocionó e inmediatamente corrió hacia la voz, ¡y era John!
¡John estaba allí, de pie en la noche, con la correa de Max en la mano y un bolsillo lleno de galletas de sobra!
Max se emocionó tanto que saltó por todas partes y se lanzó a los brazos de John.
Saltó tan fuerte que John casi se cae.
John estaba tan contento de encontrar a Max que le dio montones de arañazos y abrazos y dejó que Max le lamiera toda la cara de la emoción.
John le puso la correa a Max, y juntos volvieron a casa, y John le dio a Max muchas golosinas.

En su paseo a casa, las cosas eran muy diferentes.
Como ya estaba oscuro, todo el mundo estaba dormido y nada parecía igual.
Ahora, Hopper se había ido y no se encontraba en ninguna parte.
Probablemente estaba fuera durmiendo con su familia de liebres.
La cama de Willy estaba vacía en la ventana y no se le veía por ninguna parte.
Probablemente estaba arriba en la cama con su familia, recibiendo un masaje en la barriga y preparándose para dormir por la noche.
Y Liza, bueno, ¡estaba dentro de la casa de alguien durmiendo en la ventana!
Max se sorprendió mucho al descubrir que Liza vivía realmente al otro lado de la calle, y no solo vivía en los arbustos donde siempre la veía jugar y dormir la siesta.
Intentó llamar su atención, pero ella estaba profundamente dormida en su cama y no podía ser despertada.
Cuando llegaron a casa, John llevó a Max al interior y le dio otro gran abrazo y un arañazo.
Después, le dio a Max una golosina especial para perros y le dejó acurrucarse en el sofá mientras veían la televisión por la noche.
A la hora de acostarse, John dejó que Max durmiera en su cama, en lugar de dejarlo dormir en la cama de Max en el suelo.
Estaba tan feliz de tener a Max en casa que solo quería estar cerca de él y abrazarlo para mantenerlo a salvo de su gran día de exploración.
Max estaba tan feliz de estar en casa que se quedó profundamente dormido en los brazos de John, roncando y soñando con su aventura en el barrio.

8 - Lulú se da un baño

Lulú era un hermoso Cocker Charles Spaniel de pura raza.
Su pelo era largo, suelto y suave como la seda.
Todos los días, sus dueños le cepillaban el pelo y le decían lo buena perra que era, y lo bonita que era con su pelo largo.
Luego, la rociaban con un spray que olía muy bien y le ponían lazos en el pelo.
Cuando terminaban, Lulú iba a disfrutar de una comida gourmet y luego se tumbaba junto a la ventana en su cama especial para echar una siesta.
A diferencia de otros perros, como ya sabrás, Lulú era una perra criada con un propósito especial.
Su pedigrí significaba que fue criada para ir a las exposiciones caninas y ganar cintas para su familia.
A Lulú le encantaba prepararse para las exposiciones caninas y asistir a ellas, y siempre ganaba las mejores cintas de la exposición.
Lulú sabía cómo pavonearse con elegancia por la tarima, poniéndose de pie para los jueces, y encendiendo su encanto para ganárselos.

Sus dueños siempre estaban orgullosos de ella, y Lulú también estaba orgullosa de sí misma.

Siempre le gustaba complacer a sus dueños y ganar cintas porque luego la invitaban a una cena especial que le hacía saber que había hecho un trabajo maravilloso.

Sin embargo, debido a su vida como perro de exposición, Lulú recibía un trato muy diferente al de los demás.

Aunque su trato se consideraba especial, a veces Lulú sentía que no se divertía como los demás perros de la guardería.

Mientras que ellos podían correr y jugar entre ellos y disfrutar de los juguetes, Lulú tenía que sentarse sola en una sala que tenía zonas separadas para todos los perros de raza.

Le dijeron que era porque no querían que su pelo especial se desordenara o que se hiciera daño.

Tenía que mantenerse en las mejores condiciones para las exposiciones, de modo que pudiera hacer un trabajo maravilloso en cada ocasión.

Por lo general, a Lulú le encantaba el trato especial que recibía, pero a veces sentía que se lo perdía.

Un día, mientras observaba a los demás perros jugar en charcos de barro y perseguir pelotas, Lulú empezó a sentirse especialmente sola.

Nunca había tenido un gran amigo con el que jugar y, desde luego, nunca había corrido por un charco de barro.

Vio cómo todos los demás perros se divertían y Lulú empezó a sentirse increíblemente sola.

Lulú odiaba sentirse excluida, pero no tenía ni idea de qué podía hacer para formar parte de los juegos que todos los demás estaban jugando en la zona de la guardería para cachorros.

Lulú se sentó, mirando por la ventana a los otros perros, preguntándose cómo podría salir con ellos.

Se preguntaba si podría jugar con ellos y si les caería bien.

Luego, se preguntó qué sentiría al tener barro en los pies y amigos jugando a su lado.

Lulú se volvió tan curiosa que ya no le importaba si sus dueños pensaban que era una buena perra o si podía hacerles sentir orgullosos.

En cambio, empezó a preocuparse por lo bien que se lo pasaba.
Lulú quería saltar y tener la misma sonrisa que tenían los otros perros.
Pero aún así, Lulú no tenía ni idea de cómo salir a jugar con ellos cuando su habitación estaba cerrada a cal y canto y no podía encontrar una sola salida.
Llegó la hora de la comida, y el asistente de Lulú le trajo un almuerzo especial de carne y verduras frescas.
La comida olía deliciosa, pero Lulú estaba demasiado deprimida para comer.
Se sentía muy triste por no poder jugar con los otros perros y no tenía mucho apetito para comer.
En cambio, siguió tumbada junto a la ventana y contempló a los otros perros mientras saltaban y jugaban en los charcos de barro.
Luego, vio cómo los asistentes venían y limpiaban cuidadosamente a cada uno de los perros uno por uno y los acompañaban a su zona de alimentación para que pudieran comer también sus almuerzos.
Aunque se dirigían a otro lugar, Lulú podía verlos a través de la ventana, ya que no estaban muy lejos de la zona de juegos.
Observó cómo disfrutaban alegremente de cuencos de croquetas y galletas de postre, y se sintió aún más triste por no poder tener una vida como la de esos perros.
Mientras comían, su ayudante volvió y se dio cuenta de que Lulú no había comido nada.
Normalmente, la asistenta se limitaba a meter el brazo y llevarse el plato vacío, pero hoy vino a comprobar si Lulú estaba bien.
En ese momento, Lulú se dio cuenta de que la empleada había dejado la puerta abierta para entrar a ver cómo estaba Lulú.
Emocionada, Lulú aprovechó la oportunidad y salió corriendo por la puerta y se alejó de su habitación.
Corrió por todo el pasillo y pasó por delante de una señora que mantenía abierta otra puerta, que la condujo a la zona principal.
Luego, corrió alrededor de la valla y atravesó la puerta que alguien había dejado abierta.
Lulú siguió corriendo hasta que encontró el camino hacia la zona de juegos donde los otros perros estaban jugando.

En cuanto llegó, saltó directamente al charco de barro y empezó a revolcarse en él.

Lulú no podía creer lo increíble que era el barro. No se parecía a nada que hubiera experimentado antes.

Era húmedo, pegajoso y tenía un tacto extraño en los dedos de los pies y en la nariz.

Siguió rodando y jugando hasta que uno de los asistentes vino a buscarla.

De repente, Lulú se dio cuenta de lo que había hecho y se sintió increíblemente culpable.

Cuando el asistente se acercó, Lulú se miró a sí misma y vio lo desordenada que se había puesto, y luego miró la cara agotada del asistente.

Inmediatamente, Lulú empezó a sentirse mal por haber defraudado a sus dueños y a los asistentes de su guardería favorita.

Esperó a que la asistenta viniera a buscarla, en lugar de intentar huir.

La cuidadora era una señora muy simpática, con el pelo largo y oscuro que se ató en una cola de caballo para no ver el barro que había hecho Lulú.

La mujer recogió a Lulú en una toalla y la llevó hasta la estación de baño, donde Lulú había visto a los demás perros bañarse también.

Lulú era bañada a menudo por sus dueños, así que sabía cómo sentarse bien y dejar que la asistente la bañara.

Se quedó sentada mientras la amable señora la enjuagaba suavemente y le lavaba el pelaje con un champú especial para asegurarse de que su pelo volviera a ser suave, sedoso y liso.

A continuación, enjuagó a Lulú, la sacó del baño con cuidado y la secó con una toalla.

Una vez que la señora terminó, secó a Lulú hasta el final y luego cepilló cuidadosamente su largo y hermoso pelo.

La señora que ayudó a limpiar a Lulú de su baño de barro fue increíblemente amable todo el tiempo.

Dijo cosas bonitas sobre el pelo de Lulú, y sobre lo guapa y divertida que era.

Lulú se sintió orgullosa de sí misma y empezó a sonreír y a acurrucarse con la amable señora.

Una vez terminado el baño, Lulú fue llevada de nuevo a la habitación especial donde estaba su comida, y fue colocada cuidadosamente dentro, con una cama nueva y fresca y una golosina especial para ayudarla a sentirse feliz.

Luego, la puerta se cerró con fuerza para asegurarse de que Lulú no pudiera salir esta vez.

Cuando la amable señora se fue, Lulú comió su almuerzo y luego se acostó en su nueva cama y disfrutó del regalo especial que le habían dado.

Luego, miró hacia la zona de juegos donde los perros estaban jugando de nuevo.

Observó felizmente cómo los perros jugaban en el charco de barro y chapoteaban, disfrutando unos de otros y sonriendo.

Aunque no sabía lo que era jugar con los otros perros, Lulú sabía lo que era jugar en el charco de barro, y por eso se sentía feliz.

Más tarde, ese mismo día, los dueños de Lulú vinieron a recogerla a la guardería.

Los asistentes debieron contarles la carrera de Lulú en el barro, porque todo el tiempo estuvieron hablando de cómo había salido y conseguido jugar en los charcos de barro con los otros perros.

A Lulú le preocupaba que sus dueños se enfadaran con ella, pero en lugar de eso, se rieron y le dieron un abrazo y besos en la cabeza.

En casa, los dueños de Lulú la cepillaron con su cepillo especial para perros que tanto le gustaba.

Luego, la rociaron con el spray que olía muy bien y le dieron una cena especial y una golosina especial para que se la llevara a su cama junto al fuego.

Mientras estaba tumbada junto al fuego comiendo su golosina especial, Lulú pensó en lo afortunada y especial que era.

Esperaba que algún día volviera a jugar en un charco de barro, pero por el momento era perfectamente feliz tumbada con su familia junto al fuego. Fue un gran día para Lulú.

9 - Scarlett tiene una fiesta de cumpleaños

Las fiestas de cumpleaños son muy divertidas.
Puedes jugar con tus amigos, comer pastel y dar regalos, o recibirlos si es tu cumpleaños.
Para una niña, en particular, los cumpleaños eran sus favoritos.
Durante todo el año, Scarlett iba a las fiestas de cumpleaños de sus amigos y disfrutaba disfrazándose, jugando a juegos de fiesta, comiendo tarta y haciendo regalos especiales a sus amigos.
Antes de la fiesta, su madre o su padre siempre la llevaban a la juguetería para que eligiera un regalo especial para el niño que cumplía años.
Le regalaban muñecas, coches de juguete, bloques de construcción y rompecabezas.
Le encantaba comprar regalos y hacer que todos disfrutaran de maravillosos regalos.
Esta vez le tocaba a ella organizar una fiesta.

Scarlett estaba tan emocionada de ser la que organizara la fiesta esta vez que apenas podía esperar.

Cuando su madre le dijo que ya era casi la hora de su cumpleaños, Scarlett empezó a planear inmediatamente lo que haría para pasarlo bien y disfrutar de su día especial con sus amigos favoritos.

Cuando llegó el momento de empezar a planificar, Scarlett hizo las invitaciones y las firmó.

Hizo una invitación para cada uno de los niños de su clase porque quería asegurarse de que nadie se sintiera excluido.

Una vez hechas todas las invitaciones, las metió en su mochila para poder repartirlas en el colegio al día siguiente.

Luego se fue a dormir.

Al día siguiente, se levantó, se preparó y fue al colegio a repartir sus invitaciones.

Colocó una en cada pupitre de sus amigas para que todas pudieran recibir sus invitaciones cuando llegaran a clase a primera hora de la mañana.

Cuando sus amigas entraron en clase, cada una encontró su invitación y se emocionaron mucho.

Les gustaba ir a las fiestas tanto como a Scarlett.

Ella sabía que iba a ser un día muy especial.

Ese día, después del colegio, la mamá de Scarlett la ayudó a planear aún más su fiesta.

Planearon de qué color serían los globos y las serpentinas, a qué juegos jugarían y qué bocadillos habría para que los niños comieran.

Scarlett también pudo decidir qué tipo de tarta quería para su día especial.

Scarlett estaba tan emocionada por los planes que habían hecho que apenas podía esperar para celebrar su cumpleaños con sus amigos.

Pero solo era martes, y la fiesta de Scarlett no era hasta el sábado, así que Scarlett tendría que esperar cuatro noches más de sueño antes de su fiesta.

Todas las mañanas del resto de la semana, Scarlett se levantó emocionada.

Se levantaba de la cama, se vestía y bajaba corriendo a mirar el calendario de su madre.

Luego, colocaba una pequeña pegatina en el calendario para contar los días que faltaban para su fiesta de cumpleaños.

Después, se preparaba, iba al colegio, jugaba con sus amigos y volvía a casa para hacer los deberes.

A continuación, se preparaba y se iba a dormir temprano, con la esperanza de que esto ayudara a que su cumpleaños llegara aún más rápido.

Finalmente, Scarlett se despertó y ¡era sábado!

Cuando vio qué día era en el calendario, chilló de emoción y corrió a vestirse.

Se puso su vestido de fiesta y sus zapatos de fiesta, y luego fue al baño a cepillarse el pelo.

Para su día especial, su madre la ayudó a arreglarse el pelo.

Se lo ha recogido con moños, le ha rizado el pelo y le ha puesto una pequeña diadema en la cabeza.

La diadema decía: ¡Cumpleañera!

Scarlett parecía una princesita y no podía esperar a celebrar su cumpleaños con sus amigos y su familia.

Durante toda la mañana, Scarlett ayudó a su madre a inflar globos, colgar serpentinas y preparar los juegos de la fiesta.

Incluso la ayudó a preparar los aperitivos y a colocarlos en una mesa para que sus amigos pudieran comer cuando tuvieran hambre.

Después, sirvieron zumo en jarras y colocaron el zumo cerca de los aperitivos con vasos frescos para que todo el mundo pudiera usarlos si empezaba a tener sed.

El salón de su casa empezaba a parecer un lugar estupendo para disfrutar de una maravillosa fiesta de cumpleaños.

Una vez que terminaron de preparar todo, Scarlett empezó a impacientarse.

Ya habían terminado, y ella tenía muchas ganas de jugar a algún juego de fiesta, pero ninguno de sus amigos había llegado todavía.

Scarlett le preguntó a su madre cuándo llegarían sus amigos, y ella le dijo que empezarían a llegar en una hora.

A Scarlett le pareció mucho tiempo, pero aun así, esperó pacientemente a que sus amigos vinieran a festejar con ella.

Al cabo de una hora, tal como había dicho su madre, los chicos empezaron a llegar uno a uno.

Cada uno de sus compañeros de clase entró, dijo "feliz cumpleaños" a Scarlett y le dio un gran abrazo.

Luego, colocaron su regalo de cumpleaños en la mesa de regalos y todos se dirigieron a la sala de estar para empezar a celebrar el cumpleaños de Scarlett.

A medida que los niños se amontonaban, la sala de estar se llenó, lo que hizo muy feliz a Scarlett.

Le encantaba ver a todos sus amigos juntos, dispuestos a jugar y a pasarlo bien.

Comenzaron la fiesta comiendo bocadillos y jugando entre ellos mientras llegaban más niños.

Luego, una vez que llegaron todos, empezaron a jugar.

Jugaron a ponerle la cola al burro, a romper la piñata y a congelar la etiqueta.

Luego, jugaron a las sillas musicales.

Cuando terminaron de jugar, hicieron sus propios sombreros de fiesta para usarlos, y luego todos se tomaron fotos con sus sombreros de fiesta con Scarlett.

Scarlett se divirtió mucho con sus amigos y le encantó que todos estuvieran allí para celebrar su día especial con ella.

Scarlett se sentía realmente como una princesa en su cumpleaños.

Después de jugar un buen rato, llegó la hora de la tarta.

El padre de Scarlett se fue a la cocina para empezar a preparar la tarta mientras Scarlett y sus amigos se limpiaban de sus manualidades y juegos.

Cuando terminaron, su madre bajó las luces y su padre empezó a salir de la cocina.

En sus manos: todo un pastel en forma de princesa con ocho velas rosas brillando en la parte superior.

Scarlett estaba muy contenta con su tarta especial de princesa.

Todas sus amigas le cantaron el cumpleaños feliz mientras soplaba las velas.

Luego, todos rieron mientras su madre volvía a encender las luces y su padre cortaba la tarta.

¡Fue un momento tan especial para compartir juntos!

Una vez cortada la tarta y que todos tenían un trozo, el padre de Scarlett le dijo que tenían una sorpresa especial para ella.

Hizo que todos se sentaran en filas en el salón, y una vez que todos estaban sentados, ¡un payaso y un mago entraron en el salón!

Todos aplaudieron y celebraron al payaso y al mago mientras hacían animales con globos y trucos de magia.

A Scarlett le pareció genial.

El payaso le hizo un perro de globo especial, y el mago le regaló un conejito sacado de su sombrero. Fue un cumpleaños que Scarlett nunca olvidaría.

Cuando terminaron la tarta y el payaso y el mago terminaron su espectáculo, llegó el momento de abrir los regalos.

Scarlett y sus amigos se sentaron en círculo y cada uno de ellos le pasó un regalo para que lo abriera, de uno en uno.

Scarlett abrió una nueva casa de muñecas, una nueva muñeca, nuevos cubos, un juego de té y mucho más.

Cada vez que abría un regalo de un amigo le daba las gracias y le daba un abrazo.

Scarlett estaba muy emocionada con los nuevos y divertidos regalos que le habían hecho sus amigos, y no podía esperar a invitarlos a jugar con sus nuevos juguetes durante todo el año.

Cuando terminó de abrir los regalos, Scarlett y sus amigos ayudaron a limpiar el papel de regalo y las bolsas de regalo.

Luego, abrió cada uno de sus juguetes nuevos y jugaron todos juntos, disfrutando de todas las cosas nuevas que acababa de recibir.

Estaba muy contenta de tener la oportunidad de compartir sus nuevos juguetes con todos sus amigos y jugar con ellos.

Jugaron a la casita, a las muñecas y a los bloques.

Luego, cuando terminaron, fueron al patio trasero y corrieron a jugar otra vez al escondite.

Se divirtieron mucho y cada una de sus amigos le dijo a Scarlett que era el mejor cumpleaños de su vida.

Cuando llegó la hora de que sus amigos se fueran a casa, Scarlett se despidió y agradeció a cada uno de ellos su asistencia a la fiesta.

A continuación, les dio una pequeña bolsa de regalos llena de caramelos, chocolates, pequeños juguetes, pegatinas y burbujas.

Confiaba en que a sus amigos les gustaran sus regalos tanto como a ella los suyos.

Pronto, todos los amigos de Scarlett se fueron, y solo quedaron en casa ella, su madre y su padre.

Scarlett ayudó a sus padres a limpiar la fiesta mientras guardaban los globos, quitaban las serpentinas y limpiaban los aperitivos.

Luego, mientras sus padres limpiaban el resto de la fiesta, Scarlett tomó todos sus juguetes nuevos y los guardó en su habitación.

Una vez guardado todo, Scarlett pensó en lo feliz y agradecida que estaba por tener unos amigos tan atentos y amables que compartieran su día especial con ella y le hicieran unos regalos tan maravillosos.

Scarlett sabía que aquel era un cumpleaños que nunca olvidaría.

Tomó su nueva muñeca favorita de entre sus nuevos juguetes y la llevó al piso de abajo y pasó el resto de la tarde jugando en el salón con sus padres mientras veían una gran película y disfrutaban de la noche comiendo pizza y celebrando a Scarlett.

10 - Noah viaja en avión

Hay muchas maneras de viajar a donde quieras ir.
Los trenes, los coches, los camiones, los autobuses y los barcos son excelentes medios de transporte.
Otro gran medio de transporte son los aviones.
Los aviones vuelan alto en el cielo por encima de todo, ayudando a la gente a llegar a su destino especial con facilidad.
Para muchas personas, los aviones son un medio de transporte que utilizan regularmente para llegar a su destino.
Por ejemplo, los políticos y los músicos utilizan los aviones para llegar a las reuniones importantes o a los conciertos que organizan en todo el mundo.
Para Noah, los aviones eran algo nuevo.
Nunca había estado en un avión y no tenía ni idea de lo que le esperaba.
Pero el abuelo de Noah quería llevarlo a un viaje especial a la otra punta del país para visitar un museo especial, pero solo podía hacerlo si iban a volar.

Ir en coche tan lejos llevaría mucho tiempo, y los trenes eran más caros y solían tardar más en llegar a su destino.

Sin embargo, con un avión, Noah y su abuelo podrían atravesar el país en solo un par de horas.

A Noah le parecía genial que un avión pudiera viajar tan rápido y que llegaran a su destino en casi nada de tiempo.

Mientras se preparaban para el viaje, Noah empezó a ponerse nervioso.

Le entusiasmaba la idea de viajar en avión con su abuelo, pero la idea de ir a un lugar nuevo y estar tan alto le asustaba.

No sabía cómo sería pasar por el aeropuerto o montar en un avión.

A Noah le preocupaba que tal vez se asustara, o que se sintiera incómodo mientras él y su abuelo viajaban en el avión.

Mientras hacía las maletas y se preparaba para el viaje, el padre de Noah trató de consolarlo para que se sintiera más cómodo con el viaje que iba a hacer con su abuelo.

El padre de Noah le dijo a este que tomar el avión sería fácil. Le contó que facturarían su equipaje y que los asistentes del aeropuerto se encargarían de subirlo al avión.

A continuación, pasarían por el control de seguridad para asegurarse de que no llevaban nada que pudiera ser inseguro en un avión.

A continuación, esperaban en una gran sala de espera a que les llamaran para subir al avión.

Una vez subidos, se abrochaban los cinturones de seguridad y escuchaban al piloto decirles lo que les esperaba.

A continuación, podían ver la televisión en el avión mientras una azafata les traía aperitivos y bebidas.

El padre de Noah le dijo que cuando terminaran de comer y beber, el vuelo casi habría terminado y se bajarían.

Entonces, tomarían su equipaje del carrito de equipaje y se dirigirían a su coche para poder ir al museo.

A Noah no le parecía tan difícil viajar en avión, pero aun así, estaba preocupado por todas estas nuevas experiencias.

Aquella noche le costó dormir porque se preguntaba cómo iba a ser y cómo le iría en su primer vuelo.

Aunque Noah estaba asustado, seguía estando muy emocionado por vivir esta aventura tan especial con su abuelo.

A la mañana siguiente, llegó el momento de que Noah viajara en avión.

Su abuelo llegó a su casa y puso las maletas en el coche mientras Noah se despedía de sus padres.

A estas alturas, se sentía muy asustado y a la vez muy emocionado por este viaje tan especial que iba a hacer con su abuelo.

Cuando terminó de despedirse de sus padres, Noah y su abuelo subieron al coche y se dirigieron al aeropuerto.

Noah le dijo a su abuelo que estaba asustado y emocionado al mismo tiempo, y el abuelo de Noah le dijo que lo entendía.

Luego, le dijo a Noah lo mismo que le había dicho su padre sobre lo que debía esperar y lo fácil que sería tomar el vuelo.

Noah empezó a sentirse más cómodo y trató de relajarse mientras se dirigían al aeropuerto.

Cuando llegaron al aeropuerto, el abuelo de Noah aparcó su coche en un aparcamiento especial, y luego pagaron un billete especial que permitía al abuelo de Noah dejar su coche allí hasta que llegaran a casa.

De este modo, tendrían un coche para volver a casa cuando regresaran del viaje.

Una vez pagado el billete, entraron en el aeropuerto y comenzaron el proceso de preparación para subir al avión.

En primer lugar, se dirigieron a la zona de equipajes y entregaron sus maletas a los encargados de las mismas.

Al hacerlo, los asistentes de equipaje colocaron etiquetas en sus maletas que permitían al aeropuerto saber en qué vuelo debían estar.

Luego, firmaron unos  papeles para confirmar que sus maletas habían sido facturadas y se quedaron con un papel de confirmación.
Una vez que facturaron sus maletas, se dirigieron al control de seguridad.
Esta parte le dio miedo a Noah, ya que había muchos sonidos, máquinas y gente por todas partes.
Todo el mundo había formado filas hacia el puesto de control para que los guardias de seguridad pudieran asegurarse de que todo el mundo estaba seguro y listo para viajar.
Esta parte llevó un rato, ya que cada persona tardó en pasar por el control para llegar a la sala de espera.
Noah observó cómo cada persona se quitaba las chaquetas, los zapatos y las joyas que pudiera llevar para ponerlos en un cubo con sus maletas.
El cubo bajaba por una cinta transportadora a través de un detector de metales, y luego las personas pasaban por otro detector de metales.
Al otro lado, el guardia de seguridad se aseguraba de que todo parecía correcto y seguro, y luego dejaba pasar al pasajero a la zona de espera.
Por último, les tocó a Noah y a su abuelo pasar por el paso de seguridad.
Cada uno se quitó los zapatos y las chaquetas, y el abuelo de Noah se quitó el reloj de pulsera.
A continuación, colocaron sus bolsas de mano en la cinta transportadora.
Uno a uno, pasaron por el detector de metales, y sus maletas también pasaron por el detector de metales.
Al otro lado, el guardia de seguridad comprobó que todo estaba bien, y luego les devolvieron sus cosas.
Se pusieron los zapatos y las chaquetas, y el abuelo de Noah se puso el reloj de pulsera.
Luego, tomaron sus bolsos de mano y se dirigieron a la sala de espera.
La zona de espera no era más que una gran sala llena de sillas y algunas tiendas del aeropuerto.

Una de ellas era una tienda de conveniencia con aperitivos y bebidas, y la otra era una librería.
También había un restaurante por si la gente quería comer antes de tomar su vuelo a donde fuera.

Noah miró a toda la gente que estaba esperando, comiendo y comprando libros.
Le sorprendió la cantidad de gente que había en la sala de espera y se preguntó cuántos de ellos tomarían el vuelo con él y su abuelo.
Noah y su abuelo encontraron un asiento y esperaron a que la azafata llamara a su número para poder subir al avión.
Cuando lo hizo, se levantaron y se dirigieron a la fila, mostraron al asistente su tarjeta de embarque y comenzaron a embarcar.
El embarque en el avión fue inusual: recorrieron un largo pasillo y terminaron en el avión al final.
A Noah le pareció genial que ese pasillo estuviera unido al avión y que pudieran subir a él de esta manera.
Una vez en el avión, Noah y su abuelo encontraron sus asientos y se sentaron.
Todos tardaron un poco en subir al avión.
Noah y su abuelo vieron cómo subían familias, hombres, mujeres y gente de negocios.
Cada uno encontró su asiento, guardó su equipaje y se sentó a esperar mientras el resto de los pasajeros subía.
Por fin, después de lo que pareció una eternidad, todos estaban a bordo y el avión estaba listo para despegar.
Iniciaron el despegue con un mensaje del piloto.
El piloto les habló de las condiciones de vuelo y de lo que podían esperar en términos de turbulencias.

Luego, les habló de las medidas de seguridad y de lo que debían hacer si había algún problema con el avión.

Esto hizo que Noah se preocupara, pero su abuelo le aseguró que todo iría bien.

Cuando el piloto terminó de hablar, se encendió el gran televisor de la parte delantera del avión y la azafata ofreció a Noah unos auriculares.

Él y su abuelo aceptaron cada uno un par y los encendieron para poder escuchar la película que se estaba reproduciendo mientras volaban.

Luego, despegaron.

El despegue fue una experiencia genial para Noah.

Empezaron conduciendo por la pista, pero pronto iban tan rápido que el avión despegó en el aire.

Hicieron un giro brusco hacia arriba y en unos instantes estaban volando entre las nubes.

Pronto estuvieron por encima de las nubes y volando directamente hacia el otro lado del país.

Noah miró por la ventanilla para ver la cima de las nubes y, cuando estas se separaron, las ciudades que caían bajo ellas.

La mayoría de las ciudades estaban demasiado lejos para que Noah pudiera ver algo más que la textura del suelo, pero aun así le pareció muy bonito.

Mientras volaban, Noah miraba por la ventana, veía la televisión y comía los bocadillos y bebía las bebidas que le daba el asistente.

Luego, tal y como dijo su padre, cuando terminó, el avión estaba casi listo para aterrizar.

A medida que se acercaban a su destino, el piloto volvió a hablar por radio y comunicó a todos los pasajeros su aterrizaje.

El piloto les comunicó que era hora de ponerse los cinturones de seguridad y que aterrizarían muy pronto.

Les dijo a qué hora iban a aterrizar, qué debían esperar y qué debían hacer durante el proceso de aterrizaje.
Poco después, aterrizaron en la pista.
Fue una experiencia un poco accidentada, pero terminó rápidamente.
Una vez que aterrizaron, Noah y su abuelo bajaron del avión recorriendo un largo pasillo similar al que tenían cuando subieron al avión.
Luego, fueron a recoger sus maletas y salieron para coger el taxi que les llevaría al hotel.
El resto del viaje fue muy emocionante para Noah.
Se alojaron en un hotel, fueron al museo y disfrutaron de deliciosas cenas y desayunos en los restaurantes cercanos al hotel.
Cuando terminaron el viaje, Noah estaba triste por dejar atrás toda la diversión, pero estaba emocionado por otro viaje en avión.
A Noah le parecía que los aviones eran muy divertidos y no podía esperar a volver a viajar en avión muy pronto.
Incluso le preguntó a su abuelo si podían volver pronto al museo.
El abuelo de Noah se rio y dijo que sí.
¡Fin!

11 - Ava se une a la clase de baile

El deporte es excelente para la salud.
Cuando te apuntas a un deporte, te das la oportunidad de mover tu cuerpo, cuidar tu bienestar y aprender a ser bueno en algo que te gusta.
Además, los deportes tienden a ayudarte a ser un mejor jugador de equipo, e incluso pueden ayudarte a hacer nuevos amigos.
Los padres de Ava le contaron lo bueno que es el deporte cuando cumplió cinco años y la animaron a elegir un deporte para probarlo.
Le ofrecieron probar la natación, el patinaje, el baloncesto, el fútbol o la danza.
Ava decidió que quería probar las clases de danza, así que sus padres la apuntaron a ballet.

Después de inscribirla, los padres de Ava la llevaron a comprar todo lo que necesitaba para empezar a bailar.

La llevaron a comprar unas mallas, un leotardo, un tutú y unas zapatillas de ballet especiales que usaría para bailar.

Luego, le llevaron la ropa a casa y la ayudaron a preparar sus zapatillas de ballet.

Para preparar sus zapatillas, una bailarina debe cortar una cinta especial para sus zapatillas y coserla en cada una de ellas para poder atarla alrededor de sus piernas.

Ava se sentó pacientemente mientras su madre medía la cinta, la cortaba y la cosía en sus zapatillas.

Cuando terminaron, Ava pudo llevar sus nuevas zapatillas de ballet por toda la casa para que pudiera empezar a acostumbrarse a cómo se sentían y cómo era caminar con ellas.

Ava se sintió como una auténtica bailarina y se divirtió mucho.

Incluso se puso las mallas, el leotardo y el tutú por toda la casa y fingió que bailaba como una auténtica bailarina.

Cuando llegó la hora de acostarse, Ava se quitó cuidadosamente el traje de bailarina y lo guardó en el armario.

Luego se fue a la cama y disfrutó de un gran sueño.

A la mañana siguiente era sábado, lo que significaba que era su primera clase de baile.

Ava estaba muy emocionada por ir; apenas podía esperar.

Pero sabía que era importante descansar bien por la noche, así que se fue a dormir.

A la mañana siguiente, Ava se despertó y no se sentía tan emocionada como cuando se iba a dormir.

Ahora, en lugar de sentirse emocionada, Ava empezaba a sentirse asustada.

Le preocupaba no saber lo que estaba haciendo y no ser una buena bailarina.

También le preocupaba no hacer amigos y que los otros niños del baile no fueran amables con ella.

De repente, Ava ya no quería ir al baile.

En cambio, Ava quería quedarse en casa con sus padres, porque estos la ayudaban a sentirse más cómoda mientras bailaba.

Ava desayunó tranquilamente las tostadas con mermelada que le había preparado su madre.

Luego, bebió su leche.

Durante todo el tiempo, Ava apenas dijo una palabra, y su madre se dio cuenta.

—¿Qué pasa, Ava? —le preguntó su madre.

—Tengo miedo —dijo Ava en voz baja.

—¿Miedo de qué? —volvió a preguntar su madre.

—¡Tengo miedo de no ser buena en la danza! —dijo Ava.

—Bueno, normalmente, no somos muy buenos en las cosas cuando empezamos a aprenderlas. Sin embargo, a medida que vamos practicando, ¡empezamos a mejorarlas! Así que no pasa nada si no se te da bien el baile, Ava. Puedes ir y divertirte —dijo sonriendo su madre.

—Pero, ¿y si no les agrado a las otras niñas? —preguntó.

—Estoy segura de que encontrarás algunas amigas a los que sí les agrades, y te divertirás mucho con ellas —respondió su madre.

—¿Pero qué pasa si no me agradan? —preguntó Ava.

—Estoy segura de que eso no ocurrirá —dijo su madre.

La mamá de Ava le dio un abrazo y la ayudó a limpiarse la cara del desayuno.

Ava empezó a sentirse un poco mejor, pero seguía preocupada por lo que iba a ser entrar en una clase de baile.

Ava tenía mucho miedo de que los otros niños se rieran de ella o de que no se lo pasara bien.

También le daba miedo probar algo nuevo porque no sabía qué esperar.

Cuando terminó de desayunar, Ava fue a prepararse.

Se lavó los dientes, se peinó y se puso su traje especial de bailarina.

Esta vez se sintió diferente.

El traje de bailarina le daba miedo y quería quitárselo.

Sin embargo, su madre insistió en que se lo dejara puesto y en que diera al menos una oportunidad a la clase de baile. Ava aceptó.

Mientras Ava y su madre hablaban de lo bien que se lo iba a pasar, su madre empezó a arreglarle el pelo para el ballet.

Lo peinó, lo recogió en un moño y lo sujetó con unas pinzas especiales para mantenerlo recogido y alejado de la cara.

Luego, le puso una simple redecilla sobre el moño para que no se deshiciera y se mantuviera bonito y en su sitio durante toda la clase de ballet.

Ava no le gustaba cómo le sentaba el moño o la red en el pelo, pero sí le gustaba lo guapa que estaba y cómo se sentía como una auténtica bailarina.

Cuando estuvo preparada para ir a la clase de baile, Ava se puso las zapatillas de correr para poder caminar hasta el coche sin estropear sus bonitas zapatillas de bailarina.

Luego, ella y su madre caminaron hasta el coche y su madre la llevó a la clase.

En la escuela de danza, las cosas eran muy diferentes para Ava.

Había un largo pasillo con asientos a ambos lados donde se sentaban los padres y las otras bailarinas, y había un pupitre al final.

Ava se sintió asustada porque había mucha gente nueva y cosas que sucedían a la vez.

Así que tomó la mano de su madre.

Mientras lo hacía, Ava se quitó las zapatillas de correr y las puso en un cubículo para poder ponerse sus zapatillas especiales de ballet.

Todas las bailarinas hacían esto para asegurarse de que el suelo no se ensuciara y arruinara su hermosa ropa y zapatillas de baile.

Con las zapatillas cambiadas, Ava y su madre se dirigieron al mostrador y empezaron a prepararse para su primera clase.

La mamá de Ava firmó unos papeles y la profesora de baile saludó a Ava y la llevó a su nueva clase.

Ahora, la madre de Ava no podía ir con ella, así que Ava tuvo que ser valiente e ir sola.

Pero, la mamá de Ava le prometió que se iba a divertir mucho y que su mamá estaría justo en la puerta, esperando a que terminara.

Así que Ava se armó de valor y entró en la clase de baile con su nueva profesora, la señorita Nadia.

Dentro de su nueva clase de baile, las cosas daban miedo, pero no tanto como ella pensaba.

Otros niños de su edad también llevaban sus propios trajes de bailarina y estaban alineados junto a la pared.

La Srta. Nadia le indicó a Ava dónde podía colocarse y se colocó en la fila de bailarinas.

Inmediatamente, la pequeña bailarina que estaba a su lado empezó a hablarle y a hacerse amiga suya, y Ava empezó a calmarse.

De repente, se sentía mucho más relajada que antes y estaba segura de que todo sería divertido.

Durante toda la clase, Ava siguió las instrucciones de la señorita Nadia.

Calentaron con estiramientos y giros, luego practicaron giros, ponerse de puntillas y correr de puntillas.

Incluso practicaron saltos y patadas con las piernas, lo que a Ava le pareció muy divertido.

Aunque no era tan buena, Ava estaba orgullosa de sí misma por haberlo intentado y sentía que estaba haciendo un gran trabajo para ser su primera vez.

Se esforzó al máximo y su profesora le dijo que su mejor esfuerzo era un gran trabajo.

Al final de la clase de ballet, Ava y sus compañeras se pusieron en fila para salir del aula.

La señorita Nadia les dio a cada una una pegatina y se dirigieron a la puerta y a la sala de espera, donde sus padres las esperaban pacientemente.

Ava corrió inmediatamente a buscar a su madre y le dio un gran abrazo, sintiéndose muy orgullosa de sí misma por todo lo que había conseguido.

La madre de Ava también la abrazó y le dijo lo orgullosa que estaba.
Esto hizo que Ava se sintiera muy feliz.
Cuando terminaron de abrazarse, Ava y su madre volvieron a ponerse las zapatillas de correr y se fueron a casa.
Durante todo el camino, Ava habló de lo que había aprendido en la clase de baile y de lo mucho que se había divertido.
Su madre se alegró mucho por ella y la escuchó atentamente mientras le contaba todo.
En casa, Ava se puso los zapatos de baile y le enseñó a su madre todo lo que le había enseñado la señorita Nadia.
Se estiró, giró, caminó de puntillas y dio saltos.
Su madre pensó que sus nuevos movimientos de baile eran geniales, y animó y aplaudió mientras Ava bailaba por el salón.
Cuando terminó de enseñar a su madre, Ava se quitó la ropa de bailarina y la guardó en el armario para la semana siguiente.
Durante toda la semana, miró su bonito traje de bailarina y se emocionó pensando en lo divertido que iba a ser volver a las clases de baile muy pronto.
Ava estaba deseando volver a bailar con sus amigos y aprender algo nuevo para enseñárselo a su madre.
A partir de ese día, todos los sábados, Ava iba a su clase de baile con su madre o su padre, y aprendía a bailar.
Mientras estaba allí, movía su cuerpo, gastaba su energía y jugaba con sus amigos.
Incluso hizo tan buenos amigos que invitó a algunos de ellos a su fiesta de cumpleaños ese verano.
Fue una explosión, y Ava se divirtió más de lo que podría haber esperado.
Se sentía especialmente afortunada por poder ser bailarina y hacer nuevos amigos.

12 - Oliver participa en una obra de teatro

¿Has oído hablar alguna vez de las obras de teatro?
Las obras son un tipo de teatro en el que la gente se reúne en el escenario y actúa como diferentes personajes.
Cuando estás en una obra de teatro, tu trabajo consiste en aprender todo sobre el personaje que estás interpretando y ser muy bueno interpretándolo.

Tienes que aprender cómo se llama el personaje, cómo habla, qué dice y cómo actúa.

Luego, te subes al escenario con otros actores e interpretas tu papel mientras los otros actores interpretan el suyo.

El resultado es algo parecido a un programa de televisión, con la diferencia de que lo ves en directo en el escenario.

Las obras de teatro son una forma muy interesante de hacer teatro, y mucha gente se divierte mucho interpretando papeles en el escenario junto a otros actores, ya que se trata de obras y espectáculos para la gente que disfruta viendo el teatro.

Un día, en pleno curso escolar, un niño llamado Oliver sintió curiosidad por saber cómo sería actuar en una obra de teatro.

Oliver tenía tanta curiosidad que decidió apuntarse a una obra de teatro de la escuela, aunque no estuviera tomando clases de interpretación.

Pensó que sería divertido aprender a interpretar un personaje diferente y fingir ser otra persona en el escenario, y algunos de sus amigos ya se habían apuntado.

Oliver estaba seguro de que sería una buena manera de divertirse con sus amigos, así que decidió probar algo nuevo.

Cuando se apuntó por primera vez a la obra, Oliver estaba muy emocionado.

Tampoco estaba seguro de si entraría en la obra porque no formaba parte de las clases de interpretación como sus amigos, así que le preocupaba no tener las habilidades necesarias para participar en la obra.

Aun así, esperaba tener un papel divertido en la obra.

Poco después de inscribirse, se publicó la lista que indicaba el papel que cada uno interpretaría.

Y, efectivamente, Oliver fue elegido para un papel.

Oliver fue elegido para interpretar el papel de panadero en la obra, lo que significaba que tendría que fingir que sabía hacer pan, galletas, pasteles y postres de todo tipo.

También tendría que fingir que conocía a todos los personajes de los demás actores y actrices, ya que la obra decía que les vendía pan y productos de panadería todo el tiempo.

Oliver estaba entusiasmado porque este papel sonaba divertido y no tenía demasiadas líneas, por lo que estaba seguro de que podría hacer un gran trabajo.

Después de ser elegido, Oliver practicó con el grupo de actores todos los días después de la escuela para asegurarse de que sabía lo que estaba haciendo.

Oliver conoció a nuevos amigos y personas que participaban en la obra.

También pudo reunirse con sus viejos amigos y pasar tiempo con ellos, lo que fue muy divertido.

No había podido jugar mucho con ellos este año escolar porque siempre estaban en clases de actuación, y Oliver quería tener la oportunidad de jugar con ellos.

Aunque no era lo mismo que jugar al béisbol en el parque, seguía siendo muy divertido, y Oliver estaba seguro de que sería una buena manera de seguir jugando con sus amigos.

Las primeras reuniones fueron divertidas.

Consistieron sobre todo en asignar los personajes, hablar del sentido de la obra y tomar medidas para el vestuario.

También dedicaron tiempo a hablar de dónde estaba el escenario y de lo que pasaría la noche de la obra para que todos supieran qué esperar.

Para Oliver, esta parte parecía fácil porque simplemente hablaban de lo que había que hacer.

Lo difícil es lo que vino después.

Este fue el momento en el que Oliver y sus amigos tuvieron que tomarse en serio su compromiso, ya que tuvieron que empezar a practicar la parte real de la actuación.

Para sus amigos, que ya habían tomado clases de actuación, esto parecía fácil.

Se metieron en el personaje y fingieron; hicieron su papel a la perfección.

Oliver estaba muy orgulloso de sus amigos y de lo bien que estaban asumiendo sus papeles, y aplaudía y vitoreaba al final de cada una de sus escenas.
Esta parte fue divertida. Pero luego le tocó a Oliver practicar la actuación.
Finalmente, llegó la escena en la que el panadero tenía que estar en el plató, y esto significaba que Oliver tenía que meterse en el personaje.
De repente, la idea de la obra de teatro parecía muy aterradora y abrumadora.
Oliver nunca había actuado antes y no estaba muy seguro de cómo actuar. Aunque había estado practicando para memorizar sus líneas, todavía no estaba seguro de poder hacerlo bien.
Al principio, ni siquiera quería subir al escenario porque estaba muy asustado, y por eso le preocupaba que el director de la obra se enfadara con él.
Mientras intentaba armarse de valor para subir al escenario, los amigos de Oliver se acercaron y empezaron a ayudarle a sentirse más valiente.
Le recordaron que conocía sus líneas y que podía hacerlo fácilmente, y que terminaría rápidamente aunque se sintiera asustado.
Así que Oliver se armó de valor y subió al escenario para practicar su papel.
La primera vez que subió al escenario, Oliver se saltó dos líneas y tropezó con muchas palabras.
Se sintió tonto y avergonzado y le preocupó que los demás que estaban en la obra con él lo juzgaran o pensaran que era tonto por no poder recordar.
Esto hizo que Oliver se sintiera aún más asustado, lo que dificultó aún más la ejecución de sus líneas. Aun así, tropezó y lo intentó una y otra vez.
Cada vez que llegaban al final de la escena, los amigos de Oliver le aplaudían y vitoreaban, aunque él sentía que no había hecho un buen trabajo.

Sin embargo, lo que realmente sorprendió a Oliver fue que no solo sus amigos le aplaudieron y vitorearon, sino que los otros actores y el director de la obra también aplaudieron y vitorearon.
Aunque no conocían a Oliver, celebraron su valentía y trataron de ayudarle a sentirse mejor en el escenario.
Durante esa primera clase, Oliver no consiguió decir ni una sola línea sin tropezar con las palabras u olvidarse de alguna parte.
Pero aun así, siguió intentándolo y siguió presentándose.
Cuando salió de la clase ese día, practicó mucho en casa para asegurarse de que podría hacerlo mejor la próxima vez.
Se puso frente al espejo y dijo sus líneas en voz alta, practicando con diferentes tonos, acentos y volúmenes.
Incluso invitó a sus amigos a que vinieran a ayudarle a practicar sus líneas, y sus amigos vinieron encantados y le ayudaron.
Oliver lo intentaba una y otra vez, y todo el tiempo que practicaba en casa, mejoraba cada vez más.
Estaba seguro de que esta vez lo conseguiría.
Cuando se presentaron al día siguiente a su práctica, Oliver sabía que esta vez podría hacerlo mejor.
Así que, cuando le tocó practicar, se subió al escenario con valentía y estaba dispuesto a intentarlo.
Pero esta vez volvió a tropezar.
Y volvió a fallar algunas palabras.
Se sentía frustrado consigo mismo porque lo hacía muy bien en casa, pero cada vez que se subía al escenario, le resultaba mucho más difícil.
La idea de que todo el mundo le viera, y el miedo a que le viera aún más gente cuando pusieran la obra para todo el colegio, hacían que Oliver estuviera especialmente asustado.
No conseguía superar este miedo, así que cada vez que practicaba en el escenario, le resultaba difícil.
Esto le hacía sentirse mal, y le preocupaba no ser capaz de decir sus líneas e interpretar su papel para cuando llegara la noche de la obra.
Ese día, después del ensayo, Oliver se preparaba para volver a casa cuando el director de la obra se acercó a hablar con él.

—Me he dado cuenta de que tienes miedo en el escenario, Oliver —le dijo el director de la obra.
—Sí, tengo miedo. No sé por qué. Puedo hacer todas mis líneas en casa con facilidad. Pero en cuanto estoy en el escenario, las estropeo. Quizá debería dejarlo —Dijo Oliver, mirándose los pies, avergonzado.
—¡De ninguna manera! Lo estás haciendo muy bien, hoy lo has hecho incluso mejor que ayer, y mañana lo harás aún mejor. Tenemos mucho tiempo antes de que empiece la obra, y sé que cuando llegue el momento, lo harás muy bien —dijo el director de la obra.
—¿De verdad? ¿Eso crees? —preguntó Oliver.
—Lo sé —sonrió el director de la obra.
Oliver se sintió un poco mejor después de esta conversación.
Se fue a casa después de la práctica y una vez más trató de decir sus líneas en el espejo.
Esta vez, lo hizo muy bien y se sintió muy seguro de sí mismo.
Mientras practicaba, se dio cuenta de que su padre le observaba en la esquina del espejo.
Inmediatamente, Oliver se puso nervioso y dejó de practicar.
—¡No dejes de hacerlo por mí! Lo estás haciendo muy bien —El padre de Oliver sonrió.
—Lo sé papá, pero cada vez que alguien me mira, me asusto y meto la pata. No creo que pueda hacerlo —Oliver frunció el ceño.
—Yo también me asustaba cuando me subía al escenario delante de la gente, pero ahora me resulta fácil hacerlo —dijo su padre.
—¿De verdad? ¿Tú también te subes al escenario, papá? —preguntó Oliver.
—Oh sí, todo el tiempo para el trabajo. Mi jefe siempre necesita que suba al escenario para hacer presentaciones, y antes me daba miedo. Pero entonces, aprendí un truco. ¿Quieres que te diga cuál es? —preguntó el padre de Oliver.
—¡Claro! —dijo Oliver, curioso.
—Bueno, el truco es el siguiente: finge que no hay nadie. Finge que solo estás tú y la persona con la que hablas en el escenario —dijo el padre de Oliver.
—Fingir que no hay nadie... Yo puedo hacerlo —dijo Oliver entusiasmado.

—¡Genial! Pues inténtalo —El padre de Oliver sonrió.

Oliver volvió al espejo y practicó sus líneas de nuevo; solo que esta vez, fingió que su padre no estaba allí.

Al principio, se sintió incómodo porque sabía que su padre estaba allí.

Pero, a medida que lo intentaba, parecía que este hecho se desvanecía y Oliver se sentía más seguro de sí mismo en su actuación, a pesar de que había alguien observando.

Esto hizo que Oliver se sintiera muy emocionado.

Durante el resto de sus prácticas, Oliver fingió que no había nadie excepto la persona con la que estaba hablando, ¡y funcionó!

Día tras día, Oliver fue superando líneas sin accidentes y pronto estaba actuando el papel del panadero como un profesional.

Oliver estaba muy orgulloso de sí mismo, y sus amigos y padres también lo estaban.

La noche de la obra, Oliver empezó a tener miedo porque se dio cuenta de que el público iba a ser mucho mayor esta vez.

Pero aun así, Oliver subió al escenario y representó su papel de todos modos.

Cuando le llegó el turno, Oliver tropezó con las primeras palabras de su primera línea.

Pero entonces, respiró profundamente y recordó lo que había dicho su padre.

Fingió que no había nadie a su alrededor y volvió a empezar.

Esta vez no se tropezó con ninguna palabra ni olvidó ninguna línea.

Interpretó su papel con la misma valentía y seguridad que durante los ensayos, y se sintió muy orgulloso del trabajo realizado.

Al final, todo el mundo aplaudió y vitoreó.

Cuando terminó la obra, todos los actores y actrices se dirigieron a los bastidores.

Los padres de Oliver estaban allí y le dijeron lo orgullosos que estaban de su actuación.

Sus amigos le dijeron que también estaban orgullosos.

Más tarde, cuando todo se calmó, Oliver se acercó a su padre y le dijo: —¡He probado eso que me has enseñado y ha funcionado! Gracias, papá.

—¡Te dije que podías hacerlo! Eres un chico valiente —dijo el padre de Oliver, abrazándolo.
¡Fin!

13 - Emma se sube al autobús

Probar cosas nuevas puede dar miedo, sobre todo si han cambiado muchas cosas en tu vida a la vez.
Emma era una niña que había experimentado muchos cambios en su vida a la vez, y esto hizo que Emma se sintiera muy abrumada.
En un verano, la familia de Emma vendió su casa y se mudó a una nueva.
Su padre empezó a trabajar en un nuevo empleo, lo que significaba que estaba fuera incluso más horas que antes, y su madre empezó a trabajar también a tiempo parcial, por lo que su madre tampoco estaba tanto.
Aunque la hermana mayor de Emma debía cuidar de ella durante el verano, pasaba la mayor parte del tiempo hablando por teléfono con sus antiguos amigos.
Emma se sentía sola y confundida por todos los cambios que habían ocurrido en su vida recientemente.
No sabía qué hacer al respecto.
Durante todo el verano, Emma jugó sola en su nueva habitación y en su nuevo patio, intentando acostumbrarse a todos los cambios.

Sin embargo, la mayoría de los días echaba de menos a sus antiguos amigos, su antigua habitación y su antigua casa.
Quería volver, pero sus padres le decían que eso no era posible, lo que entristecía aún más a Emma.
Emma no podía entender por qué todo tenía que cambiar, y le molestaba que nadie pareciera explicarle por qué todo cambiaba.
Cuando el verano terminó, Emma seguía triste.
Además, ahora iba a haber aún más cambios, ya que Emma iría a un nuevo colegio donde tendría nuevos profesores y nuevos amigos.
Para Emma, esto se sentía como un montón de cambios de nuevo, lo que la hacía sentir aún más preocupada.
Para colmo, por primera vez, Emma iba a tener que coger un autobús para ir al colegio porque su madre trabajaba por la mañana y no podía llevarla.
En lugar de eso, la hermana de Emma la acompañaría a la parada del autobús, irían juntas en él y luego irían a la escuela.
Al salir de la escuela, volvían a casa juntas en el autobús.
La idea de este cambio asustó aún más a Emma.
El día antes de que empezaran las clases, Emma estaba sentada sola en su habitación llorando.
Lloraba mientras pensaba en todos los cambios que se iban a hacer y en lo molesta que estaba porque nadie le explicaba por qué había que hacer esos cambios en primer lugar.
Lloraba porque su padre estaba más tiempo fuera y su madre no estaba en casa para ayudarla.
Cuando llegó a casa, su madre parecía cansada y no quería hablar con Emma como solía hacerlo, así que Emma sintió que no tenía a nadie con quien hablar.
Mientras estaba sentada en su cama llorando en su regazo, su hermana Kyla entró en la habitación para ver qué le pasaba.
—¿Qué pasa? —preguntó Kyla, sentándose en la cama junto a Emma.
Emma se limitó a llorar.
Estaba demasiado triste como para hablar de lo que pasaba porque hablar de ello la hacía sentir aún más triste.

Kyla frotó la espalda de Emma y le dio un abrazo, luego dijo: —dime qué te pasa, Emma.
Finalmente, Emma se sinceró sobre todo, incluso sobre cómo se sentía debido a todos los cambios que habían sufrido.
Kyla comprendió y le dio a Emma un fuerte abrazo.
—Todo está cambiando y no lo entiendo. Papá y mamá no están y echo de menos a mis amigos y echo de menos mi habitación y echo de menos mi casa, y tú estás demasiado ocupado para jugar conmigo ahora —Emma lloró.
Kyla le secó las lágrimas y le dio un fuerte abrazo.
—Lo siento, Emma, esta mudanza ha sido muy dura para mí también, y he estado hablando con mis amigos porque los echo de menos. No sabía que lo estabas pasando tan mal —dijo frunciendo el ceño.
—Lo estoy, y es duro, y echo de menos todo. Y ahora tenemos que coger el autobús para ir al colegio y no quiero hacerlo —dijo Emma, llorando más fuerte.
Kyla volvió a abrazar a Emma, solo que esta vez estuvo muy callada.
—Yo tampoco quiero tomar el autobús —admitió Kyla en voz baja.
—¿Por qué tenemos que hacerlo? —preguntó Emma entre sollozos.
—Porque mamá está trabajando ahora, así que no puede llevarnos, ya lo sabes Emma —dijo Kyla.
—Pero, ¿por qué tuvo que cambiar todo? —preguntó Emma.
—A veces, las cosas simplemente tienen que hacerlo —dijo Kyla.
—Toma, vamos a intentar pasar un gran día juntos antes de que mañana empiece el colegio. Y mañana, nos aseguraremos de que el viaje en autobús sea una aventura divertida en lugar de una de miedo, ¿de acuerdo? —dijo Kyla.
—¿Cómo haremos eso? —preguntó Emma.
—Ya lo verás —respondió Kyla.
Entonces, Kyla tomó a Emma de la mano y la condujo escaleras abajo. Abajo, las niñas prepararon sus almuerzos para la escuela al día siguiente. Sin embargo, a diferencia de su antigua casa, los hicieron más divertidos. Cortaron los palitos de zanahoria en forma de lanzas, cortaron los sándwiches en forma de estrellas y metieron a escondidas pequeñas

barritas de caramelo en sus bolsas de almuerzo para que tuvieran un regalo especial en su primer día.

Incluso tomaron sus cajas de zumo y las colorearon para que tuvieran un aspecto especial.

Luego, intercambiaron los zumos para que cada hermana tuviera un regalo especial de la otra y así ayudar a que su primer día de colegio fuera aún mejor.

Cuando sus padres llegaron a casa, Kyla les contó lo asustada que estaba Emma.

Por primera vez ese verano, los padres de Emma se sentaron con ella y le explicaron por fin todo lo que había pasado y por qué tenían que producirse todos los cambios.

Emma seguía sin entender por qué tenían que cambiar tantas cosas, pero comprendió que sus padres no tenían otra opción y que tendrían que sacar lo mejor de esta nueva situación.

Al día siguiente, cuando llegó la hora de ir al autobús escolar, Emma se despertó y vio que su madre aún no se había ido a trabajar.

Esto hizo que Emma se pusiera muy contenta, así que corrió a darle un gran abrazo a su madre.

Estaba muy agradecida de que su madre estuviera allí para ayudarla a pasar esta mañana tan triste y aterradora.

—¿Qué haces en casa? —preguntó Emma.

—No quería que tuvieras miedo al subir al autobús, Emma. Estoy aquí para ayudarte a que te sientas segura de ti misma cuando vayas a la escuela hoy. Va a ser una aventura divertida —sonrió su madre.

Kyla le guiñó un ojo a Emma desde el otro lado de la cocina mientras sacaba las fiambreras de la nevera para prepararlas para ir al colegio.

Antes de salir, Emma y Kyla se lavaron los dientes, se peinaron y se vistieron.

Luego se ataron los zapatos y tomaron sus loncheras y mochilas.

Finalmente, llegó el momento en que tenían que ir al autobús.

De nuevo, Emma empezó a asustarse porque no sabía cómo sería el autobús.

Le preocupaba que fuera ruidoso y que diera miedo y que no conociera a nadie en ese autobús, y eso hizo que no quisiera ir a la escuela.
—Me duele la barriga —se quejó Emma.
—Ese dolor de barriga se llama ansiedad —Dijo la mamá de Emma, dándole un abrazo.
—¡Me duele, mamá! Necesito quedarme en casa —dijo Emma.
—No, cariño, eso no ayudará. Eso solo hará que tu dolor de barriga empeore mañana. Verás que después de hoy, cada vez es más fácil coger el autobús y que el dolor de barriga deja de producirse —sonrió su madre, abrazándola.
—¿Lo prometes? —preguntó Emma.
—Lo prometo —respondió su madre.
Los tres salieron de la casa y comenzaron a caminar por la calle hacia la parada del autobús.
Mientras lo hacían, hablaban de su nuevo hogar y de cómo era estar en un nuevo barrio.
La madre de Emma les recordó todas las cosas maravillosas que habían descubierto desde que llegaron a este nuevo hogar, como el parque que había al final de la calle y la pizzería que les encantaba pedir en las noches de cine.
Emma se dio cuenta de que, aunque le daba miedo, quizá este nuevo lugar no era tan malo como pensaba.
Echaba de menos a sus amigos, su habitación y su casa, pero quizá podría encontrar la manera de divertirse aquí y hacer que este nuevo hogar fuera igual de especial.
Finalmente, llegaron al final del camino, donde estaba la parada del autobús. Emma, Kyla y su madre esperaron pacientemente en la parada hasta que vieron aparecer un gran autobús amarillo al final de la carretera, dirigiéndose hacia ellas.
Vieron cómo el autobús se hacía más grande y el sonido del motor se hacía más fuerte.

Ese sonido hizo que Emma se asustara, pero Kyla y su madre le aseguraron que no había nada que temer.

Su madre incluso le dijo que el sonido sería más suave una vez que subiera al autobús de verdad.

Para entonces, el autobús había llegado a la parada y las puertas estaban abiertas.

La madre de Emma les dio a ella y a Kyla un fuerte abrazo antes de que subieran al autobús para dirigirse a la escuela.

Mientras subían las escaleras, Emma quiso salir corriendo del autobús, pero Kyla la tomó de la mano y la ayudó hasta llegar a uno de los asientos vacíos de la parte trasera del autobús.

A continuación, el conductor cerró las puertas y empezó a alejarse.

Emma y Kyla saludaron a su madre mientras se marchaban, y su madre les sopló un beso.

Durante todo el viaje en autobús, Emma y Kyla hablaron de cómo pensaban que sería el nuevo colegio y de cómo serían sus nuevos amigos.

Vieron cómo subían más y más niños al autobús y, al final, todos se bajaron para entrar en su nueva escuela.

Kyla acompañó a Emma a su clase y luego fue a la suya.

Pasaron el día aprendiendo y haciendo nuevos amigos, y Emma se dio cuenta de que no era tan malo como le preocupaba.

Su madre y Kyla tenían razón desde el principio.

Al final del día, Emma se reunió con Kyla en la oficina y se dirigieron a la parada para tomar el autobús de vuelta a casa.

Esta vez, parecía que daba menos miedo subir al autobús, así que se subieron y tomaron el autobús de vuelta a casa.

Cuando llegaron a la parada, su madre les estaba esperando y les dio un gran abrazo cuando se bajaron.

—¿Ves? No fue tan difícil, ¿verdad? —les preguntó.

—Para nada —Emma y Kyla estuvieron de acuerdo.

Luego, las tres regresaron a la casa para poder merendar y luego jugar en el parque hasta la cena.

Todos los días después de aquel día, Emma siempre se sentía valiente para montar en el autobús.

De hecho, incluso empezó a sentirse emocionada cuando llegaba el autobús, porque le parecía muy divertido pasar por encima de los baches de la carretera.

Emma fue valiente, y su valentía dio sus frutos al final, lo que le ayudó a pasárselo de maravilla en su nuevo hogar, con sus nuevos amigos y su nuevo colegio.

¡Fin!

14 - Elías tiene una fiesta de pijamas

Elías y Benjamín eran amigos desde antes de que pudieran caminar.
Sus madres eran amigas desde el instituto, y eso significaba que Elías y Benjamín habían pasado toda su vida juntos.
Aprendieron a gatear juntos, a hablar juntos, a caminar juntos, a correr juntos y a jugar juntos.
Estaban tan unidos que incluso podían cenar juntos e ir al cine con sus familias.
Siempre que hacían algo, lo hacían juntos, y eso hacía muy felices a Elías y a Benjamín.
Un día, la madre de Elías se quedó embarazada del hermano pequeño de Elías.

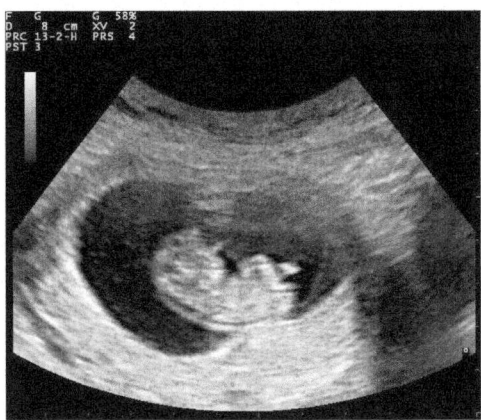

Durante nueve meses, Elías vio cómo su mamá crecía más y más, mientras su hermanito crecía dentro de su vientre.
También fue al médico con ella y vio a su hermanito dando patadas en la ecografía.
Fue una experiencia muy bonita ver a su hermanito crecer dentro de la barriga de su madre.
Un día, después del colegio, Elías iba a buscar a su madre cuando la madre de Benjamín llegó a su clase y lo recogió en su lugar.
Le dijo que su madre se estaba preparando para tener a su hermano pequeño, así que Elías se iba a quedar con ella y con Benjamín.
Iba a quedarse a dormir con ellos hasta que su madre y su padre pudieran volver a casa desde el hospital con su hermanito.
Todo esto hizo que Elías estuviera muy emocionado.
Elías y Benjamín se subieron al coche de Benjamín y se dirigieron a su casa.
Cuando llegaron allí, merendaron manzanas y zumo.
Luego, fueron a la habitación de Benjamín para jugar con sus juguetes.
Elías conocía muy bien la casa de Benjamín y se sentía como en casa, pero era la primera vez que se quedaban a dormir.
Al principio, todo parecía igual que cualquier otro día que pasaban en casa del otro.
Jugaron a los coches, a los aviones y a las figuras de acción.
Luego, salieron al patio y jugaron en el gimnasio de la jungla y el columpio de Benjamín.
Siguieron jugando hasta que llegó la hora de cenar.
Cuando entraron, la mesa estaba llena de platos de pollo, arroz, patatas y queso.
Tenía un aspecto tan delicioso que Elías estaba entusiasmado con la cena.
Él y Benjamín llenaron sus platos con la comida y luego se sentaron a la mesa para comerla con la familia de Benjamín.
Mientras comían, Elías hacía preguntas sobre su hermanito.

—¿Cuánto tiempo tarda en llegar mi hermanito? —preguntó Elías.
—Bueno, eso es difícil de decir. Podría tardar unas horas, o podría tardar más —Preguntó la madre de Benjamín.
—Una vez que esté aquí, ¿puedo ir a verlo? —preguntó Elías.
—Pronto, pero tu madre y tu padre tienen que asegurarse de que viene bien y de que los médicos están contentos con su progreso antes de que podamos ir a verlo —La madre de Benjamín sonrió.
—¿Está enfermo? —preguntó Elías.
—Esa es una buena pregunta. No, no está enfermo, pero los bebés deben ser controlados por los médicos para asegurarse de que están creciendo bien. Los médicos quieren asegurarse de que tu hermano y tu madre están felices y sanos antes de que se vayan a casa —contestó la madre de Benjamín.
—Ah, vale —dijo Elías.
Elías comió el resto de su cena en silencio, mientras pensaba en cómo sería tener un hermanito.
Benjamín también se lo preguntaba.
—¿Voy a tener un hermanito? —preguntó Benjamín.
—No, ahora mismo no —respondió su madre.
—¿Por qué no? Elías va a tener uno —se quejó Benjamín.
—Bueno, es que no es el momento —sonrió su mamá.
—Eso no es justo —Benjamín frunció el ceño.
—Está bien; puedes compartir a mi hermanito —dijo Elías, sonriendo.
Benjamín también sonrió, y juntos hablaron de cómo sería tener un hermanito con el que jugar.
Después de la cena, Elías y Benjamín ayudaron a limpiar los platos y a guardar las sobras.
Luego, volvieron a la habitación de Benjamín para jugar de nuevo.
Esta vez, jugaron a juegos de mesa y de cartas, y hablaron de cómo sería el hermanito de Elías.
Se preguntaron si querría jugar cuando llegara a casa o si estaría demasiado cansado para jugar al principio.

Elías le contó a Benjamín que su madre y su padre habían dicho que su hermanito sería demasiado pequeño para jugar al principio y que tendría que crecer.
Benjamín se sorprendió, y se preguntaron cuán pequeño sería el hermanito de Elías.
Pronto, ya habían jugado bastante, y la mamá de Benjamín entró para avisarles que era hora de prepararse para ir a la cama.
Esta parte era extraña para Elías y Benjamín porque normalmente Elías se iba a casa y dormía en su propia cama, pero esta noche era diferente.
Ambos fueron al baño y se lavaron los dientes y se peinaron.
Luego, se turnaron para ir al baño y ponerse el pijama para estar listos para ir a dormir.
Una vez listos, Elías y Benjamín ayudaron a la madre de Benjamín a preparar un catre para dormir en la habitación de Benjamín.
El catre era un pequeño catre de campaña que tenía muchas mantas para que fuera cómodo y cálido.
Benjamín también dejó que Elías utilizara una de sus almohadas, y el padre de Elías había traído el oso de peluche favorito de Elías para que este durmiera con él esa noche.
Esto hizo muy feliz a Elías.
Antes de dormirse, la madre de Benjamín dejó que Elías llamara a sus padres para darles las buenas noches.
Los llamó al hospital y habló con su padre por teléfono.
—¡Hola, papá! Ya me voy a la cama. ¿Ya está listo mi hermanito? —preguntó.
—Casi pequeño —Contestó el padre de Elías.
—¿Ya llegó? —preguntó Elías.
—¡Sí! —dijo su papá—, ¿quieres hablar con él? —agregó.
—¡Sí, quiero! —dijo Elías.
El papá de Elías lo puso en el altavoz y Elías habló con su mamá y su hermanito por primera vez.
—¡Hola, hermanito! ¿Cómo estás? —preguntó Elías.
—Estamos bien —contestó la mamá de Elías.
—¿Cómo se llama mi hermanito? —preguntó Elías.

—Nathaniel —respondió su mamá.
—Vaya, Nathaniel. ¡Me gusta ese nombre! —dijo Elías, emocionado.
—¡A mí también! —dijo Benjamín desde el otro lado de la habitación.
—Bien, ahora tenemos que ir a la cama, tú también descansa bien, Elías —dijo su padre, dándole las buenas noches.
—¡Suena bien papá, te quiero, buenas noches!
—Nosotros también te queremos, Elías. Buenas noches —dijeron sus padres.
La madre de Benjamín colgó el teléfono.
Elías y Benjamín se acostaron y la madre de Benjamín apagó las luces.
Parecía raro dormir en una habitación diferente, y era aún más raro dormir en la misma habitación que Benjamín, pensó Elías.
Benjamín pareció pensar lo mismo, porque en cuanto Elías pensó eso, dijo:
—¡es raro oírte respirar cuando estoy tratando de dormir! —y soltó una risita.
Elías también se rio.
Luego, empezaron a hablar del nuevo hermanito de Elías, Nathaniel.
Finalmente, un rato después, los dos se durmieron.
Durmieron profundamente durante toda la noche.
Toda la noche, Elías soñó con cómo sería ir a conocer a su nuevo hermanito.
Soñó con el aspecto y el sonido de su hermano, y con lo pequeño que sería en realidad.
Por la mañana, Elías y Benjamín se despertaron.
Hicieron sus camas, se lavaron los dientes y fueron a la cocina a desayunar.
Cuando terminaron de comer, la mamá de Benjamín les dijo a Elías y a Benjamín que podían ir a conocer a Nathaniel.
Estaban tan emocionados que inmediatamente fueron a prepararse y a ponerse los zapatos para poder salir.
Elías también guardó toda su ropa y sus pertenencias para poder llevarlas con él porque su pijamada ya había terminado.
Cuando todos estuvieron listos para irse, fueron al coche y la madre de Benjamín los llevó a todos al hospital.

Una vez allí, entraron por unas grandes puertas correderas y subieron hasta la habitación donde les esperaban la madre, el padre y el hermanito de Elías.
En cuanto entraron, Elías estaba muy emocionado por conocer a su hermanito.
—¡Hola Nathaniel! —dijo emocionado, saludando a su hermanito.
¡Se acercó y miró y se dio cuenta de que su hermano era aún más pequeño de lo que pensaba!
—Creo que le agradas —dijo la madre de Elías mientras su hermanito se acercaba para tocar la cara de Elías.
Elías se quedó muy quieto y soltó una risita cuando Nathaniel le tocó las mejillas y le agarró el pelo.
Entonces, Elías se apartó para que Benjamín pudiera ver a Nathaniel.
Benjamín se sorprendió de lo pequeño que era y se dio cuenta de que Elías tenía razón: pasaría un tiempo antes de que Nathaniel fuera lo suficientemente grande como para jugar con ellos.
Los dos niños se sentaron tranquilamente en un rincón de la habitación mientras la madre de Benjamín conocía a Nathaniel.
Lo abrazó y jugó con sus manitas y, cuando terminó, se lo devolvió a la madre de Elías.
Antes de que Benjamín y su madre se marcharan, el padre de Elías acercó a Nathaniel y dejó que cada uno de los niños lo sostuviera por primera vez.
De uno en uno, acunaron con cuidado al bebé Nathaniel en sus brazos, asegurándose de no moverlo demasiado rápido ni hacerle daño.
Fue una gran tarea, pero ambos fueron muy cuidadosos y amables con Nathaniel y la madre de Elías dijo que estaban haciendo un gran trabajo.
Luego, llegó la hora de que el bebé Nathaniel comiera y de que Benjamín y su madre se marcharan.
Se despidieron y se fueron. Elías, Nathaniel y sus padres se sentaron tranquilamente en la habitación del hospital mientras Nathaniel mamaba y luego dormía.
Luego, mientras dormía, el padre de Elías lo llevó a la cafetería para que comiera algo.
—¿Cómo fue tu primera pijamada? —le preguntó su padre.

—¡Fue increíble! —dijo Elías.

—Hemos jugado mucho y hemos hablado toda la noche de Nathaniel. No puedo esperar a llevarlo a casa y mostrarle mis juguetes y jugar con él y Benjamín —dijo Elías.

Su padre se limitó a soltar una risita.

Pidieron chocolates calientes y almuerzos y los comieron en la cafetería para que Nathaniel pudiera dormir bien.

Luego, antes de volver a la habitación, pidieron un té y un sándwich para la madre de Elías también.

Fue una gran fiesta de pijamas y un gran día para Elías.

No podía esperar a tener más fiestas de pijamas, y a llevar algún día a su hermanito Nathaniel a las fiestas de pijamas.

¡Fin!

15 - Sophia y Lucas hacen el desayuno

Todos los años, en su aniversario, Sophia y Lucas pasaban un buen rato con sus padres, celebrando su matrimonio.
A menudo, hacían algo especial en familia, y luego sus padres salían a una cena romántica solos mientras Sophia y Lucas se quedaban en casa con una niñera.
A Sophia y Lucas les encantaba lo especial que era ese día cuando lo celebraban juntos, y siempre seguían con gusto cualquier plan que sus padres tuvieran para ellos.

Un año, Sophia y Lucas tuvieron por fin la edad suficiente para hacer planes por sí mismos.

Querían hacer algo especial para sus padres, para que supieran lo mucho que los querían y para sorprenderlos con algo bonito.

Pensaron que esta sería una bonita forma de celebrar a sus padres y a sus familias.

Así que Sophia y Lucas hicieron un plan para preparar un desayuno especial en la cama para sus padres el día de su aniversario.

Unos días antes de su aniversario, Sophia y Lucas hablaron de lo que querían hacer.

Luego, una vez que tuvieron una idea en mente, colaron unos cuantos artículos extra en la lista de la compra de su madre esa semana para que ella pudiera conseguirles todo lo que necesitaban para hacer el desayuno.

Añadieron a la lista: huevos, pan, fresas, mermelada y zumo de naranja.

Cuando su madre llegó a casa después de hacer la compra esa semana, se aseguraron de que había comprado todos los ingredientes extra y, efectivamente, lo había hecho.

Había guardado todos los ingredientes y Sophia y Lucas comprobaron en silencio que todo estaba allí y listo para el desayuno especial.

La noche anterior a su aniversario, Sophia y Lucas pusieron el despertador temprano para poder levantarse antes que sus padres y asegurarse de que el desayuno estuviera listo para ellos.

También se aseguraron de que las alarmas no fueran demasiado ruidosas para no despertar a sus padres cuando ellos también se levantaran temprano.

La mañana del aniversario de sus padres, sus despertadores sonaron. Lucas se despertó con el sonido de su despertador, pero Sofía se durmió con el suyo.

Así que apagó el despertador de ambos por ellos y despertó a Sophia en silencio, haciéndole callar mientras ella también se despertaba.
Sophia se dio la vuelta y se dio cuenta de la hora que era y se animó.
Se despertó, se levantó de la cama y siguió a Lucas en silencio hasta el pasillo.
Una vez allí, comprobaron que sus padres seguían durmiendo.
Sophia se asomó a su habitación al final del pasillo y vio que ambos estaban profundamente dormidos en su cama, así que supo que no había moros en la costa.
Los dos se dieron la vuelta y se dirigieron en silencio hacia el pasillo.
Casi lo consiguieron, salvo que Lucas se golpeó el dedo del pie y gritó —¡ay! —cuando lo hizo.
—¡Shhh! —siseó Sophia, y ambos se quedaron extremadamente quietos y callados, esperando a ver qué pasaba.
Sus padres se revolvieron, pero ambos volvieron a dormirse inmediatamente.
Sophia se dirigió lentamente hacia el pasillo para ver cómo estaban y asegurarse de que volvían a dormir y, por suerte, así era.
Así que, en silencio, volvió a bajar hasta donde estaba Lucas.
Esta vez, estuvieron en silencio hasta el final del pasillo.
Entonces bajaron las escaleras en silencio, asegurándose de ir de uno en uno para poder detener los crujidos y llegar hasta abajo sin despertar a sus padres.
Una vez abajo, debían seguir sin hacer ruido.
Aunque sus padres estaban más lejos, sabían que si hacían demasiado ruido, sus padres les oirían y se despertarían.
Así que prepararon el desayuno lo más silenciosamente posible para no despertarlos.
Empezaron a preparar el desayuno sacando los platos y la bandeja en la que servirían el desayuno.
Luego, sacaron las tazas y las colocaron cuidadosamente en la bandeja junto a los platos.
Una vez que todo estaba listo, empezaron a preparar el desayuno.
Sophia preparó los huevos porque era mayor y sabía utilizar los fogones.

Sacó la sartén con cuidado y sin hacer ruido, la colocó en el fuego y la encendió.

Luego, dejó que se calentara una pequeña cantidad de mantequilla en la sartén antes de poner cuatro huevos en ella.

Observó cómo se volvían blancas lentamente y las yemas se endurecían.

Luego, les dio la vuelta con la espátula para asegurarse de que estaban bien cocidos.

Cuando estaban hechos, sacó los huevos de la sartén con cuidado y puso dos de ellos en los platos de la bandeja.

Puso los otros dos huevos en platos separados para que ella y Lucas también tuvieran algo que comer.

Luego, apagó el fuego y puso la sartén en el fregadero.

Mientras Sofía hacía los huevos, Lucas preparaba las tostadas.

Sacó con cuidado la tostadora y la colocó tranquilamente sobre la encimera para enchufarla.

Luego, abrió lentamente la bolsa del pan y sacó cuatro rebanadas.

La tostadora solo podía hacer dos piezas a la vez, así que Lucas empezó con solo dos piezas.

Puso el pan en la tostadora y tiró de la lengüeta hacia abajo, luego esperó a que la tostada se calentara.

Una vez que se calentó, la tostadora saltó y las tostadas estaban listas.

Sophia y Lucas se quedaron quietos un momento para asegurarse de que el sonido de la tostadora no había despertado a sus padres.

Cuando se dieron cuenta de que estaban bien, sacó la tostada y puso las dos siguientes piezas de pan y empezó a cocinarlas.

Mientras se cocinaban, Lucas puso mantequilla y mermelada en la tostada que ya había terminado.

Luego, la cortó por la mitad y la colocó cuidadosamente en los platos de la bandeja junto a los huevos.

Cuando las siguientes dos tostadas estaban hechas, también las untó con mantequilla y les puso mermelada antes de ponerlas en los platos para él y Sophia.

Mientras Lucas hacía las tostadas, Sophia preparaba las fresas.

Cortó con cuidado la parte superior verde y las cortó por la mitad, asegurándose de que había bastantes fresas para todos.

Puso un pequeño puñado en los platos de todos y se aseguró de decorar los platos de sus padres tan bien como pudo con las fresas.

Cuando terminó, se sintió orgullosa de lo bien que habían quedado los platos de sus padres.

Mientras Sophia decoraba los platos con fresas, Lucas sacó el zumo de naranja y llenó sus vasos con zumo de naranja fresco.

A continuación, colocó un par de servilletas en la bandeja para asegurarse de que estaba todo listo para que se lo llevaran a sus padres.

Justo antes de que empezaran a subir la bandeja, Sophia preparó una cosa más: una cafetera.

Sabía que todas las mañanas sus padres tomaban café, y quería asegurarse de que hubiera café fresco listo para cuando se despertaran.

Una vez preparada la cafetera, se dispuso a subir la bandeja a sus padres. Para asegurarse de que no se caía nada, Lucas cogió las dos tazas de zumo de naranja y Sofía la bandeja con los platos de comida.

Luego, subieron lentamente las escaleras y se dirigieron a la habitación de sus padres.

Cuando llegaron allí, colocaron la bandeja en una mesita de noche y despertaron a sus padres en silencio.

Sus padres se despertaron lentamente y, al principio, parecían confundidos. Sin embargo, rápidamente se dieron cuenta de lo bonito que habían hecho Sophia y Lucas por ellos, así que se levantaron y se sentaron enseguida a disfrutar de su desayuno.

—¡Vaya, esto tiene una pinta increíble! —dijo su madre mientras le acercaban su plato de comida.

—Sí, delicioso —coincidió su padre mientras daba un mordisco a su huevo.

—¡Oh, y zumo de naranja! —sonrió su madre, tomando un sorbo.

—¡Esto es maravilloso! Muchas gracias por un desayuno tan considerado —sonrió su padre.
—De nada, ¡feliz aniversario! —Sophia y Lucas dijeron al mismo tiempo.
—Gracias —sonrieron sus padres.
—¿Qué van a comer ustedes dos? —preguntó su mamá.
—¡Hemos hecho algo más! —Dijo Sophia.
—¡Y Sophia te hizo café! ¡Iré a buscarte un poco! —añadió Lucas.
Sophia y Lucas volvieron a bajar las escaleras mientras sus padres tomaban su desayuno especial de aniversario en la cama.
Abajo, Lucas llenó dos tazas con café, leche y una con azúcar para su madre.
Luego, subió las dos tazas para que sus padres las disfrutaran mientras desayunaban en la cama.
Cuando terminó, volvió a bajar y desayunó con Sophia.
Sophia y Lucas desayunaron con orgullo.
—¡Qué buenas tostadas, Lucas! —dijo Sophia, disfrutando de las tostadas que había hecho.
—¡Y estos son unos huevos estupendos, Sophia! —dijo Lucas, comiendo los huevos.
—¡Gracias! —dijeron los dos al mismo tiempo, y luego soltaron una risita.
Se lo comieron todo y, cuando terminaron, fueron a recoger los platos a la habitación de sus padres.
Después de hacerlo, limpiaron todo para asegurarse de que sus padres no tuvieran que hacerlo.
Cuando todo estuvo limpio, llegó el momento de su tradición anual de pasar el día juntos en familia.
Cada una se preparó tomando una ducha, cepillándose los dientes, peinándose y vistiéndose.
Sophia y su madre se peinaron muy bien, mientras que Lucas y su padre se aseguraron de que todo estuviera listo para el día.
Cuando terminaron, Sophia y su madre bajaron las escaleras.
—¡Vaya, qué damas tan encantadoras son! —dijo el padre de Sophia, sonriendo a las dos.
—Pues gracias, Howard —sonrió su madre.

Cada una se puso sus zapatos y se dispuso a disfrutar de su día juntas.
Primero fueron a un museo y luego a un parque local.
Cuando terminaron, almorzaron en un restaurante especial y luego fueron a ver una película juntos.
Después de la película, Sophia y Lucas se fueron a casa para quedarse con la niñera mientras sus padres salían para su tradicional cena romántica a solas.
Fue un aniversario maravilloso que todos recordarían para siempre, y Sophia y Lucas prometieron hacer siempre a sus padres un desayuno especial en la cama ese día.
Así que, a partir de ese año, todos los años preparaban desayunos especiales para sus padres en su aniversario y les llevaban el desayuno a la cama.
Fue una tradición especial que todos amaron y apreciaron durante años.
¡Fin!

Conclusión

¡Gracias por comprar y leer Cuentos Para Dormir Para Niños!
Espero que hayas pasado un rato maravilloso explorando el mundo con las hadas y las mariposas, aprendiendo a cocinar con Sofía y Lucas y aprendiendo a ser valiente con Oliver y Noah.
A veces, en la vida, lo mejor que podemos hacer es aprender de los demás, y espero que al leer este libro hayas descubierto muchas lecciones maravillosas de los niños y niñas que han compartido sus historias contigo hoy aquí.
Recuerda: dormir bien es importante, y también lo es tener una buena rutina a la hora de dormir.
Asegúrate siempre de ordenar tus juguetes, hacer tu cama, lavarte la cara, cepillarte los dientes, peinarte y ponerte el pijama antes de acostarte cada noche.
También debes dar las buenas noches a tu familia antes de meterte en la cama.
Una vez que te metas en la cama, asegúrate de ponerte bien y cómodo, y luego acomódate para escuchar una gran historia sobre uno de los muchos personajes de este mismo libro.
Mientras escuchas, asegúrate de mantener los ojos cerrados para poder quedarte dormido.
Después de todo, ¡no puedes dormir si tienes los ojos abiertos!
Y tú, amigo mío, necesitas una buena noche de sueño para poder despertarte mañana y tener la energía suficiente para hacer todo lo que tienes que hacer.
Si te ha encantado este libro y crees que te ha ayudado a conciliar el sueño, por favor, pídele a tu madre o a tu padre que se tomen un momento y lo reseñen en Amazon Kindle.
Al hacernos saber lo que piensas, ayudas a otros niños a encontrar este maravilloso libro, ¡y me ayudas a escribir más historias geniales solo para niños como tú!
Gracias, y dulces sueños.

Cuentos Para Niños Vol.3

Una colección de historias y cuentos únicos, entretenidos y educativos que transmiten enseñanzas y valores

Introducción

A veces, puede ser difícil relajarse al final del día y llegar a un lugar de confort
y descanso, ¡especialmente si te sientes tan emocionado por todas las cosas que quieres hacer y no puedes esperar hasta mañana!
Los niños de todas las edades disfrutarán escuchando esta serie de meditaciones guiadas en audio y cuentos para la hora de dormir que les ayudarán a relajarse más plenamente y a prepararse para conciliar el sueño más fácilmente.

Cuentos Para Niños: Una Colección de Historias y Cuentos únicos, entretenidos y educativos que transmiten Enseñanzas y Valores ayuda al oyente a encontrar una sensación de calma interior, serenidad y tranquilidad antes de acostarse y también les enseñará algunas moralejas valiosas.

En cada capítulo hay una nueva historia que transportará al oyente a lugares muy lejanos en la imaginación mediante el uso de la visualización creativa, enseñando a los niños la atención y la meditación a través de las historias.

Cada vez que la hora de ir a dormir sea difícil, basta con escuchar esta maravillosa colección de cuentos relajantes para calmar y reconfortar a cualquiera.

Puedes empezar por el principio y seguir con el camino, o ir directamente a los cuentos que más te gusten.

Cada cuento-meditación está diseñado para ayudar a los niños a relajarse rápidamente y encontrar la tranquilidad que necesitan para prepararse para dormir.

Ponte cómodo bajo las sábanas, toma tu peluche favorito y prepárate para respirar hondo y escuchar lo que te apetezca hasta caer en un pacífico y hermoso país de los sueños.

¡Espero que tengas dulces sueños!

1 - La gallina madre que busca el camino a casa para descansar

La mañana llegó, como siempre.
El sol salió, un guiño a la vez, y la luz del sol manchó la tierra.
La luz del sol hizo que las cosas crecieran, ayudó a que el clima se sintiera bien, e incluso te despertó a ti y a todas las plantas, animales y criaturas con las que compartes esta Tierra.
Si cierras los ojos ahora mismo e inhalas profundamente, ¿puedes ver el sol de la mañana saliendo por la colina?
¿Puedes ver a los pájaros volando de rama en rama en busca de comida, cantando sus canciones matutinas?
¿Puedes sentir la emoción de un nuevo día?
Cuando empiezas un nuevo día, puede parecerte refrescante, y en el momento en que oyes a tu madre o a tu padre decirte que es hora de levantarte, puedes saltar de la cama y empezar un nuevo viaje.

Al igual que la madre gallina, que abandona su gallinero en busca de nuevas aventuras al amanecer con sus polluelos.
La promesa de un nuevo día hace que la gallina madre picotee fuera de su gallinero.
Cuando cierres los ojos, ¿puedes ver el gallinero en tu mente?
Toma aire y ve a la gallina madre saliendo de su propia casita, donde descansa por las noches, manteniendo a sus polluelos sanos y salvos.
La madre gallina sabe lo que tiene que hacer.
Era el momento de enseñar a los polluelos a picotear y a rascar.
Con los ojos cerrados, imagina a la madre gallina picoteando y a sus polluelos.
Imagina sus plumas.
Sus plumas son de color marrón dorado y su pico es amarillo.
Tiene motas en las plumas de la cola y una cresta roja brillante en la cabeza.
Sus polluelos son todavía jóvenes, con sus plumas esponjosas y amarillas, que poco a poco han crecido.
La gallina madre enseña a sus bebés a picotear y a rascar.
Baja el pico a la tierra y encuentra un sabroso bicho de jardín para comer.
El sol de la mañana ya ha tocado el horizonte, y ella va a mostrar a su pequeña bandada de polluelos dónde encontrar la mejor comida en el jardín.
Las hojas de los árboles se balancean tranquilamente con la brisa matinal.
Las flores se están abriendo tras el descanso nocturno.
Las abejas revolotean alrededor de las flores, recolectando polen en sus patas peludas, llevándolo de vuelta a la colmena para hacer miel.
Puede que no tengas los ojos cerrados para imaginarlo, y eso está bien.
A veces, puedes imaginar algo en tu mente cuando tienes los ojos abiertos.
Inhala y suelta el aire mientras imaginas el jardín en el que la madre gallina enseña a sus polluelos a encontrar comida.
Durante el día, cuando sale el sol, hay vida por todo el jardín.

La madre gallina muestra a sus polluelos dónde ir para conocer a todos los que viven con ellos.
Llegan a una madriguera y mamá conejo asoma la cabeza para dar los buenos días.
Sus conejitos salen del agujero en la tierra, y sus narices trinan y olfatean el aire de la mañana.
Mamá Gallina rasca la tierra para decir "hola" y sus polluelos dicen "pío pío".

A continuación, mamá gallina lleva a sus polluelos al baño de pájaros, donde los petirrojos salpican sus plumas en el agua. La madre petirrojo canta una canción de saludo y sus crías saltan al suelo para picotear con los pichones.
Encuentran el camino a un matorral de arbustos donde el viejo Señor topo ha encontrado el hogar perfecto.
Desciende bajo tierra hasta su madriguera y hace un túnel hasta donde está el baño de los pájaros, asomando la cabeza al llegar.
Quería enseñarle a mamá gallina y a sus polluelos lo lejos que llegan sus túneles.
Los pollitos vuelven a tener hambre y mamá gallina les enseña un nuevo lugar del jardín donde encontrarán más comida.
Los pollitos están mejorando en el picoteo y en la búsqueda de comida por su cuenta.
El sol está en lo alto del cielo y todos están listos para una siesta.
Los animales se acurrucan y cierran los ojos, buscando el lugar adecuado en la hierba, el lugar más iluminado por el sol, el mejor nido, el refugio, la rama o la madriguera, para tener un momento de tranquilidad por la tarde.
Todos respiran profundamente y suspiran, sintiendo alivio y relajación en el jardín que florece.
El gato está dormido en el porche.
El perro está dormido en su casa.
Las mariposas están sentadas en el borde de las flores, abriendo y cerrando las alas, descansando, sin volar a ninguna parte.

Los pájaros están sentados en sus nidos después de una abundante comida.
Las ardillas están tumbadas en las ramas de los árboles como si estuvieran en la playa tomando el sol.
La madre gallina disfruta de un momento de tranquilidad bajo el cerezo; sus polluelos se acurrucan a su alrededor.
Siguen con su jornada en el jardín después de haber descansado y refrescado.
La mamá gallina va delante y sus polluelos la siguen hasta un estanque.

Los peces nadan en el estanque y una rana está sentada en un nenúfar, esperando saltar en el momento adecuado.
Los polluelos y la mamá gallina picotean cerca del agua.
Prácticamente no se dan cuenta de la rana, ya que vuelven a comer alrededor del agua.
Cuando la rana salta del nenúfar, asusta a la mamá gallina y a sus polluelos, que salen corriendo hacia otra parte del jardín.
Son rápidos y veloces con sus pies de pájaro.
Un hombre con sombrero está sentado en un banco cerca de la puerta del jardín.
Lleva el sombrero ocultándole los ojos.
Está descansando a última hora de la tarde: tiene los dedos entrelazados y las manos apoyadas en el vientre.
La madre gallina se acerca picoteando suavemente y arrulla a sus polluelos para que la sigan.
El hombre del sombrero levanta la vista, reconociendo a su querida amiga, a Mamá Gallina.
Busca en su bolsillo y saca un puñado de semillas de cebada.
La arroja suavemente al suelo, justo delante de Mamá Gallina y sus polluelos.
Ella se acerca, mostrando a los polluelos que está bien acercarse.
Este es un buen amigo, y reparte semillas y alimentos a todos los animales del jardín.

Respira profundamente e imagina que te sientes tan relajado como todos los presentes en este hermoso lugar.

Mamá gallina ha tenido una mañana muy ocupada con sus polluelos, y cuando el sol empieza a descender hacia el oeste, mamá gallina siente que se acerca la hora de que ella y sus polluelos se retiren a su nido.

Empiezan a hacer el camino de vuelta, pasando por el estanque donde la rana saltó alto; bajo el cerezo donde una siesta les sentó bien; por el gato y el perro y las ardillas que descansan; por las mariposas y los túneles del señor Topo; pasando por la pajarera del petirrojo y la madriguera de la madre conejo.

Se arrastran por el sendero del jardín, encontrando comida a su paso, picoteando y arañando mientras el sol sigue menguando a la luz del día, anunciando la proximidad de la noche.

Si aún no has cerrado los ojos, ahora sería un buen momento para cerrarlos y escuchar cómo transcurre el resto del día para la mamá gallina y sus polluelos.

Inhala lentamente y exhala con la misma lentitud.

Cuando te vas a dormir, ¿qué te gusta hacer para prepararte?

¿Te cepillas los dientes y lees algún libro?

¿Tienes un cuento favorito o un peluche que siempre te gusta llevar contigo de camino a la cama?

Mamá gallina siempre vuelve a su nido antes de que se ponga el sol.

La madre gallina guía a sus polluelos de la misma manera.

A medida que crecen, siempre saben cuándo deben volver a casa para dormir.

Los polluelos aprenderán de Mamá Gallina que picotear y rascarse es todo un día de trabajo y que cuando el sol ha empezado a ponerse, es hora de encontrar el camino a la cama...

Mamá Gallina, tú guías el camino. Muéstranos cómo volver a la cama al final del día.

Tienes los ojos cerrados y respiras y exhalas, y mamá gallina camina en círculos.

Su nido está cerca de la puerta de su gallinero abierta de par en par para darles la bienvenida a sus nidos en el interior.

Sientes que te llega el sueño, igual que a mamá gallina y a sus polluelos. Puedes sentirte a punto de meterte en la suave paja de tu nido y acurrucarte profundamente para un largo descanso nocturno y un sueño saludable.

Tu viaje hacia la noche es muy parecido al de las gallinas y los polluelos que siempre vuelven al mismo lugar cada noche, listos para el descanso y el sueño tranquilo, listos para los sueños, y no más píos.

Ahora se acerca el momento, como puedes ver claramente, de descansar tus ojos, y dejar que tus sueños se liberen.

La madre gallina está en su casa, y sus polluelos están calentitos a su lado. El hombre del sombrero se acerca para arroparlos a todos, cerrando la puerta del gallinero, como si los cubriera con una manta, manteniéndolos seguros y calientes por dentro.

La mamá gallina ha hinchado sus plumas y ahora está profundamente dormida.

Los pollitos cierran los ojos y respiran, inhalan y exhalan, durmiendo en una noche tranquila, cálida y segura...

Mañana, mamá gallina les enseñará de nuevo a encontrar comida y a vagar por casa de noche.

Dulces sueños por parte de Mamá Gallina y de todos los amigos del jardín...

2 - La humilde manada de elefantes

—Es hora de bañarse —dice mamá elefante a su bebé.
El bebé elefante es joven y ha aprendido a bañarse con su propia trompa.
Puede rociar agua sobre su propia espalda y rociar agua también sobre mamá elefante.
Ella se ríe cuando él lo hace.
La manada de elefantes ha acudido al abrevadero para beber y lavarse antes de ir a buscar su lugar de descanso para la noche.
Los elefantes siempre están juntos.
Nunca dejan a nadie atrás, y siempre están caminando por toda la sabana africana en busca de agua, comida y un lugar para descansar, ya sea para una siesta por la tarde, apoyándose en un árbol, o en un lugar cálido y seguro para tumbarse y acurrucarse juntos como una familia.
Cierra los ojos e imagina la sabana africana.
Es vasta y amplia y se extiende a lo largo de cientos de kilómetros.
Los árboles están diseminados por la tierra, sin demasiada densidad, y son alimento y sombra para muchos animales.
Ha llegado la estación de las lluvias y toda la fauna está aquí para beber y comer y prepararse para los días más difíciles que se avecinan.
Respira profundamente mientras imaginas este mundo salvaje de vida animal.

El ritmo de este majestuoso mundo no ha sido tocado por la civilización, y puedes ver a todos los animales participando en el gran alivio de agua que llega en esta época del año a la sabana.

La manada de elefantes tiene el trabajo hecho, encontrando todo lo que necesitan para sobrevivir.

Mamá Elefante anima a Bebé Elefante a salir del abrevadero y reunirse con la manada.

Todos están lavados y listos para descansar.

Bebé Elefante está cansado por el largo y caluroso día, caminando kilómetros y kilómetros para encontrar el abrevadero.

Su familia ha atravesado una gran extensión de tierra y desierto para llegar a la sabana y tomar una bebida fresca y un baño relajante y refrescante.

Bebé Elefante sigue a la manada, caminando de un lado a otro por debajo de las gigantescas patas de la manada de elefantes.

El sol ha empezado a ponerse y el cielo se ha llenado de color con naranjas, rojos, rosas y dorados.

La tierra se ha vuelto del color del sol poniente, y todos los animales buscan el lugar de descanso para la noche.

Mamá Elefante llega a una arboleda y comienza a acostarse con los demás elefantes.

Justo cuando están encontrando su comodidad y descanso, una manada de hienas hambrientas se acerca a su lugar de descanso para la noche, rodeándolos y mostrando sus dientes.

—No pueden dormir aquí —gruñe una.

—Este es nuestro territorio. Cazamos aquí por la noche. Será mejor que encuentren otro lugar para dormir.

Todas las hienas gruñeron de acuerdo.

Mamá Elefante se puso de pie.

—Nosotros, los elefantes, somos humildes y no nos pelearemos con ustedes. Seguiremos adelante y encontraremos otro lugar para descansar esta noche.

Mamá Elefante ayudó a su Bebé y a todos los demás elefantes a levantarse mientras se alejaban de las hienas y se dirigían a otro lugar de descanso.

La humilde manada encontró otro lugar cerca de la cresta de la montaña, donde las lluvias trajeron suaves hierbas verdes para que se acostaran.

La manada se acurrucó y se encontró exhausta y muy agradecida por un lugar tan acogedor para acampar durante la noche, las hierbas los rodeaban mientras se acostaban en la tierra.

Justo cuando se sentían reconfortados por la promesa del sueño, una manada de leones emergió silenciosa y elegantemente de entre las altas hierbas.

Los elefantes se despertaron inmediatamente y se pusieron en pie, sabiendo que no sería seguro para ellos permanecer en el territorio de la manada de leones.

—Estos son nuestros pastos para la noche. Por suerte para ustedes, estamos llenos de nuestro festín de la cacería de la tarde.

Los leones fueron claros con su mensaje.

Todos los elefantes estaban de pie una vez más; el bebé elefante se acurrucó detrás de su madre.

—Nosotros, los elefantes, somos humildes y no lucharemos con ustedes. Seguiremos adelante y buscaremos otro lugar para descansar esta noche.

Mamá Elefante condujo a la humilde manada lejos de la manada de leones y hacia otro lugar donde finalmente podrían estar en paz durante la noche.

Llegaron a un gigantesco estanque de agua alimentado por una cascada.

Los elefantes se reunieron alrededor del estanque y se prepararon para pasar la noche.

Nada más llegar, una bandada de flamencos se posó alrededor de los elefantes y comenzaron a quejarse para reclamar su territorio.
—¡Esta es nuestra piscina! —graznó un flamenco.
—¡No pueden quedarse aquí a menos que quieran pasar despiertos toda la noche en nuestra fiesta de la danza de la lluvia!
Todos los flamencos graznaron ante el sonido de una fiesta a punto de desarrollarse.
Los elefantes no estaban interesados en participar en ninguna fiesta salvaje de flamencos, así que decidieron seguir adelante...
—Los elefantes somos humildes y no nos pelearemos con ustedes. Seguiremos adelante y buscaremos otro lugar para descansar esta noche.
Los elefantes ya estaban cansados, y ahora se sentían tan somnolientos por tener que moverse y encontrar un lugar para descansar, que podrían haberse apoyado en cualquier árbol para quedarse dormidos.

En ese momento, una manada de jirafas muy altas se acercó a la manada de elefantes.
También tenían sueño y buscaban un lugar para relajarse.
—¡Hola! —gritó el líder de la manada de jirafas—. Bonita noche para dar un paseo, ¿no crees?
De todos los animales que la humilde manada de elefantes había encontrado, las jirafas habían sido las más educadas y amables en su saludo.
—¡Hola a todos! —respondió mamá elefante.
—Estamos paseando en busca de un lugar para descansar y dormir. El sol ya se ha puesto y estamos cansados de nuestro largo viaje. En todos los sitios a los que hemos ido, nos han echado los que ya estaban allí.
La manada de elefantes estaba muy unida, con sus gigantescas orejas agitadas y escuchando las explicaciones de mamá elefante.
El bebé elefante se acercó a mirar a la jirafa más alta.
—¿Sabes dónde podemos dormir esta noche? Te agradeceríamos mucho que nos lo dijeras. Eres más alto que todos los demás animales y puedes ver

grandes distancias. Tal vez puedas encontrar un lugar al que podamos llamar humildemente hogar por esta noche.
Bebé Elefante apeló a la bondad de las jirafas.
La jirafa más alta escuchó las palabras del pequeño elefante y miró a lo largo y ancho de la vasta sabana.
—Hay muchos animales aquí esta noche desde que las lluvias han vuelto a llenar nuestros pozos de agua y a hacer que nuestros pastos vuelvan a ser verdes. Eres humilde y amable, y confiamos en ti. Pueden quedarse con nosotros y compartiremos el espacio juntos. El número es lo que da seguridad —explicó la jirafa.
—Gracias por su amabilidad esta noche —respondió mamá elefante—. Aceptamos humildemente su oferta.
Los elefantes caminaron codo con codo con la manada de jirafas, hacia una zona de hierba cerca de un bosquecillo de árboles y arbustos.
Era el lugar perfecto para pasar la noche, y ya había otras jirafas allí, erguidas en su sueño, bostezando y roncando.
Las jirafas se reunieron en torno a la manada de elefantes y se prepararon para cerrar los ojos y descansar, sin acostarse nunca, solo de pie.
Los elefantes se sintieron muy cómodos con esta protección de las jirafas y finalmente se sintieron preparados para caer profundamente en el sueño.
Se acurrucaron juntos en su rincón y empezaron a adentrarse es sus dulces sueños, hasta que...
El bebé elefante recordó el viaje de su día mientras se quedaba dormido.
¿Te gusta hacer eso cuando te quedas dormido por la noche?
Al recordar tu día de hoy, ¿qué es lo que más has disfrutado?
¿Qué fue lo más emocionante y divertido?
¿Qué cosas podrías haber hecho de forma diferente?
¿Has sido humilde y amable, como la manada de elefantes y las jirafas?
¿O te sentiste más como un león, una hiena o un flamenco?
Al final del día, cuando por fin te metes en la cama y estás en un lugar suave, relajante, cálido y confortable, puedes disfrutar de verdad dejándote caer en tus sueños, como el bebé elefante, la mamá elefante y toda la manada.

Se siente tan bien encontrar un lugar donde descansar por la noche, sentirse seguro y protegido, y saber que mañana, cuando te despiertes, tendrás a tu familia, a tus amigos y todo tipo de nuevas aventuras que explorar.
Y si quieres imaginarte durmiendo con los humildes elefantes, puedes pensar en sus grandes cuerpos a tu alrededor, sus gigantescas orejas tumbadas, sus colas crispadas y sus trompas enroscadas.
Imagina a las jirafas de pie a tu alrededor, protegiéndote mientras duermes, viendo a lo lejos en el cielo nocturno.
Inhala profundamente y déjate caer más profundamente en un estado de descanso, junto con los elefantes y todos los animales de la sabana.
Estás justo donde debes estar, y ahora, después de un largo día de trabajar duro, o de jugar a tope, o de encontrar lo que necesitas, puedes dejar que tu cuerpo se hunda en tu colchón, debajo de tus mantas, como los elefantes tumbados en la hierba alta...
Dulces sueños... de parte de todos los animales, y de toda la tierra... dulces sueños para ti de parte de la Humilde Manada de Elefantes...

3 - De bellota a roble - Una historia de crecimiento

La bellota es una simple semilla, pero cuando la plantas en la tierra, se convierte en un roble gigante.
¿Has pensado alguna vez en eso?
Cuando sostienes una bellota en la palma de tu mano, ¿ves lo grande que llegará a ser algún día?
Cierra los ojos y respira profundamente, llenando tus pulmones de aire fresco.
Ahora expulsa la respiración lentamente...
Cierra los ojos e imagina que estás en un bosque.
Quizás sea un lugar en el que hayas estado antes, en tu barrio, en una acampada, en casa de tu abuela... imagínatelo como quieras.
Este bosque de tu imaginación está lleno de árboles, jóvenes y viejos.
Está lleno de una maravillosa vida salvaje, de los sonidos de los arroyos que balbucean y de los arroyos tranquilos...
Imagina tu bosque especial y que estás en él, disfrutando de la sensación de estar cerca de la naturaleza y de los grandes árboles.
Imagina que puedes oír a los árboles saludándote.
Son amables, simpáticos y sabios.

Saben todo lo que ocurre a lo largo de las estaciones en el bosque.
Aquí estás seguro y protegido por los árboles, y te sientes en paz con la naturaleza.
Observas a una pareja de ardillas persiguiéndose por las ramas, en lo alto de las copas de los árboles, saltando de una a otra por sus ramas.
Ves un nido de pájaros y a una madre pájaro que se posa en el borde del mismo para alimentar a sus crías que se asoman y pican en busca de comida.
Puedes ver al Faisán con su gracioso sombrero de plumas tambaleándose de un lado a otro mientras corretea por las hojas caídas del suelo del bosque, con su pequeña bandada de faisanes detrás de ella en busca de refugio y comida.
El bosque está vivo y despierto con todo tipo de criaturas que viven aquí en los árboles, en el bosque especial de tu imaginación.
El árbol más cercano a ti es un roble milenario.
Es tan grande que cuando te acercas a su tronco para rodearlo y darle un abrazo, tus brazos apenas pueden rodearlo por la mitad.

Este árbol es sabio y viejo, y ha vivido unos cuantos cientos de años, viendo pasar cada estación, pasando por muchos ciclos de crecimiento de hojas y dejándolas ir en invierno.
Este roble es tu amigo.
Puedes abrazar a este árbol cuando quieras.
Usa tu imaginación para decirle al roble que te alegras de verlo dándole un abrazo.
El roble está agradecido de que estés aquí y tiene un regalo para ti.
En el suelo, junto a tus pies, hay una bellota.
La bellota es el regalo que el árbol quiere que tengas.
En tu mente, puedes ver la bellota en la palma de tu mano mientras la levantas del suelo.

Quizá te preguntes qué puede hacer un regalo así, pero el roble es sabio y desea que conozcas la historia de la bellota que se convierte en roble y todas las estaciones del año.

Puedes inhalar profundamente y soltarlo lentamente para relajarte aún más.

Esto te ayudará a ver en tu imaginación el poder de la bellota.

Imagina la bellota en tu mano. Esta semilla es un nuevo comienzo.

Puede convertirse en algo más.

Es el alimento de los pájaros y las ardillas, pero también es un árbol poderoso que produce más bellotas para alimentar a más criaturas.

El roble te ha dado este regalo para que lo plantes en la tierra y ayudes a que crezca una nueva vida.

Vas a ver cómo tu regalo de la bellota se convierte en algo nuevo dentro de tu imaginación.

El árbol te muestra dónde puedes plantar tu semilla de bellota.

Lo ves no muy lejos del antiguo roble.

Es el lugar perfecto para que crezca un nuevo árbol.

La tierra está fresca y preparada para albergar esta pequeña bellota y darle la oportunidad de crecer.

Puedes plantarla en la tierra y dejar que se convierta en lo que está hecho para ser.

Imagina que cavas un pequeño agujero en la tierra.

Solo tiene que haber espacio suficiente para que tu bellota quepa dentro.

Introduce la semilla en la tierra y cúbrela con más tierra, como si la cubrieras con una manta antes de acostarte.

La tierra es la manta para la semilla y la mantendrá caliente mientras brota.

No tendrás que esperar mucho tiempo.

La mayoría de los árboles tardan años en hacerse grandes y altos, pero esta bellota especial regalada por el antiguo roble no es como las otras semillas.

Puede crecer muy rápido.

Esta bellota es especial y está pensada solo para que la veas mientras se convierte en un árbol.

Puedes sentarte y disfrutarlo.

Imagínate que te apoyas en el roble milenario que has abrazado, el que te dio la bellota.
Imagina que encajas perfectamente entre sus raíces que sobresalen de la tierra.
Es donde puedes empezar a relajarte más profundamente al ver que la bellota se convierte en un brote al que le salen hojas que se convierten en un árbol...
Inhala profundamente y exhala lentamente.
Estás aquí con tu amigo el roble, y estás tranquilo y en paz, igual que el bosque que te rodea.
Empiezas a ver un pequeño brote verde que sale de la tierra.
Es muy pequeño, joven y fresco.
Se ha acercado a la luz del sol para poder seguir creciendo.
Empezó bajo la tierra y buscó el calor del día.

El brote sigue creciendo, haciéndose cada vez más alto.
Mientras alcanza el cielo, puedes ver cómo empiezan a brotar pequeñas hojas de la parte superior del brote verde.
Estas son las primeras hojas de este pequeño roble, que no mide más de 30 centímetros.
Las hojas crecen hasta que tienen el tamaño de tu mano.
De este pequeño brote han crecido 5 o 6 hojas.
Te apoyas en tu viejo amigo, el roble, y te relajas más profundamente en este lugar pacífico del bosque mientras observas cómo el pequeño roble encuentra un nuevo crecimiento.
Cada vez es más alto.
Si te pusieras de pie, sería más alto que tú, más alto que tu madre, más alto que tu padre, más alto que tu profesor...
El tallo también es más grueso ahora.
Ya no es un pequeño y tierno brote; es un tallo más grueso que pronto se convertirá en un tronco cubierto de corteza.
A medida que crece, empiezan a brotar ramas que salen de sus lados.

Cuanto más alto sea, más ramas tendrá.
Puedes ver que el tronco del árbol no es solo un tallo que se dobla, sino uno grueso y robusto sobre la que apoyarse.
Ya no se dobla como antes.
Ahora, es casi tan alto como los otros árboles que lo rodean en el bosque.
Todavía es joven y tiene muchos, muchos años de crecimiento por delante, pero ahora puede ver más lejos de lo que nunca antes había visto.
Lo estás viendo crecer desde donde descansas bajo el antiguo roble, que te dio la bellota para plantarla en la tierra, y que ahora es un árbol gigante.
Inhala y exhala relajadamente, acurrucándote más en las raíces del árbol donde te preparas para dormir.
Las estaciones están cambiando y puedes ver cómo el nuevo roble se abre paso a través de un ciclo de vida.
Ahora mismo, el roble es alto y sus ramas están cubiertas de hojas.
Las hojas son verdes, gruesas y brillantes a la luz del sol.
Se juntan cuando la brisa las atraviesa, haciendo ese bonito sonido de arrastre y crujido.
La estación va a cambiar a otoño ahora, y en tu imaginación, tú también sentirás el cambio de estación.
A tu alrededor, los árboles del bosque están cambiando de color.
Lo que antes era verde se ha convertido en dorado, naranja y rojo.
Son colores brillantes y ardientes, y te reconforta verlos mientras descansas.
Aquí no pasarás frío, porque todos los árboles y animales del bosque te mantendrán a salvo y caliente.
Las ardillas y los pájaros te cubren de musgo y hojas ya caídas, cubriéndote de naturaleza...
Las coloridas hojas de otoño son espléndidas y cálidas.
Tu nuevo amigo roble, que ha crecido tan alto y tan rápido, se ha convertido en muchos tonos de otoño, mostrando una deslumbrante gama de rojos, naranjas y amarillos.
Nada más contemplar a este nuevo amigo roble, empieza a soltar sus hojas, que comienzan a caer al suelo, ondeando lentamente, girando hasta llegar al suelo del bosque.

Los otros árboles que te rodean empiezan a hacer lo mismo.

El suelo del bosque se convierte en una espesa alfombra de hojas de hermosos colores, que te cubren de tal manera que quedas enterrado en lo más profundo de un montón de hojas, reconfortado mientras las estaciones siguen cambiando hacia el invierno.

A medida que las últimas hojas caen de los árboles, estás abrigado y completamente cubierto, excepto tu rostro, que está cubierto de hojas otoñales.

Inhalas profundamente y lo sueltas lentamente.

El invierno ha llegado y, al mirar a tu alrededor, ves que el nuevo roble está sin hojas junto con todos sus amigos del bosque.

Los vientos invernales soplan y las ramas de los árboles crujen.

Hablan entre ellos, se cuentan historias en la fría noche para hacerse compañía.

La nieve cae y cubre el suelo.

Tú estás calentito y seguro, acurrucado profundamente contra el árbol, y abrigado por los amigos del bosque que te protegen y te mantienen cómodo.

La nieve está en todas las ramas de todos los árboles y parece un brillante país de las maravillas.

La nieve blanca y brillante es tan hermosa.

El bosque en la nieve es tranquilo y sereno.

Los cardenales rojos brillantes picotean en busca de comida y se ven brillantes contra la nieve blanca.

Disfrutas viendo a todos los pájaros del invierno buscar comida.

Tal vez unos cuantos salten en la punta de sus pies y piernas escondidos bajo su manta del bosque.

Tal vez unos cuantos se posan en tu cabeza y se echan una siesta invernal...

Los crujientes robles han dormido contigo en la nieve del invierno y se sienten refrescados por su sueño.

Empiezas a oír cómo la nieve se derrite y gotea por todas partes, dando agua fresca y nueva al suelo de abajo.

Empiezas a ver los pequeños brotes que surgen en todas las ramas de los árboles.

Miras hacia arriba y tu joven amigo el roble, cuya primera primavera es esta, ve que sus brotes están brotando y listos para salir.

Inhala profundamente y aprecia la sensación de nuevo crecimiento en primavera.

Suelta el aire y acurrúcate más cerca del viejo roble cuyas raíces te sostienen, manteniéndote a salvo y caliente.

La primavera ha llegado y la vida del bosque crece rápidamente.

El verde ha vuelto y las hojas del roble empiezan a brotar.

Largas cadenas doradas, conocidas como amentos, caen de las hojas y las ramas; ese es el polen del roble.

Los amentos hacen cosquillas en las mejillas cuando caen de los árboles.

Mientras las hojas crecen, el calor del aire y el sol del verano se acercan rápidamente.

Ahora te dan sombra todos los árboles que te rodean y puedes sentir el glorioso crecimiento de tu nuevo amigo el roble a lo largo de las estaciones.

Sabes que estás listo para descansar, y te sientes tan seguro y cálido a la sombra de tus amigos los robles.

Van a mantenerte a salvo y protegerte durante toda la noche.

El bosque está oscureciendo y tus amigos pájaros y ardillas se reúnen a tu alrededor para acurrucarse a tu lado.

Tu nuevo amigo roble es alto y te cuida, mientras que el antiguo roble que te dio la bellota te sujeta con sus raíces.

Te sientes cálido, seguro y rodeado de amor.

Eres como una bellota que crece hasta convertirse en un árbol, y necesitas tu descanso y una buena noche de sueño.

Dulces sueños, amigo de los árboles.
Espero que crezcas y crezcas y crezcas…

4 - Viaje al espacio exterior

Tu mundo es un planeta grande y hermoso, y en él viven tú y todas las plantas, criaturas y personas.
La Tierra es un mundo maravilloso lleno de árboles y montañas, ciudades y pueblos, y muchas clases diferentes de pájaros, insectos, mamíferos y reptiles.
Y todo está aquí, en tu mente.
Si cierras los ojos ahora mismo, ¿puedes ver todos los lugares a los que quieres ir en esta gran Tierra?
¿Puedes oír los sonidos de la selva?
¿Puedes oír el sonido del océano?
¿Puedes ver las rocas y los cantos de las montañas?
El planeta en el que vives es tan especial que aún no hemos encontrado otro igual.
Los grandes exploradores del espacio exterior han enviado hombres y mujeres en cohetes fuera de esta gran Tierra azul y verde para explorar la Luna.

Ha habido cohetes especiales que han aterrizado en Marte y han tomado fotografías para enviarlas de vuelta a este planeta en el que estás ahora mismo, para obtener una imagen de cómo sería la vida si pudieras ir allí y caminar.
¿Cómo crees que sería si pudieras ir a cualquier lugar del espacio exterior?
¿Y si pudieras llegar allí con tu imaginación y explorarlo por tu cuenta?
Puedes ir a cualquier lugar que quieras con tu imaginación, ¡incluso al espacio exterior!
Esta noche es una gran noche para hacer ese viaje.
Lo único que tienes que hacer es acostarte, cerrar los ojos e imaginar que estás en la entrada de tu cohete, ¡listo para despegar!
Probablemente querrás inhalar y exhalar profundamente antes de subir a bordo, para sentirte realmente relajado y preparado para emprender este viaje.
Cuando entres en tu cohete, lo único que tienes que hacer es sentarte en tu silla de capitán y abrocharte el cinturón de seguridad.
¡Va a ser un viaje realmente emocionante!
Tu cohete sabe exactamente a dónde llevarte, y todo lo que tienes que hacer es mirar por la ventana y ver cómo la Tierra en la que vives se hace cada vez más pequeña mientras viajas hacia la noche estrellada.
Los motores se están encendiendo; tu cohete está vibrando, listo para despegar y llevarte al viaje de tu vida.
Comienza la cuenta atrás.
Te abrochas el cinturón.
Dentro de diez segundos, comenzará tu viaje al espacio exterior.
Diez... nueve... ocho... siete... seis... cinco... cuatro... tres... dos... uno...

¡despegue!
Tu cohete se eleva cada vez más hacia el cielo.
Puedes sentir el estruendo, el revuelo y la sacudida hacia arriba y arriba y arriba en la atmósfera.

Puedes ver por la ventana y el mundo entero parece más grande que nunca.
Puedes ver toda la Tierra desplegándose ante tus ojos a medida que vas subiendo y subiendo.
La tierra de abajo es cada vez más pequeña, pero puedes verla toda por la ventana de tu cohete.
Puedes ver las cordilleras y los océanos.
Puedes ver los ríos que fluyen como venas por la tierra.
Respira profundamente y aprecia la Tierra desde este punto de vista.
Estás subiendo más alto de lo que nunca antes habías estado, y puedes ver

cómo la Tierra deja de ser una superficie plana para convertirse en un globo redondo.
La Tierra está ahora más lejos de ti, y tu cohete atraviesa el cielo nocturno y todas las estrellas en todas las direcciones.
Estás fuera de la Tierra y de su atmósfera.
Ves cómo se aleja de ti mientras subes al cosmos en tu cohete.
Mirar hacia atrás, hacia la Tierra, es una sensación agradable.
Sabes que volverás pronto, pero por ahora vas a dar una vuelta a la Luna y a otros lugares del camino.
Tu cohete se dirige directamente hacia allí, y puedes sentir que empiezas a sentirte más liviano en su interior.
Ya puedes desabrocharte el cinturón de seguridad y flotar.
Imagina que estás más liviano en tu cohete.
Inhala profundamente y deja salir todo.
Disfruta de la perspectiva de este lugar.
Puedes mirar por la ventana y ver tu hermoso planeta natal, la Tierra, totalmente redondo y flotando en un mar de estrellas.
Puedes mirar por otra ventana y ver la luna.
Ahora te estás acercando a ella.
Tu cohete va a pasar planeando por delante de ella y va a brillar con fuerza a través de tu ventana.

Imagina ahora mismo que tu cohete pasa flotando por delante de la luna.
La estás viendo, y ves todos sus cráteres más cerca que nunca.
El cohete quiere que sigas avanzando más y más hacia el espacio exterior.
Estás seguro aquí arriba, flotando en tu cohete, y te sientes tranquilo y relajado en este vasto mundo de luz estelar.
Tu viaje continúa, y sientes que tu cohete sabe hacia dónde ir.
Puedes ver cómo se aleja de la Vía Láctea, esa galaxia que llamas hogar.
Tu viaje se alejará del cosmos de la Vía Láctea y se adentrará en otro mundo entre las estrellas.
Puedes sentir que hay mucho más ahí fuera, y sabes que estás seguro de viajar más lejos de lo que nadie en la Tierra lo ha hecho antes.
Tu cohete cuidará de ti durante todo el camino.
Inhala profundamente y sigue imaginando cómo se sentiría estar en el espacio exterior.
Imagina cuántas estrellas habría alrededor.
Imagina qué nuevos planetas se podrían descubrir.
Por tu ventana, ves un nuevo planeta que nunca ha sido visto por un terrícola.
Es de un color extraño, como nada que hayas visto en nuestro sistema solar.

Tu cohete te informa a través del ordenador de que puedes aterrizar aquí con seguridad y que habrá suficiente oxígeno para que puedas respirar.
Tu cohete comienza a aterrizar en este sereno planeta lejos de casa.
Estás emocionado por ir a este nuevo lugar y por ser la primera persona en descubrirlo.
La sensación es mágica cuando lo ves de cerca, mientras tu cohete sigue aterrizando.
Desde tu cabina puedes ver que hay muchas plantas y animales interesantes, muchos edificios de aspecto interesante, e incluso puede que haya gente curiosa y extraña que viva aquí.
Tu cohete ha aterrizado y puedes bajar y salir de él fácilmente.

Vas a dar tus primeros pasos en este nuevo planeta y disfrutarás explorándolo durante un rato.
Respira profundamente y pon el pie en este nuevo mundo.
¿Qué te parece esto?
¿Qué es lo primero que notas?
Utiliza tu imaginación para experimentar este maravilloso nuevo planeta.
¿Qué aspecto tienen los árboles aquí?
¿Puedes subirte a uno y ver mejor este paisaje?
Disfruta de unos momentos de exploración tranquila aquí....
Tu viaje al espacio exterior no se parece a ningún otro.
Puedes crear este lugar con tu propia mente y viajar a él cuando quieras.
Puedes jugar aquí y encontrar nuevas y emocionantes aventuras.
Estás a solo un viaje en cohete.
¿Qué más has descubierto en este planeta?
¿Has conocido a alguien interesante?
¿Te quedarás aquí por un tiempo, o te gustaría continuar tu viaje a otro planeta lejano?
Recuerda que puedes usar tu imaginación para llevarte a donde quieras.
Puedes encontrar todos los lugares divertidos del espacio exterior que nadie ha visto ni oído hablar todavía.
Esta noche, has viajado lejos, y es hora de cerrar tu mente al mundo de hoy, para que puedas soñar toda la noche.
Mañana, cuando te despiertes, estarás de vuelta en la Tierra, a salvo y bien abrigado bajo tus sábanas.
Esta noche, al emprender tu viaje al espacio exterior, deja que tu cohete te lleve hasta el mundo de tus sueños.
¿Dónde quieren tus sueños que vayas?
¿Explorarás este planeta oculto que has descubierto, o seguirás buscando más?
Quizás encuentres un mundo mágico lleno de elfos y hadas, o quizás descubras de dónde vienen todos los dragones y dónde viven.
Tú decidirás cómo se desarrolla tu aventura a partir de aquí.
Inhala profundamente y exhala lentamente.

Ha llegado el momento de emprender tu viaje hacia el espacio exterior, hacia el mundo de tus sueños.
Ahora puedes descansar y relajarte.
Puedes dejar ir el día y despertarte bien descansado de vuelta a la Tierra.
Por el momento, diviértete en tu cohete y deja que te lleve tan lejos como puedas imaginar.
¡Dulces sueños!

5 - La tortuga y el conejo - Una historia de mindfulness

Una tortuga saca la cabeza de su caparazón.
Es un nuevo día y está dispuesta a vivirlo con la mayor atención posible.
Siempre se la ha considerado lenta, como alguien que no sabe seguir el ritmo de este mundo acelerado, pero la tortuga quiere ver el mundo a su propio ritmo y no sentirse apurada por nada ni por nadie.
Un conejo sale a toda prisa de su madriguera y empieza a saltar y a correr.
Tiene mucho que hacer y no puede pararse a oler las rosas.
Va a tener que hacerlo todo tan rápido como pueda.
La coneja siempre ha sido del tipo "levántate y vete".
Nunca hay que decirle que se ponga en marcha; siempre está corriendo.
Nunca tiene tiempo para detenerse y asimilarlo todo, y al final del día se siente agotada por todo ello.
En esta hermosa mañana de primavera, la Tortuga se siente tan feliz y agradecida de estar aquí.
Se siente feliz y contenta de pasearse lentamente por su día, de reflexionar y apreciar todo lo que su vida le ofrece, y no tiene prisa por terminar.

Le gusta practicar el mindfulness en todo lo que hace.
Le gusta apreciar cada flor y cada bocado de comida.
Es lo que le ayuda a disfrutar de verdad de cada día que pasa. Y se siente como si tuviera todo el tiempo del mundo.
Comienza su mañana con un delicioso desayuno de fresas perfectamente maduras.
Se fija en cada una de ellas, notando lo bonito que es el color, la forma de la fresa, las pequeñas semillas blancas y negras de su exterior.
Se da cuenta de lo brillante y dulce que es su sabor mientras las recoge, disfrutando lentamente de lo bien que sabe comerlas.
Justo cuando está terminando su desayuno, la coneja salta y entra en el campo de fresas, sorprendiendo a la Tortuga.
—¡Dios mío! —dice la Tortuga—. Has llegado tan rápido que no he tenido tiempo de darme cuenta de que venías.
Le dio los buenos días a la coneja.
La coneja devoró rápidamente algunas de las fresas frescas y maduras.
—No hay tiempo para hablar, tengo que darme prisa y comer algo para poder seguir mi camino.
La coneja fue lo suficientemente cordial para alguien con prisa.
—Bueno, no hay necesidad de apresurarse. Tómate tu tiempo y disfruta de lo deliciosas que son estas bayas frescas. ¿No tienen el color más maravilloso? ¿No tienen el aroma más increíble?
La Tortuga siempre estaba dispuesta a tomarse el tiempo y disfrutar de una buena conversación.
—No hay tiempo para hablar, tengo que darme prisa y comer algo para poder seguir mi camino...
La Coneja se apresuró a saltar y alejarse tan pronto como terminó de decir su respuesta a la Tortuga.
La tortuga terminó de disfrutar de su desayuno de fresas y pasó al siguiente momento agradable del día.
La tortuga continuó hacia un hermoso bosque donde los árboles tenían nuevos y frescos brotes de primavera.
Había coloridas flores rosas y blancas por todas partes hasta donde alcanzaba la vista.

Este lugar solo era así una vez al año, en primavera, cuando todo despierta del sueño invernal.
Es sin duda un momento favorito para la tortuga, y le gusta caminar lentamente entre los árboles y apreciar su color, su fragancia y su belleza.
Respirando profundamente, la tortuga se sintió en paz en este hermoso bosque.
Justo cuando la tortuga estaba a punto de acercarse a un cerezo y comérselo como tentempié, la coneja atravesó el bosque y estuvo a punto de tumbar a la tortuga.
Tenía tanta prisa que no tuvo tiempo de darse cuenta de quién estaba en su camino.
La coneja se deslizó por la ladera y se perdió de vista en un instante.
—Vaya, esa Coneja se va a desgastar con toda esa ansiedad y preocupación. Espero que pueda tomarse un tiempo para descansar y relajarse.
La tortuga comprendía la importancia de descansar mucho.
Tenía la esperanza de que la coneja encontrara el tiempo necesario para bajar el ritmo y tomarse su tiempo, atenta al mundo que la rodeaba.
La Tortuga siguió adelante y encontró un lugar encantador para echar una siesta por la tarde.
Pudo meterse en su caparazón y descansar un rato, sintiendo el sol en su espalda, sintiéndose cálida y tranquila.
Se acercó lentamente a un estanque y metió las piernas y la cabeza dentro de su caparazón.
Le gustaba el sonido del agua para relajarse y sentirse tranquila y serena.
Era uno de sus lugares favoritos para dormir la siesta.
Estaba acurrucada en su caparazón cuando sintió que algo pasaba por delante de ella a toda prisa.
Oyó un fuerte chapoteo y el sonido de alguien pidiendo ayuda.
La tortuga asomó la cabeza y las patas y vio que Conejo se había caído al estanque y trataba de nadar hasta la orilla.
—¡Ayuda, por favor! —gritó la Coneja—. ¡No sé nadar!
La coneja intentaba pisar el agua, y a la tortuga le entraron ganas de apresurarse hacia el estanque y ayudar a la coneja a salir.

No era el momento para que la tortuga se tomara su tiempo, así que, con todas sus fuerzas, se dirigió tan rápido como pudo al estanque, hacia donde la coneja estaba luchando.

—¡Yo voy a ayudarte!

La tortuga fue capaz de hacerse como una balsa para que la coneja se agarrara, nadando hasta el borde del estanque para que pudiera salir.

La coneja escupió agua por la boca y tosió: —Gracias, Tortuga. Siento mucho todas mis prisas. Sé que probablemente sea mejor ir despacio, un paso a la vez.

—Me alegro de haber estado cerca y haberte oído caer al estanque. ¿Por qué tienes tanta prisa? —preguntaba la Tortuga a la Coneja.

—Porque tengo miedo de no terminar todo a tiempo.

La coneja se sacudía el agua de su pelaje.

La tortuga entiende que, a menudo, la gente siente que tiene que apresurarse para tener una sensación de productividad.

La tortuga se alegró de ayudar a la coneja a ver la otra cara de la moneda.

—Bueno, sabes, aunque me lo tomo con calma, un paso a la vez, siempre sé que mi día está lleno de cosas maravillosas, y soy capaz de disfrutarlo más honestamente.

¿Has pensado alguna vez, Coneja, que siempre puedes hacer las cosas a tiempo, sin importar lo rápido o lento que vayas?

La coneja reflexionó durante unos instantes y luego respondió a la tortuga:

—Sabes, nunca he intentado ir despacio. Quizá lo intente y vea cómo me va.

La tortuga y la coneja caminaron juntas hacia el sendero y empezaron a dar un paseo, una al lado de la otra.

Se tomaron su tiempo y hablaron durante un rato sobre sus cosas favoritas.

La tortuga comentó sobre las fresas frescas y los cerezos del bosque y lo mucho que apreciaba su textura, sabor y belleza.

—¿Cuáles son tus cosas favoritas, Coneja? —preguntó la Tortuga.

La coneja reflexionó por un momento mientras caminaban juntas.

—Sabes, creo que no puedo pensar en muchas cosas. Siempre tengo tanta prisa; nunca me paro a oler las rosas o a disfrutar de las fresas.

—¿Por qué no empiezas a practicar el mindfulness entonces? Adelante, dale una oportunidad. Apuesto a que seguirás haciendo todas tus tareas y quehaceres. Yo te ayudaré a aprender —explicó la Tortuga la Coneja.
—Gracias —respondió la Coneja.
—Estoy dispuesta a tomarme las cosas con calma y a practicar el ser más consciente a lo largo de mi día.
Enséñame cómo se hace.
La Tortuga y la Coneja pasearon por el aire libre en profunda reflexión.
La tortuga le mostró a la coneja cómo sentarse y disfrutar de las texturas de los alimentos y las flores, y cómo descansar junto al estanque para echar una agradable y cálida siesta por la tarde.
Caminaron alrededor de los cerezos y observaron lo gloriosamente hermoso que se sentía.
—Gracias —le dijo la Coneja a la Tortuga—. Últimamente he estado tan ansiosa y preocupada; he olvidado lo que se siente al estar en paz y relajada. Esto me ha devuelto la sensación de confort que solía sentir.
La Tortuga se alegró de oír lo feliz que se sentía de nuevo la Coneja.
Siguieron paseando juntas entre los cerezos durante un rato más, fijándose en todos los maravillosos detalles del mundo que las rodeaba.
Se sintieron renovados y en armonía y se separaron para ir a dormir a sus propias casas.
La coneja estaba tan relajada y en paz por su nueva meditación que se quedó dormida y durmió toda la noche.
Al día siguiente, la tortuga se alegró de ver a la coneja, disfrutando del maravilloso sabor de las fresas frescas del huerto.
—¡Tortuga! —llamó la Coneja—. Tienes que venir a probar las que están maduras hoy. El sabor de las fresas nunca ha sido tan dulce.
La tortuga se acercó lentamente y encontró su primer bocado de la mañana.
Era tan robusto y delicioso, tan jugoso y rojo.
Se sintió agradecida de que la Coneja se hubiera frenado para disfrutar realmente del momento.
Inhaló y exhaló lentamente.
Y otra inhalación profunda y una exhalación lenta.

La tortuga estaba relajada y feliz, y ahora la coneja también lo estaba.
¿Y tú?
Dulces sueños… hasta mañana.

6 - El sabio y el lobo blanco

Mientras te acurrucas y te preparas para ir a la cama, puedes abrir los oídos y escuchar una historia sobre el Sabio y el Lobo Blanco.
Puedes cerrar los ojos o mantenerlos abiertos un poco más mientras escuchas y te relajas.
El hombre sabio y el lobo blanco cuentan una historia de amistad contra viento y marea.
Quizá quieras abrazar tu peluche favorito mientras escuchas.
La historia comienza en el mismo lugar en el que termina, con una inhalación profunda y relajante... y exhalación... una vez más, inhalación... y exhalación.
El sabio sabe que el camino para dormir bien es cuidarse a sí mismo.
Esto lo aprendió de su amigo, el Lobo Blanco.
El sabio estaba de viaje.
Había viajado a lo largo y ancho en busca de los misterios de la vida, encontrando muchos amigos y, por otra parte, consejeros.
Buscó la sabiduría de las montañas y los árboles.

Habló con los pájaros, los peces y las criaturas de la tierra, pidiéndoles su guía.

El sabio vagaba por la tierra, buscando nuevos mensajes de sus consejeros naturales, cuando decidió subir a la montaña y llegar al otro lado.

Estaba ansioso por ver lo que había al otro lado de la montaña, y sabía que podría intentar llegar antes de que oscureciera.

Comenzó a subir.

El sol ya empezaba a ponerse en el horizonte, y el sabio ya necesitaba descansar, pues la montaña era empinada y difícil de escalar.

—Debo llegar al otro lado antes de que anochezca —se recordó a sí mismo—. Debo cumplir mi objetivo y llegar esta noche.

Siguió esforzándose y se sintió aún más cansado después de unas cuantas subidas más.

—No puedo descansar. Tengo que llegar a la cima y al otro lado, o no descansaré.

Estaba decidido y ansioso.

Se le daba bien ponerse pruebas a sí mismo, para saber de qué estaba hecho, para ver cuánto podía lograr.

Quería descubrir, en todo momento, y hoy eso significaba subir a la cima de la montaña antes del anochecer.

A medida que avanzaba, empezó a sentirse agotado.

Tropezaba y bostezaba, pero solo estaba a un cuarto del camino de la cima.

La puesta de sol coloreaba el cielo con un hermoso tono anaranjado.

Sintió la atracción de la noche que caía llamándole a descansar.

No quiso detenerse.

En ese momento, con el rabillo del ojo, vio un rayo de color blanco que pasaba junto a él a través de los árboles crepusculares.

Quiso ver quién era.

Pero desapareció en un instante.

Siguió caminando, jadeando y agitándose por el cansancio.

Entonces, como un rayo de luz, vio el rayo blanco pasar de nuevo junto a él, esta vez mucho más cerca.
Tan pronto como estuvo allí, volvió a desaparecer.
Miró a su alrededor, girando su cuerpo en un gran círculo hasta que volvió a dar la vuelta para encarar su subida a la cima.

Cuando volvió a mirar hacia su objetivo, había un lobo blanco en su camino.
El lobo blanco estaba sentado allí, pacífico, tranquilo y sereno.
—¿Por qué jadeas y luchas tanto? Creí que te llamaban el Sabio —cuestionó el lobo.
El sabio lo miró de arriba abajo y al principio se mostró escéptico de que el lobo pudiera estar bloqueando su camino con el fin de cazarlo para una sabrosa cena.
Volvió a mirar a los ojos del Lobo Blanco y vio, no un animal hambriento, sino un sabio maestro.
—Lobo Blanco, te has aparecido ante mí en medio de mi búsqueda para conquistar la montaña al anochecer. Si no me apresuro a pasar junto a ti, nunca llegaré a tiempo.
El sabio expresó su necesidad de apresurarse.
Sentía que debía mantenerse concentrado en sus planes y no ceder ante su cansancio.
—Pero Sabio, ¿no lo ves? No es prudente que sigas así. ¿Cómo te honras a ti mismo cuando no escuchas lo que tu cuerpo y tu mente te piden? ¿Acaso no te sorprendí bostezando en la noche? ¿Acaso no te veo jadear ahora de cansancio? Presta atención a un Lobo de la Montaña que camina por estos senderos todos los días y todas las noches: debes tomarte tiempo para descansar. No te preocupes; la montaña seguirá aquí cuando te despiertes.
El Sabio escuchó las palabras del Lobo Blanco y pudo entender claramente su significado.

Si el hombre sabio fuera realmente sabio, no seguiría caminando por el sendero de la montaña y encontraría un lugar para descansar durante la noche hasta la mañana.

Sin embargo, debía continuar, pues tenía el deseo de seguir con su elección.

—Gracias por tu sabio consejo, Lobo de la Montaña, pero debo continuar mi búsqueda y tratar de llegar al otro lado antes de la salida de la luna.

—Como quieras —llamó el Lobo al Sabio.

—Si necesitas ayuda, puedes aullar y yo atenderé a tu llamado.

El Lobo Blanco se alejó de un salto y desapareció montaña abajo, como un rayo de luz blanca.

El Hombre Sabio empezó a arrastrarse agarrado a la montaña, subiendo, y subiendo y subiendo, hasta llegar a la cima.

Cuando llegó, estaba tan cansado que apenas podía mantenerse en pie.

Consiguió cruzar el umbral hasta el otro lado y se acostó.

Apenas superó la cima de la montaña, donde se desplomó por el duro trabajo realizado para llegar hasta allí.

Cuando se despertó a la mañana siguiente, estaba frío y frágil.

No podía caminar ni moverse.

Tuvo que permanecer tumbado durante muchos días para recuperarse.

Recordó lo que le dijo el LoboBlanco: "Si necesitas ayuda, puedes aullar y yo atenderé a tu llamado".

Reunió todas sus fuerzas y lanzó un aullido.

El aullido resonó desde la cima de la montaña hasta el cañón.

Era todo lo que podía hacer.

Después de aullar, se desplomó, agotado por haber llegado demasiado lejos, demasiado tiempo...

Se quedó dormido en la cima de la montaña y soñó que el Lobo Blanco venía en su ayuda.

Apenas vio la visión del lobo en sus sueños, abrió los ojos para ver al Lobo de la Montaña mirándolo directamente.

—Veo que elegiste mantenerte despierto y esforzarte hasta la cima de la montaña, y ahora estás enfermo. Necesitas hierbas y medicinas. Las recogeré y te las traeré hasta que te recuperes.

El Lobo Blanco atendió al Sabio enfermo, trayéndole remedios de los bosques y las montañas.
El sabio tomó las hierbas y comenzó a recuperarse rápidamente.
Se durmió esa noche y se despertó sintiéndose renovado y capaz de caminar de nuevo.
Se sintió fuerte y capaz de bajar la montaña de nuevo.
—Gracias, Lobo Sabio. Hoy me has enseñado una lección muy importante. Sé que debo honrarme a mí mismo y escuchar a mi cuerpo y a mi mente cuando me siento cansado. Me doy cuenta de lo tonto que fue que me presionara en exceso, demasiado rápido.
El sabio ofreció su gratitud a su maestro lobo.
—Mi sabiduría es ahora tuya, y puedes llevarla más lejos en tu viaje mientras bajas de la montaña hacia un nuevo día. Siempre necesitarás descansar cada día. Y cuando caiga la noche, es hora de encontrar tu roca de descanso y dormir.
El Lobo Blanco dio su pata al Sabio, e intercambiaron un apretón de manos.
El Lobo blanco bajó de un salto por la ladera de la montaña, trotando con gracia entre los árboles.
El sabio se dio la vuelta y comenzó su viaje de vuelta a la montaña.
—Hoy me detendré cuando esté cansado. Cuando me honre a mí mismo, a mi cuerpo y a mi mente, sabré cuándo es el momento de dar las buenas noches y descansar. Siempre habrá un mañana para cumplir mis objetivos.
Al continuar bajando la montaña, terminó a mitad de camino y decidió descansar por esta noche. Hizo una pequeña hoguera y se relajó contra una gran roca, Inhalando profundamente y exhalando lentamente, contemplando la puesta de sol y la maravillosa salida de la luna.
Mañana podría terminar su viaje.
Ahora era el momento de descansar y relajarse.
Y la historia termina como empezó: con una buena inhalación profunda y relajante... y exhalación... una vez más, inhalación... y exhalación.
Buenas noches, dulces sueños, hónrate a ti mismo, tal como lo enseña el Lobo Blanco.

7 - La chica del ojo perdido

Una niña se despertó una mañana y abrió su ojo.
La niña solo tenía un ojo para abrir cuando se despertaba por la mañana, pues había perdido el otro cuando era muy pequeña.
La niña no recordaba haber perdido el ojo, y por eso nunca le molestó que no fuera igual que los demás.
De hecho, su madre siempre le decía que había perdido el ojo para ver mejor.
Cuando la niña le preguntó a su madre a qué se refería, le dijo:
—Puede que te falte un ojo para ver el mundo que te rodea, pero tienes mucha concentración interior y una inteligencia maravillosa porque te esfuerzas por saber más a través de tu único ojo bueno. Puedes ver el mundo de forma diferente a como lo hacen otras personas. Puedes ver más profundamente gracias a tu pérdida.
A medida que la niña crecía, empezó a comprender cada vez mejor lo que su madre quería decir.
Tenía claro que siempre tenía una buena visión de lo que ocurría bajo la superficie de cualquier persona que conociera.
Podía leer a la gente con facilidad porque su mente era mejor para escuchar que para ver.
Aquella primavera, ella, su madre, su padre, su hermana y su hermano pequeños decidieron trasladarse a un lugar más cercano a la aldea para que

pudiera tener gente más cercana a su edad y para que su familia pudiera tener una vida mejor.

Estaba emocionada por hacer amigos con otras niñas como ella, y estaba ansiosa por saber cómo era vivir en un lugar nuevo.

Cuando llegó la primavera, su familia empacó su carro con todas sus pertenencias y comenzó el largo camino hacia su nueva vida.

Todo lo que había en el camino la asombraba.

Todo le parecía nuevo y emocionante.

Dentro de su mente, estaba llena de Inhalación y felicidad.

Era capaz de amar su forma de ver la vida a través de su único ojo, y se sentía tan feliz de estar con su familia en este viaje.

Cuando llegaron al pueblo, su madre y su padre los llevaron directamente a su nueva casa de campo.

Estaba cerca de donde su madre y su padre habían encontrado un trabajo que ambos podían hacer en la comunidad.

—Cuando estemos trabajando, empezarás a ir a la escuela. Te hemos estado enseñando en casa todo este tiempo, y ahora aprenderás nuevas lecciones de vida y tendrás nuevas personas con las que jugar. Tu hermano y tu hermana pequeños irán a otra escuela para niños más pequeños. Así es la vida en el pueblo —le dijo la madre a la niña.

—Estoy deseando hacer nuevos amigos. Siempre he soñado con este momento.

La niña estaba tan contenta que apenas pudo descansar la noche anterior a su primer día de clase.

A la mañana siguiente, su madre la despidió con comida y un beso.

—Adiós, mi dulce niña. Recuerda siempre que eres tú quien puede ver más allá de la superficie de las cosas.

Subió el camino hacia su nueva escuela.

Por el camino, vio a mucha gente en la calle, caminando de un lado a otro y yendo de un lado a otro.

Era toda una nueva aventura y ella seguía su camino, con un ojo concentrado en la carretera.

La mayoría de la gente no le prestaba mucha atención, pero se dio cuenta de que cuando la miraban a la cara, la observaban fijamente y con cara de incomodidad.
Se preguntó por qué y pensó que tal vez todo el mundo era gruñón por la mañana en este pueblo.
Cuando llegó a la escuela, se encontró con las mismas miradas, e incluso, la maestra la hizo sentir de repente muy incómoda.
¿Qué les pasaba a todos?
¿Acaso nadie en este pueblo tenía modales?
Rápidamente comprendió por qué.
Se debía a que le faltaba un ojo y a que su aspecto era diferente al de los demás.
Decidió ser valiente y llena de coraje, recordando lo que su madre le dijo al salir por la puerta esta mañana.
Ella podía ver más allá de la superficie de las cosas, y estas personas se sentían incómodas a causa de su ojo.
Tomó asiento al fondo de la clase y se sintió decepcionada de que no hubiera más presentaciones por parte de los alumnos en el salón.
La profesora se acercó a su mesa mientras los demás tomaban asiento en el aula.
—Eres una alumna nueva. Bienvenida a tu primer día. Solo tienes que copiar tu trabajo de este libro y seguir cada lección.
La profesora se alejó y no le preguntó nada sobre ella, ni su nombre, y de repente se sintió muy perdida.
Nunca la habían tratado así.
Si la gente no la miraba, la ignoraba.
Lo que esperaba que fuera un primer día emocionante para hacer nuevos amigos, se convirtió en su primer sentimiento de vergüenza por su ojo perdido.
Al llegar a casa esa noche, su madre le dijo que la gente no está acostumbrada a ver a alguien tan especial y que con el tiempo todos se enterarían de lo mucho que ella sabía.

Al día siguiente, entró en la clase y, mientras los niños tomaban asiento y la profesora empezaba a escribir en la pizarra, la niña se dirigió al frente del aula y empezó a hablar...
—Me gustaría saludarlos a todos y decirles lo que sé. Sé que les da miedo hablar conmigo porque me falta un ojo. Sé que todos son realmente buenos de corazón. Sé que se sienten incómodos con alguien que es diferente a ustedes, y sé que cuando estén listos para conocerme, vamos a ser grandes amigos.
La niña regresó a su pupitre en el fondo del aula ante el sonido de las risas, los murmullos y las charlas.
La profesora pidió silencio a los alumnos.
—Gracias por compartir tus pensamientos con nosotros. Nos alegramos de aceptarte en nuestra escuela con los brazos abiertos.
Los demás niños se volvieron a mirar a la niña antes de volver a la clase.
La niña se esforzó por responder bien a todas las preguntas.
Al final del día, la profesora informó de todas las lecciones calificadas.
—Nuestra nueva alumna es la única que ha acertado todas las respuestas. Felicitaciones, eres nuestra nueva mejor alumna.
La niña se sonrojó.
Se sentía orgullosa de sí misma, sin importar lo que los demás pudieran pensar de ella.
Después de que sonara el timbre, se dirigió a su casa y, mientras subía por la calle empedrada, sintió un tirón en su chaqueta.
—Disculpa —dijo otra niña—. Me llamo Sue y me preguntaba si podríamos ser amigas. Quizá podamos estudiar juntas. Me gusta mucho aprender cosas nuevas.
La niña se sintió eufórica.
Alguien quería ser su amiga.
—Eso sería maravilloso —dijo.
—Sé que puede sonar grosero, pero ¿está bien si te pregunto qué te pasó en el ojo? ¿Naciste así?
La nueva amiga sentía curiosidad.
—Tuve un accidente cuando era un bebé. No lo recuerdo en absoluto. Solo aprendí a ver con un solo ojo, pero soy como todo el mundo.

Las dos chicas caminaron un poco más por la acera y se conocieron mejor. En ese momento, oyeron la voz de otro niño que las llamaba mientras caminaban...
—¡Oigan! ¡Esperen!
Un niño corrió hacia las dos niñas que se habían detenido en el camino para esperarle.
—Me llamo John. Me ha gustado mucho lo que has dicho hoy al principio de la clase. Pareces muy simpática e inteligente.
La niña sonrió.
Sabía lo que él quería preguntar a continuación, y se adelantó a la pregunta.
—Adelante, puedes preguntar sobre mi ojo. Sé que quieres hacerlo.
Ella sonrió y los tres se rieron. Estaba muy contenta de conocer a niños de su edad con los que podía hablar y aprender cosas nuevas.
Siguieron caminando un rato más hasta llegar a su casa.
—Bueno, esta es mi casa. Supongo que nos veremos mañana en el colegio.
Empezó a entrar cuando Sue dijo: —Nos encontraremos aquí por la mañana, y podremos caminar juntos.
—¡Yo también! —dijo John.
La niña estaba tan contenta que entró corriendo y le contó a su madre lo que había pasado ese día. Su madre la rodeó con sus brazos y le dio un gran abrazo.
—Sabía que ibas a ver más de lo que otros podían ver.
Has sido muy valiente al compartir lo que sabes y lo que eres.La niña abrazó a su madre y bostezó, estirando los brazos. Había sido un día largo y estaba cansada.
Cenó y se bañó, y cuando su madre la arropó en la cama esa noche, le contó el cuento de una niña a la que le faltaba un ojo y que enseñó a los demás a ver con más claridad.Bostezó y se estiró de nuevo, cerró los ojos y empezó a caer en un sueño maravilloso y reparador.
Mañana, cuando se despertara, habría amigos en su puerta y seguiría encontrando nuevas aventuras, mirando hacia adelante a través de su único ojo bueno, viendo todo lo que podía desde el exterior, al interior de las personas, y viceversa.
¡Dulces sueños!

8 - El avioncito de papel

¿Has viajado alguna vez en avión?
Te sientas en un asiento, te abrochas el cinturón de seguridad y, cuando el piloto enciende el motor, aumentas la velocidad por la pista hasta que te diriges hacia arriba, y hacia arriba, y hacia el cielo, hasta llegar a las nubes.
Volar puede ser divertido, e incluso, si nunca has estado en un avión real, puedes imaginarlo en tu mente.
Puedes volar a donde quieras en tu propio avión, y esta noche, mientras te cubres con las mantas y te acuestas en la cama, puedes volar hacia tus sueños en tu propio avioncito de papel.
¿Has hecho alguna vez un avioncito de papel?
Es muy fácil y divertido, y con solo unos cuantos pliegues en una hoja de papel, puedes hacer una máquina voladora.
Intentemos imaginarlo ahora.
Cierra los ojos, respira profundamente y déjalo salir.
Imagina un papel en blanco en tu mente.
¿Puedes verlo?

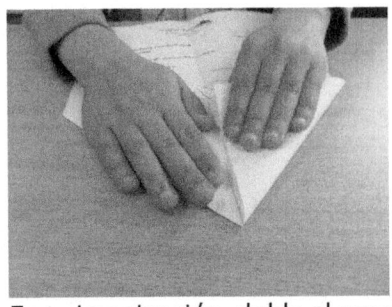

Si primero necesitas un papel de verdad para hacer un avión, tampoco pasa nada. Intenta imaginarlo en tu mente si puedes. El trozo de papel puede ser plano ahora mismo, pero en cuanto lo dobles de nuevas formas, se convertirá en algo más, en algo especial.

En tu imaginación, dobla el papel para convertirlo en un avioncito de papel...
Primero, dóblalo por la mitad a lo largo...
Ábrelo de nuevo y dobla las esquinas hacia abajo en la parte superior para hacer la punta del avión...
Ahora, puedes volver a doblarlo por la mitad, a lo largo, para que tu avión tenga una punta...
A continuación, dobla los lados hacia abajo para hacer las alas.
¿Recuerdas?
Pan comido, con unos pocos pliegues en tu imaginación, tienes un avioncito de papel.
Ahora, ¿puedes imaginarlo volando en tu mente?
Imagina que lo sostienes en la mano y lo lanzas por tu habitación.
¿Hacia dónde vuela?
Tu avioncito de papel te va a llevar de viaje esta noche, una gran aventura alrededor del mundo para que puedas ver muchos lugares y personas nuevas y para que te sientas relajado gracias a tu imaginación creativa.
Todo lo que tienes que hacer es respirar profundamente e imaginarte a ti mismo convirtiéndote en el tamaño del avión, o tal vez el avioncito de papel se haga más grande para adaptarse a tu tamaño.
¡Puedes subir a bordo de tu avioncito de papel y convertirte en el piloto!
Ponte las gafas y ponte la gorra de piloto.
Enciende los motores y prepárate para despegar hacia el cielo nocturno estrellado.
Puedes volar desde la ventana de tu habitación, o tal vez despegar desde el tejado de tu casa.
Usa tu imaginación para ayudarte a despegar y volar en tu avión...

Puedes ver tu barrio mientras sobrevuelas la casa.
Tal vez veas a algunos amigos del colegio mirando por la ventana de su habitación ahora, preguntándose cómo demonios has conseguido tener tu propio avioncito de papel volador.
Tu barrio pasa volando a tu lado mientras tu avión toma velocidad y se eleva un poco más en el cielo.
Esta noche puedes ir a volar por todo el mundo y ver algunos lugares maravillosos.
¿Dónde te gustaría ir primero?
Las pirámides de Egipto serían una aventura increíble...
¡Vayamos allí!
Tu avioncito de papel sabe dónde ir.
Sobrevuelas la tierra hasta llegar al océano y ves lo grande que es el mundo.
Hay tantos continentes gigantes y países que visitar.
Desde tu vista en el avión, puedes mirar el mundo como si fuera un mapa como el que has visto en los libros de geografía.
El mapa del mundo muestra todos los lugares que puedes visitar.
Ves la masa continental de África y tu avión vuela hacia ella.

Casi puedes ver la cima de las pirámides desde tu avión a medida que te acercas a Egipto.
Ahí están.
Mirando hacia abajo, puedes verlas tan claramente, estas gigantescas esculturas hechas por el hombre, estas antiguas y hermosas tumbas.
Tu avión vuela alrededor de la cima de las pirámides, haciendo bucles, disfrutando de la hermosa vista desde el avión.
Alrededor de las pirámides se puede ver la arena calentada por el sol.
Es una tierra cálida y seca, y se siente un alivio al sol mientras se sobrevuelan las antiguas pirámides.
Ahora, estás listo para ver más.
¿Adónde vamos con tu avioncito de papel?
Vamos a la selva amazónica.

Tu avión gira y se dirige de nuevo al otro lado del océano y a Sudamérica, donde toda una cultura de vida ha prosperado durante milenios.

Desde lo alto de tu avioncito de papel puedes ver la espesa selva de árboles que cubre gran parte de la parte superior del continente.

Puedes ver el río Amazonas, el más grande del mundo, fluyendo y ramificándose a través de la jungla de vida que hay debajo.

La selva es espesa y húmeda y está llena de muchos sonidos.

Tu avioncito de papel vuela más abajo, hacia las copas de los árboles y hacia el interior de la selva, de modo que vuelas bajo la copa de los árboles.

Dentro del bosque, el avión te lleva con seguridad a través de la selva, dando vueltas entre todas las plantas, enredaderas y frutas y flores.

Los pájaros de colores graznan y cantan.

Los monos se cuelgan de los árboles y braman y ululan saludos mientras vuelas.

Largas, grandes, silenciosas y coloridas serpientes gotean de las ramas de los árboles.

Ranas de colores hablan entre sí en los árboles mientras los guacamayos baten sus alas y vuelan por la selva.

Un jaguar corre y salta, siguiendo el ritmo de tu avión mientras vuela a través y hacia arriba y fuera de la copa de los árboles.

¡Qué lugar tan magnífico para ver!

¿Adónde irás con tu avioncito de papel?

¿A la romántica ciudad de París, quizás? Tu avión gira y hace un bucle de vuelta a través del gran Océano Atlántico, sobre África y Marruecos y en el país de Francia.

Casi puedes ver la Torre Eiffel desde tu avión; es así de llamativa y evidente para tus ojos.

El avión se acerca a la torre y la rodea, desde la base hasta la cima.

Hay gente por todas partes en la ciudad, caminando de un lado a otro, tomando bebidas, hablando y riendo.
Tu avión sobrevuela el río Sena siguiéndolo como una calzada.
Puedes ver a hombres y mujeres besándose y bailando.
Puedes escuchar el romántico sonido de la música de acordeón que suena por toda la ciudad.
Puedes oler las deliciosas comidas y pasteles y postres que salen frescos y que disfrutan los parisinos en los cafés de la acera.
Ah, París. La ciudad del amor.

Tu avión te lleva de nuevo a través de Europa, hasta China.
La Gran Muralla China es enorme y larga y fue construida hace muchos siglos.
Es un espectáculo que hay que ver, y tu avioncito de papel te lleva de viaje a lo largo de la gran muralla.
Desde el aire se puede ver lo grande que es China.
Se extiende a lo largo y ancho.
Se sobrevuelan hombres y mujeres en los campos de arroz, cosechando uno de sus alimentos más importantes.
Se ven osos panda comiendo bambú en espesos bosques de bambú.
Tu avión vuela un poco más cerca para ver mejor a estas hermosas criaturas.
Están acurrucados juntos comiendo todo el día.

Ahora, estás listo para un viaje más antes de volver a casa en tu avión.
Vuelas a una pequeña isla de la costa de Estados Unidos llamada Hawái.
Desde tu avioncito de papel puedes ver las flores, plantas y árboles tropicales que cubren la isla.
Puedes ver un volcán humeante en el horizonte, y tu avión gira alrededor del humo que sale de la cima.

Por la noche se oye el tamborileo en la playa.
La gente está celebrando un luau, bailando al ritmo de los tambores frente a la luz del fuego, junto a las olas del océano.
Tu avión sobrevuela la fiesta.
Te sientes muy feliz de ver una escena tan vibrante de gente celebrando.
Es el momento perfecto para que vuelvas a casa en tu avioncito de papel.
Vuelas a través del mar, hacia donde sea que esté tu casa.
Vuelves a tu barrio y pasas por delante de todas las casas de tus conocidos, deseándoles dulces sueños mientras vuelas.
Tu avión puede atravesar la ventana de tu habitación y volver a ser tan pequeño como un trozo de papel.
Estás aquí, en tu habitación, y tu avioncito de papel está a tu lado.
Tu habitación es segura, acogedora y cálida.
Estás rodeado de amor y confort.
Puedes quedarte profundamente dormido ahora que has viajado mucho en tu avioncito de papel.
Te ha llevado en un gran y maravilloso viaje alrededor del mundo, y ahora es el momento de un buen descanso nocturno.
Tu avión te llevará a tus sueños esta noche.
¿Adónde te gustaría ir?
Lleva tu avión a cualquier lugar que desees mientras te sumerges en tu mundo de sueños.
Puedes volar por todo el mundo; puedes aterrizar tu avión donde quieras.
Imagínate en un gran viaje de descubrimiento mientras te quedas profundamente dormido.
Tus sueños te llevarán más lejos de lo que nunca has estado.
Espero que tu viaje sea exótico, emocionante y divertido.
Mañana será otra gran aventura.
¡Ten un buen sueño!

9 - El oso, el zorro, la oca y la madreselva

Un oso salió silenciosamente de su guarida.
Estaba hambriento y buscaba comida.
Todo lo que necesitaba era algo dulce para sentirse bien.
Había comido todas las bayas que podía y había encontrado toda la miel de las colmenas.
Buscaba algo nuevo que pudiera disfrutar en este buen día de verano.
Trepó por los árboles del bosque y bajó hasta la orilla del río, buscando algo que saciara sus ganas de dulce.
El sol de la mañana hacía que su pelaje pareciera brillante y húmedo, pero él estaba suave y seco.
Decidió darse un baño en el río y secarse en la orilla a la luz del sol, reflexionando sobre lo que podría desayunar.

Un zorro astuto y furtivo se paseaba cerca del río, con cuidado de no exponerse al oso.

El zorro era astuto y sabía cómo evitar los enfrentamientos con animales más grandes.

El zorro y el oso nunca se habían llevado bien y estaban lejos de ser amigos.

El zorro se aseguraba de mantenerse alejado del camino del oso, pero hoy se había levantado goloso y estaba al acecho en busca de algo que comer.

Se deslizó y serpenteó silenciosamente entre los arbustos y los árboles, con cuidado de mantenerse oculto y fuera de la vista mientras Oso se bañaba en el río.

El zorro podía oler el dulce aroma de algo cercano, y quería ver qué era. Estaba siguiendo su olfato cuando, de la nada, un ruidoso, odioso y antipático ganso aterrizó y tocó la bocina hasta llegar al suelo cerca de la orilla del río, asustando al Oso y obligando al Zorro a ponerse a cubierto en un arbusto.

El ganso había hecho un viaje muy largo.

Estuvo volando durante horas y horas y días.

Había perdido a su bandada y estaba en camino para encontrarla.

Tenía que asegurarse de que volvía a estar en el aire pronto y en camino para encontrar a su bandada de nuevo.

Estaba tan cansada por las largas horas en el cielo que necesitaba descansar y comer antes de volver a volar.

Lo último que necesitaba era un enfrentamiento con alguien, pero Oso, al haberse sobresaltado por el graznido del ganso y por su estruendo al aterrizar, lo puso nervioso, haciéndole chapotear y salir del agua con un gruñido.

—¿Qué crees que haces aquí, ganso? —le preguntó malhumorado el oso.

—Este es mi lugar para encontrar descanso a la luz de la mañana. Si quieres bañarte, hay muchos ríos en otra parte.

Ganso respondió con un graznido: —¡Qué grosero! Llevo horas y horas y días volando. No voy a ir a otro sitio. Aquí es donde he aterrizado y aquí es donde me quedaré. Métete en tus asuntos, Oso, y apártate de mi camino.

El Oso nunca se había enfrentado así a ninguna otra criatura.

Todos sabían que no debían molestar al Oso, pero este Ganso era bastante antipático y estaba dispuesto a ponerlo aún más gruñón.

Se puso de pie sobre sus patas traseras, más alto que un hombre, y trató de ahuyentarlo con un gruñido.

El ganso corrió hacia él, graznando y mordiéndole las rodillas peludas con el pico.

—¡Honk! ¡Honk! ¡Honk!

Gritó mientras se defendía.

El Oso se enfadó más, y él y el Ganso discutían infelizmente sobre el espacio y los límites mientras el Zorro observaba desde los arbustos. El astuto Zorro vio esta pelea como una oportunidad.

—Mientras ambos están distraídos, puedo dirigirme al río donde ese dulce aroma me llama. Estoy tan hambriento; tengo que comer pronto, o estaré tan malhumorado y gruñón y lleno de peleas como esos dos.

El zorro se deslizó silenciosamente entre los arbustos y los árboles hasta acercarse al aroma de dulzura que lo había sacado de su madriguera esta mañana.

Se encontró cara a cara con un gigantesco arbusto de madreselva que agitaba sus dulces flores al viento.

Esto es lo que había querido.

Esto es lo que le había despertado de su sueño.

Estaba tan enamorado del aroma que casi había olvidado que justo detrás de él había un oso gruñendo y un ganso tocando la bocina discutiendo.

Estaba a punto de arrancar una flor de madreselva de una rama cuando lo sorprendió el silencio.
El zorro miró por encima de su hombro y vio al Oso y al Ganso mirándole fijamente.
Le habían pillado con las manos en la masa. El Oso gruñó lentamente.
El Ganso se acercó lentamente.
Se sentía acorralado, pero ¿por qué?
No había hecho nada más que hurgar en el dulce desayuno de sus sueños.
Antes de que se acercaran dos pasos, el astuto Zorro levantó los brazos al aire.
Era inteligente y sabio, y ayudaría al Ganso y al Oso a encontrar un terreno común para que todos pudieran encontrar la paz junto al río y comer a gusto.
—Ganso. Oso. Sé que han estado en desacuerdo esta mañana, pero déjenme mostrarles por qué he venido.
Se volvió hacia el enorme arbusto de madreselva que había detrás de él.
—Esta mañana me desperté para encontrar un dulce aroma en mi mente. Lo seguí con la brisa de la mañana y pensé que lo encontraría con facilidad. Pero ¿qué encontré al acercarme en sintonía con el dulce aroma de la Madreselva en junio? Un Oso y un Ganso que se batían en duelo por lo que no puedo imaginar, pero no es razón para ser cruel. Hay espacio para todos, y todos estamos aquí para comer, para relajarnos y encontrar la armonía y para tomar un dulce. ¿Y qué pasa si desayunamos todos juntos? No somos todos iguales; no somos pájaros de un mismo plumaje. Pero podemos encontrar un terreno común sobre lo que todos apreciamos: un lugar al que llamar hogar, para encontrar descanso y para compartir. Entonces, ¿qué dicen? ¿Quieren desayunar conmigo? Vengan aquí, a este árbol de madreselva....
El Ganso miró al Oso.
El Oso miró al Ganso.
Volvieron a mirar al Zorro y captaron el aroma de la dulce madreselva que les saludaba desde las ramas.
—Bueno, supongo que sería justo, y todos podríamos aprender a compartir. Veo lo que quieres decir, Zorro, todos necesitamos preocuparnos... por los

demás como iguales que comen, duermen y viven, junto a este río, en estos árboles. Estoy listo para compartir.

El Oso bajó de sus patas traseras y caminó a cuatro patas cerca de Zorro y del arbusto de madreselva.

Se sonrieron el uno al otro, y el Oso se sentó para comenzar su festín de desayuno.

—¿Y tú? —preguntó el Zorro al Ganso—. ¿Te unirás a nosotros para tomar un dulce tentempié del arbusto de madreselva?

Al ganso se le notaba desconcertado por esta idea tan reflexiva.

En los vuelos de Norte a Sur y de vuelta, nunca había conocido a un Zorro tan atento ni a un Oso tan afable.

El Oso no gruñía.

Había entrado en razón tan rápido.

Quizá lo único que quería era una amistad que pudiera durar.

—Confieso que me sorprende que seas tan considerado y amable. Nunca he conocido a un zorro como tú o como los de tu clase. Nunca he sido amigo de nadie más que de los gansos. Todos estamos aquí para comer, descansar y encontrar un poco de paz. Estoy feliz de dejar de pelear por algo tan trillado. Me uniré para desayunar y dejaré de pelear.

El ganso se acercó al arbusto gigante de madreselva y se coló entre el zorro y el oso.

Los tres comieron a gusto las deliciosas y olorosas flores del arbusto de madreselva.

La luz de la mañana los bañaba a medida que se hacía más cálida, y al final de su comida compartida, ya se habían hecho buenos amigos.

—Gracias, Zorro, por tu sabiduría de hoy.

A veces, la gente se pelea por nada, y a veces, todo el día.

Todos queríamos lo mismo: alimentos dulces y descanso.

Nunca te olvidaré a ti ni a este desayuno.

Fue simplemente el mejor.

Oso se alegró de tener nuevos amigos y agradeció el regalo que el Zorro había compartido al usar su inteligencia para resolver un problema y ayudarles a encontrar un terreno común.

—Estoy de acuerdo con Oso, y quiero decir también que lo único que he querido siempre son amigos como tú.
Aunque seamos diferentes y tengamos formas distintas, podemos unirnos aquí y tener una comunidad que permanezca.
El ganso se sentía más reflexivo y complacido que nunca.
Pronto tendría que ir a buscar a su rebaño en los cielos o en la tierra cercana, pero se sentía contento de saber que siempre podría venir aquí y tener una buena comida con sus nuevos amigos y su comunidad.
—Es un placer para mí ser astuta e inteligente.
Quiero que seamos felices juntos, sin importar el tiempo.
El zorro sonrió y se preparó para volver a su guarida.
—Ahora que he comido, es hora de descansar.
Me voy a mi madriguera a dormir lo mejor posible.
—¡Lo mismo digo! —gritó Oso.
—¡Una siesta sería genial!
Y Ganso se encontró con el deseo de retrasar la búsqueda de su rebaño para poder descansar en la orilla del río.
—Estoy de acuerdo con ustedes y descansaré en la orilla. ¿Nos encontramos de nuevo en una hora para tomar algo más?
Ella miró la madreselva y los tres sonrieron.
Sabían que volverían a encontrar un terreno común junto a la madreselva y que encontrarían algo más que comida, pero también un amigo.
Así que todos se fueron a sus lugares de descanso, para encontrar consuelo y paz y el sueño que es mejor.
Que esta noche disfrutes de la paz y el descanso y ¡dulces sueños!

10 - La ballena y el pescador

Las aguas de la vida son como las aguas del mar.
Los grandes y amplios océanos de nuestro mundo son el hogar de muchas criaturas extrañas y hermosas que nadan a lo largo y ancho de las profundidades.
¿Has estado alguna vez en la playa y has visto cómo el agua del océano entra y sale, arrastrando el agua salada a la arena y llevando consigo medusas y algas, y otras criaturas fascinantes?
¿Alguna vez has querido nadar bajo las olas y ver qué clase de animales y peces viven debajo, con todos sus colores, formas y extrañas maneras?
El océano está lleno de hermosos misterios, y resulta que este relajante cuento para dormir trata del océano, de un pescador y de la improbable amistad que tiene con una ballena.
Acurrúcate entre las sábanas, baja las luces y deja que tu imaginación se traslade a la playa del océano.
Inhala profundamente y relájate en tus mantas y tu almohada.

Suelta el aire y siéntete relajado, seguro y cálido.

Imagina que estás en la playa haciendo un castillo de arena. Tienes todos los cubos de plástico y las palas que necesitas para hacerlo bien alto.
Mientras construyes este castillo de arena, escuchas el sonido de las olas del mar, agitándose y rodando, un sonido consistente y constante que te tranquiliza y relaja profundamente.
El sol es cálido y se pone en el oeste, y tu castillo de arena está casi terminado.

Mientras te sientas junto a él y miras el océano, un amable y viejo capitán de barco se acerca a ti.
Admira tu hermoso castillo de arena y se sienta a tu lado.
Parece una persona amable y gentil, con una larga barba gris y un sombrero de marinero.
Comienza a contarte una historia, y tú te alegras de escuchar al dulce y amable capitán de mar.
Te acurrucas en la cálida arena y escuchas el estruendo de las olas mientras el cielo del atardecer se vuelve naranja y rosa intenso.
La historia comienza algo así...
—Érase una vez en el mar.
Yo era el capitán de un gigantesco barco ballenero que iba a la caza de estas grandes y robustas bestias del océano.
Nunca había capturado una. La mayor parte de mi pesca se dedicaba a cosas pequeñas.
El tipo de pescado que se come en la mesa de la cena con la familia.
Este barco ballenero era el más grande que había capitaneado, y mi tripulación estaba muy unida, trabajando duro en cubierta y abajo, asegurándose de que todo funcionaba bien y a la perfección.

Estaba preparado para la gran captura, pero no fue hasta esa mañana, hace mucho tiempo, cuando llegué a comprender el poder del mar y la sabiduría de la ballena.

A medida que el capitán del mar cuenta su historia, empiezas a sentirte cada vez más relajado.

Su voz es profunda, suave y tranquilizadora, y las olas del mar se agitan y arrullan rítmicamente.

Puedes ver en tu mente la historia que cuenta de su gigantesco barco y del mar por el que navega.

Sigues escuchando mientras él avanza...

—Era una mañana oscura y el mar se agitaba.

Las olas nos empujaban de un lado a otro, pues se avecinaba una poderosa tormenta.

El cielo se había oscurecido y la lluvia comenzó a caer sobre todos nosotros.

Había una sensación misteriosa en el viento, como si no estuviéramos solos ahí fuera.

Nos balanceábamos de un lado a otro y de arriba a abajo, y todo lo que podía ver era agua en todas las direcciones.

Apenas se podía ver el horizonte en la mañana de este día.

La tripulación y yo nos esforzamos por mantener el barco estable mientras se tambaleaba por la cima del océano.

Justo entonces, lo oí.

Un tripulante gritó las palabras que estábamos deseando oír aquí.

—¡Ballena! ¡Una ballena gigante, a estribor!

Hizo sonar la campana y llamó la atención de la tripulación.

El motivo de nuestro viaje había llegado por fin en plena tormenta.

Ahí estaba.

Pude verla con mis propios ojos, a lo lejos, con su cuerpo curvado y arqueado atravesando las olas de la tormenta.

Era grande, sin duda. Nunca había visto nada como ella.

Era la ballena más hermosa que jamás había visto.
En realidad, no lo era; era un mamífero.
Cómo podía vivir algo tan grande y hermoso en este planeta, pensé en mi mente.
Aquí estaba yo, cubierto por la lluvia y las olas del océano chocando contra la cubierta de nuestro barco, y todo lo que podía pensar era lo increíble y hermoso que era.
Se suponía que debía atraparla.
El capitán del mar continúa su relato, y tú te sientes relajado y tranquilo, escuchando su viaje a través de la tormenta y el avistamiento de la ballena.
Las olas rompen y el sonido es relajante.
Ya ha caído la noche y el capitán ha encendido una hoguera para mantenerte caliente mientras sigue hablando bajo el cielo estrellado.
Inhalas una agradable y relajante bocanada de aire y exhalas lentamente mientras él continúa contando su historia...
—Toda la tripulación corría alrededor del barco, preparándose para atrapar a la gran belleza.
Sentí que todo se movía a cámara lenta, como si el tiempo se ralentizara hasta detenerse.
Me acerqué a la borda del barco y miré las olas que rompían y vi su cuerpo esbelto curvándose en el agua.
Ahora podía verla completamente.
Era más grande que nuestro barco.
Era la ballena más grande que alguien pudiera ver. Y nosotros estábamos junto a ella en la tormenta.
El tripulante preparó los arpones para lanzarlos y tratar de arponearla.
Podía sentir la energía aumentando en todos mientras se preparaban para la gloria de atrapar el pez más grande de todos los tiempos.
Mientras se deslizaba por el barco, vi que sus ojos me miraban directamente.
Me miró con su gran ojo como si ya me conociera, como si supiera quién era yo y lo que le iba a hacer.
Su ojo era del tamaño de un plato de comida.
Me miraba con suavidad y amabilidad.

Su suave mirada me decía algo.
Cuando pasó nadando junto a mí y se escabulló bajo las olas, me sentí impulsado a correr hacia los arpones de la cubierta.
Empecé a gritar a la tripulación.
Déjenla en paz. Tiene que seguir viva. Es la madre del océano. Déjenla en paz.
La tripulación me miraba como si hubiera perdido el sentido común.
Nuestra excursión estaba destinada a arrastrar una ballena a la costa para obtener beneficios.
Les daría todo el dinero que necesitaban para vivir durante meses.
Se negaron a escucharme mientras preparaban las armas.
Me acerqué a la orilla del barco y la vi nadando al otro lado.
Vi que sus ojos nos miraban a todos y captaban el barco y cómo nos preparábamos urgentemente para capturarla.
Con eso, ella estaba bajo las olas.
Pude verla nadando hacia abajo, hacia abajo, debajo de la superficie.
Tal vez ella era libre ahora.
Tal vez se escaparía de la tripulación.
El capitán del mar está avivando el fuego y haciéndolo más brillante.
Te sientes cómodo y cálido y te sientes emocionado por escuchar el final de la historia.
La noche estrellada y las olas del mar en la distancia dan vida a cada palabra que pronuncia.
Inhala tranquilamente y se prepara para escuchar el final de la historia...
—Pensé que se había ido para siempre, pero sentí que el barco retumbaba desde abajo.
Había una extraña sensación de que algo venía de abajo.
Supe que era ella.
Miré por encima del borde del barco, y entonces la vi, la criatura más magnífica de todas, la madre del océano, la gran ballena blanca.
Lanzó todo su cuerpo fuera del agua y voló por el aire en un momento impresionante en el mar.
Mi mente se quedó boquiabierta por su gran tamaño.
No había nada más grande que ella en este océano.

Todos los miembros de la tripulación se quedaron inmóviles al verla.
Su enorme cuerpo volvió a estrellarse en las olas, y el chapoteo de su cuerpo fue tan grande que arrasó la cubierta y empapó a toda la tripulación a bordo.
Volé por la cubierta y vi a la tripulación caer y ser arrastrada.
Las olas de su cuerpo eran tan grandes que casi hacían volcar el barco.
Toda la tripulación estaba preparando los arpones de nuevo, esperando un disparo correcto contra ella.
No podía dejar que la hirieran, a la madre del océano.
Era casi mítica.
Me lancé hacia los arpones y empecé a discutir con la tripulación, rogándoles que la dejaran libre.
Grité y grité y les dije que encontraríamos otra, pero no esta, no ella.
Ella debía vivir, pues era la anciana del mar.
Ninguno de ellos quiso escuchar.
Ninguno de ellos escuchó mi súplica.
Y entonces todos me empujaron por la borda para librarse de mis bramidos y gritos.
Sentí el frío chasquido del agua sobre mí.
Un motín.
Estaban preparando los arpones para apuntar a este hermoso ser.
Estaba remando en el agua y de repente me sentí tranquilo y relajado, como si todo volviera a moverse a cámara lenta, como si el tiempo estuviera a punto de detenerse.
Y entonces allí estaba ella, justo a mi lado, con su gigantesco ojo mirándome fijamente en lo más profundo de mi alma.
Estaba allí para saludar.
Me pareció oírla decir: —Gracias, viejo capitán de barco, gracias.
En cuanto su ojo se fijó en mí, oí el lanzamiento de un arpón y casi me golpeé contra su costado.
Nadé más cerca de ella, tratando de protegerla con mi cuerpo.
Era prácticamente un camarón comparado con ella.
Sentí que su cola pasaba junto a mí y se marchó, mientras la tripulación intentaba seguirla rápidamente.

Desapareció de nuevo bajo las olas y volvió a subir con impulso, saltando fuera del agua y aterrizando de nuevo en la superficie de las olas, provocando una marejada que golpeó el barco y casi lo arrastró.
Esta vez el barco había volcado, y toda la tripulación estaba subiendo a los botes o haciendo balsas con los trozos rotos del barco.
Podía sentir el agua fría a mi alrededor.
Y entonces lo sentí.
Su gigantesco cuerpo surgía debajo de mí, desde las profundidades de las olas.
Superó la superficie del agua y me recogió con ella, como un pasajero en una balsa.
La madre del océano, la gran ballena blanca, me estaba salvando.
Me recogía y me llevaba a casa.
Nadó conmigo sobre su espalda hasta la orilla y luego me dejó llegar a la playa con la marea.
Sentí que me decía algo de nuevo con su gran ojo mientras empezaba a nadar hacia la orilla.
En mi mente, escuché su mensaje.
Dijo: —Un verdadero capitán sigue a su corazón. Tú eres un verdadero capitán del mar. Que tu corazón te guíe y te lleve lejos, viejo capitán del mar.
Y luego se fue, sin más.
La veo a veces, cuando estoy lejos en las olas.
Ella siempre viene a mostrarme aquí un ojo y un corazón que es tan verdadero como la ballena y el mar.
Y ahora veo que estás listo para dormir.
Mi historia te ha ayudado a relajarte.
Duérmete ahora, joven, a la luz del fuego.
Que tu corazón sea verdadero. Dulces sueños.

11 - El caimán hambriento y la gata

¿Ha visto alguna vez un caimán con un gato a cuestas?
No todos los días se ve algo así, sobre todo cuando pasa nadando en medio de la noche.
Esta historia es una de las que tienes que escuchar, mientras te acurrucas profundamente en tus mantas para dormir.
Así que, sin más preámbulos, recuéstate en tu cama, cierra los ojos y descansa la cabeza.
Inhala profundamente y exhala suavemente, y descubre lo que ocurre con el caimán y el gato bajo la luna.
Hay muchas criaturas que viven en el pantano, y muchas de ellas son tan curiosas y extrañas como algunas que puedes encontrar en el mar.
Por ejemplo, el caimán.
Cierra los ojos e imagina el aspecto de un caimán.
Cola larga, hocico largo, cabeza plana, cuerpo largo, patas cortas y pequeñas.
A los caimanes les encanta navegar por las aguas de los pantanos, los ríos y los lagos, con solo sus ojos y las crestas de su espalda sobresaliendo del agua.
Una noche, un caimán que hacía algo así estaba bajo la luna, paseando somnoliento por el pantano.
Las ranas toro croaban, las cigarras zumbaban y las luciérnagas dormían por la noche.
El caimán recorrió el pantano con calma y tranquilidad, a la luz de la luna.

Era casi difícil decir que estaba nadando allí, porque parecía un tronco flotante y nada más que eso.

Era algo que se le daba bien, el caimán en el pantano, simplemente arrastrándose, oculto a la vista, con su cuerpo bajo el agua, hasta que... ¡chomp! ¡Chomp! ¡CHOMP!

Salía del agua y cogía su comida, rodando y girando su cuerpo en el agua.

Todos los animales del pantano se acostumbraron a vigilar, pues el caimán era fácil de perder al esconderse bajo el agua, no como un gato, que acecha silenciosamente a su presa y tiene unos instintos impecables.

Precisamente un gato así estaba cazando junto a un árbol cerca del pantano y estaba casi a punto de coger su sabrosa cena de ratón cuando del pantano saltó el caimán que estaba más hambriento que un hipopótamo.

—¡Yeeeeeooooowww! —Maulló la gata.

Se asustó y saltó al árbol, su sabrosa cena de ratón se alejó. El caimán estaba furioso por haber perdido su presa, la gata era rápida y era capaz de huir, pero quería llegar a ella de todos modos.

El caimán se quedó en la orilla del pantano y esperó en el árbol a que el gato bajara finalmente.

La gata vio lo que el caimán tenía en mente y rápidamente se recordó a sí misma que era una gata y que no había nada que temer allí abajo.

¿No tenía ella también garras y dientes afilados?

¿No era igual de rápida y buena atrapando cosas?

Lo que no quería era ser la cena de nadie, así que bajó del árbol e hizo algo que ninguna otra criatura del pantano había hecho antes.

Como ya habrás aprendido, los gatos siempre caen de pie, ¡incluso desde dos pisos de altura!

La gata saltó del árbol y se subió a la espalda del caimán, y como los caimanes tienen los brazos y las piernas muy cortas, bueno... no hubo nada que el caimán pudiera hacer, salvo saltar de nuevo al agua.

Y como ya habrás aprendido, a los gatos no les gusta mojarse, así que cuando el caimán saltó de nuevo al pantano y empezó a dar vueltas como un tronco que gira, el gato tuvo que correr encima del caimán que giraba para mantenerse seco.

¿Te lo puedes imaginar?

Cierra los ojos e imagínatelo ahora: un apacible pantano bajo la pálida luz de la luna y un tonto caimán girando su cuerpo una y otra vez mientras un gato se desliza sobre él para mantenerse fuera del agua, como si corriera sobre un barril o un tronco.

La gata se dio cuenta de que esto podía durar eternamente, y entonces supo que tenía que ponerle fin.

Como ya habrás aprendido, los gatos son maestros en el arte del zen, y esta gata no iba a dejar que un caimán girando interrumpiera su estado normal de calma gatuna.

La gata sabía que, para detener al caimán de su frenesí giratorio, tendría que hacer algo un poco fuera de lo normal.

Decidió clavar sus garras en la espalda del caimán y dejarse empapar por el agua del pantano.

Era la única manera de cambiar la situación y avanzar.

El caimán sintió cómo se clavaban esas afiladas y puntiagudas garras, y dejó de girar inmediatamente, volviendo a su pose de caimán en reposo.

—Ooooooww —comentó en un largo y prolongado suspiro que fue tan perezoso como un verano del sur, pues los caimanes tienen una piel muy gruesa, y apenas fue un rasguño.

Pero fue suficiente para detenerla en sus giros.

—Te lo mereces por haberme asustado e interrumpir mi cena, para caer en un árbol y en tu espalda —reveló la gata empapada en el pantano al caimán—. Quizá descubras que siendo un poco más zen conseguirás una mejor captura —continuó enseñando la gata.

—¿Perdón? —se sorprendió el caimán.

Nunca en todos sus días, flotando en el pantano, había conocido a alguien que no pudiera atrapar o superar con velocidad.

—No soy más que sigiloso, Gata. ¿Puedo recordarte lo asustada que estabas por mi presencia? Ni siquiera podías saber que venía.

—Eso puede ser cierto —respondió el gato—. Me parece que has encontrado tu compañero. Soy igual de sigiloso y rápido. Nunca cenarás con los de mi clase. Somos demasiado parecidos.
El gato se encaramó a la espalda del caimán, que había empezado a flotar tranquilamente por las aguas pantanosas.
La gata estaba muy contenta de dar un paseo relajado.
Casi le apetecía acurrucarse y echarse una siesta.
—Lo que dices es cierto, y por eso sospecho que debemos llamarnos amigos.
Las dos criaturas flotaron tranquilamente juntas por el agua y pronto se rieron, contaron chistes y se ayudaron a buscar sabrosos bocadillos bajo la pálida luz de la luna.
La gata se sentó en el lomo del caimán y se adentraron en el pantano, mostrándose mutuamente lo que podían hacer para atrapar una comida. Ninguno de los dos era muy bueno en el ataque sorpresa, y se reían y bromeaban sobre lo tontos que podían ser.
La gata estaba dispuesta a echarse una larga siesta y, mientras se acurrucaba en el lomo del caimán, dijo: —Oh, yo, oh, estoy lista para una larga siesta. Llevamos toda la noche riendo y hablando de la vida. ¿Te importa, amigo? ¿Puedo echarme una siesta en tu espalda hasta que termine la noche?
El caimán sonrió y bostezó y siguió flotando.
—Duerme, amiga. Descansa tus ojos y consuélate en mi espalda. Te prometo que no saltaré a por un bocadillo. De hecho, creo que haré lo mismo y flotaré con los ojos cerrados hasta que ambos despertemos de nuevo... o hasta que haya algo bueno que comer...
Ambos rieron y se prepararon para dormir, nadando por el pantano de noche, sintiendo la luz de la luna.
Y qué manera de hacerse amigos rápidamente, la gata y el caimán, juntos por fin.
¿Has visto alguna vez un caimán con un gato a cuestas?
No todos los días se ve algo así, sobre todo cuando pasa nadando en medio de la noche.

Esta es una historia de amistad improbable y de aprendizaje de los amigos, y mientras el gato y el caimán duermen en el pantano, espero que sueñes con ellos en sus aventuras.

El pantano está tranquilo... la luna está a la vista.

La noche cae sobre los amigos que duermen profundamente, un gato acurrucado en el lomo de un caimán.

Espero que encuentres la misma tranquilidad y momento de zen, soñando con la historia de estos dos improbables amigos.

¡Dulces sueños!

12 - El búho y la ventana abierta

Ha llegado el momento de dar por terminada la noche.
El sol se ha puesto, y las luces de todos los hogares están calientes y brillantes.
Cuando el sol se pone, todos nos preparamos para la noche: el momento de dormir, el momento de soñar, el momento de descansar la cabeza dormida.
La noche es un buen momento para sentirse tranquilo y relajado.
La noche es un buen momento para disfrutar del confort y la comodidad en la seguridad de tu casa.
A veces, la noche da miedo a algunos, pero la noche es un buen momento para la belleza de los sueños, para los momentos tranquilos en los que los animales de la noche hacen su trabajo, para que el viejo búho ululante te traiga mensajes de paz y tranquilidad.
Mientras te pones cómodo bajo tus sábanas y bajas las luces, escucha esta historia de un búho que se acercó a una ventana abierta para ayudar a un niño y a una niña a sentirse seguros en la noche.
Puedes respirar hondo y pensar en cómo es un búho para empezar el cuento esta noche.

Un búho es un ave de rapiña que tiene una vista aguda, especialmente en la oscuridad de la noche.

Un búho lo ve todo con sus ojos omniscientes y lanza una llamada tranquila y relajante a las estrellas, bajo la luna.

Vuelve a respirar y esta vez imagina una acogedora casita de campo al borde de un bosque.

Dos niños pequeños están acostados en la cama, un hermano y una hermana.

Acaban de ser arropados por su madre y su padre para pasar la noche.

Han apagado las velas y los niños están acurrucados bajo las sábanas, sintiendo la pálida frialdad de la luz de la luna que entra por el cristal de la ventana.

—Tengo miedo, Peter —le susurra la niña a su hermano, apenas mayor que ella—. No me gusta el frío y la oscuridad de la noche.

Se acurrucó más cerca de él para consolarse, y su hermano la rodeó con el brazo.

—Sé lo que quieres decir, Penny —le dijo el hermano a la hermana—. No se me da bien fingir que no me da miedo la oscuridad de la noche.

Los dos niños se acurrucaron juntos.

Cada crujido de los árboles con el viento, cada pequeño ruido que surgía del mundo que se asentaba a su alrededor, les producía un sobresalto.

—No puedo dormirme, Peter. Estoy muy cansada, y cada vez que estoy casi dormida, algo me despierta de mi descanso. ¿Y si el sol no vuelve a salir? ¿Y si tenemos que vivir siempre en la oscuridad?

A la niña le preocupaba cómo se sentiría al permanecer en esta fría oscuridad.

Su hermano comprendió sus temores.

—Tranquila, tranquila, Penny. No te preocupes. Te abrazaré y, cuando los dos nos durmamos, será como si no hubiera pasado el tiempo y te despertarás con el sol por la mañana.

Los dos seguían temiendo cerrar los ojos, escuchando todos los ruidos nocturnos a su alrededor.

Justo cuando Peter estaba a punto de cerrar los ojos, vio que algo relampagueaba frente a la ventana, como un rayo blanco.

—¿Qué fue eso? —gritó, temiendo haber visto algo fuera de lo normal.
Su hermana se sentó en la cama, tirando de las mantas hasta la barbilla.
—¿Qué ha pasado? —preguntó.
—He visto algo en la ventana. Ahí está otra vez.
Esta vez la ventana se abrió de golpe, y el objeto volador que había asustado a Peter estaba posado en el alféizar.
Una gran y hermosa lechuza estaba quieta y los miraba fijamente.
Emitió un relajante "Hoo, hoo, hoo".
Los niños, que al principio estaban bastante asustados por esta repentina aparición, se tranquilizaron y calmaron inmediatamente con el ulular del amigo búho posado en su ventana.
No sabían qué hacer ahora que la ventana estaba abierta y que les visitaba un inusual e improbable amigo nocturno.
—Hola —susurró Peter con cautela—. ¿Eres un búho?
Los niños miraron fijamente al búho, que soltó otro calmado y directo "Hoo, hoo".
Los niños respiraron hondo y de repente se sintieron más tranquilos, al escuchar la respuesta obvia del búho que estaba respondiendo claramente a la pregunta de Peter.
—¿Vamos a buscar a papá y mamá? —preguntó Penny.
Nunca había estado tan cerca de una lechuza y se sentía abrumada por su belleza y majestuosidad.
—No hace falta que llamen a sus padres, niños —comentó el búho.
—¡Puedes hablar!
Peter se quedó asombrado y Penny se quedó con la boca abierta por la sorpresa.
—Pero claro que puedo hablar, niños. Soy el vigilante de la noche y he venido a ayudarles a sentirse tranquilos.
Los niños miraron al búho posado en la ventana abierta y se sintieron tranquilos ahora que tenían un amigo con el que hablar que venía del mundo exterior de la oscuridad.
—Enciende tu vela, Peter. Adelante, lleva el cálido resplandor a tu habitación. Está bien tener un poco de luz por la noche, sobre todo si te sientes inseguro en la oscuridad.

Peter sacó una cerilla de la caja de cerillas y encendió la vela de la mesilla. La única llama de la vela era un resplandor cálido y encantador que ayudaba a los niños a sentirse más relajados y en paz.
El búho entró en la habitación a saltos y se posó en el extremo del marco de la cama.
—Ahora, niños, he oído que no pueden conciliar el sueño, que tienen miedo de las horas oscuras del día.
Los niños asintieron a su comentario.
En el tranquilo resplandor de la vela encendida y con esta nueva compañera sentada cerca y ofreciéndoles consuelo, los niños se sintieron relajados de nuevo, como lo habían estado cuando sus padres les leyeron un cuento apenas una hora antes.
—Sí, tengo tanto miedo de cerrar los ojos. La oscuridad se siente pesada a mi alrededor. No puedo ver todo con claridad, y me hace sentir miedo o tristeza cuando el sol se va —explicó Penny.
—Yo también me siento así —se sumó Peter—, como si no pudiera dejar de lado el día de hoy para llegar al de mañana.
A veces, siento miedo de perderme algo, incluso cuando está oscuro y el mundo entero está durmiendo la siesta.
El búho ululó y asintió.
—Estos sentimientos son normales, niños, y se les permite tenerlos.
Pero no tengan miedo de la oscuridad y la noche.
Hay todo un mundo de vida que continúa mientras duermen.
Yo, por ejemplo, siempre estoy despierto por la noche.
Es cuando soy más productivo y eficaz en mi trabajo.
Los niños escucharon con atención las explicaciones del búho.
Ambos respiraron profundamente y sintieron alivio al soltar el aire y hundirse más en sus almohadas, viendo al búho hablar a sus pies.
—La noche es un momento maravilloso, y muchas cosas maravillosas suceden cuando el sol se pone. Y siempre puedes estar segura de que el sol volverá a salir, pequeña Penny. Nunca tendrás que temer una noche interminable. Y Peter, solo te perderás algo si estás demasiado cansado para verlo y disfrutarlo. Si no permites que tu cuerpo descanse, te dormirás

de día en lugar de hacerlo de noche y te perderás todas las divertidas aventuras que podrías vivir con tu familia y amigos.
El búho volvió a ulular y los niños se sintieron reconfortados.
El búho era un amigo de la noche que estaba allí para ayudarles a sentirse tranquilos y en paz.
Descubrieron que se puede aprender mucho de un búho. Debe ser por eso que siempre se les llama "sabios", cuando se oye hablar de ellos.
—Me gustaría que supieran, Peter y Penny, que incluso cuando estén dormidos, yo estaré aquí para vigilarlos y ayudarlos a sentirse seguros y protegidos en las horas nocturnas. Mi nido está en el árbol que da a su cabaña, y mientras yo descanse durante el día, ustedes estarán jugando, y cuando llegue la noche y deban dormir, cuidaré de su cabaña y protegeré su hogar. Siempre podrán sentirse seguros, incluso cuando la oscuridad esté aquí.
—Gracias, búho —agradeció Pedro este amigo tan reconfortante.
Se acurrucó en sus almohadas y mantas.
—Sí, gracias —respondió Penny, que también se acurrucó en la cama.
El búho saltó sobre las mantas y apagó la vela.
—Descansen bien, niños. Estaré justo al lado de su ventana, por si vuelven a sentir miedo a la oscuridad.
Y con eso, el búho saltó al alféizar de la ventana y la cerró con su pico.
Escucharon su "hoo hoo", mientras volaba delicadamente hacia la noche.
—Buenas noches, Penny. Que duermas bien.
Peter le dijo a su hermana mientras se dormía enseguida.
—Buenas noches, Peter. Dulces sueños —bostezó ella mientras se sumía en el sueño.
Esa noche los dos niños soñaron con un búho a los pies de su cama, y cuando se despertaron al día siguiente, sintieron una nueva sensación de paz y seguridad, sabiendo que el búho de la noche iba a velar por ellos y ayudarles a sentirse seguros.
Que el búho de tu noche te proteja mientras duermes y te enseñe que no hay nada que temer.
Ahora puedes descansar, ahora puedes soñar.
Acurrúcate bien y ¡dulces sueños!

13 - El gigante de la roca y las piedras apiladas

Érase una vez, hace mucho tiempo, en una tierra lejana, vivía un gigante hecho de rocas.
Era alto, ancho y pesado, y su cara se parecía al lado de una pared de roca que alguien podría escalar en un cañón.
Era valiente y fuerte y podía ir a cualquier parte con unos pocos pasos de gigante.
Había otros como él, pero en su mayoría, a los gigantes de roca les gustaba vivir solos y ocupar el espacio sin ser molestados por nadie más.

El gigante de roca de esta historia vivía en un hermoso lugar cerca de una idílica cordillera rodeada de altos árboles, ríos y arroyos, y todo tipo de hermosas flores, plantas y animales.
Era una vida relativamente tranquila, y el gigante de roca no se preocupaba por nada en absoluto.
El gigante de roca pisaba con fuerza los campos y ocupaba el espacio donde quería.
Su pesadez de manos era un poco desafiante, y a veces, sus pesadas manos derribaban accidentalmente algunos árboles, o golpeaban la casa de alguien, como la de una ardilla o un pájaro.
El gigante de roca nunca se dio cuenta ni le importó que fuera tan destructivo con su gigantesco cuerpo.
Para el gigante, así era la vida y punto.
No parecía importarle a nadie que fuera pesado y gigante y que caminara por la tierra sin cuidado.
Una tarde, el gigante decidió atravesar la cresta de la montaña y encontrar un nuevo lugar para disfrutar de una siesta vespertina.
Le encantaba aventurarse solo, y era muy raro que se cruzara con algo lo suficientemente grande como para hablar o pasar el tiempo con él.
Al gigante de roca le gustaba estar solo, como todos los demás gigantes de roca.
El gigante se dirigía a la cresta de la montaña cuando escuchó una canción suave y apacible que se tarareaba cerca de él.
Era una canción hermosa.
Nunca había oído nada parecido.
La canción hizo que se detuviera en su pesado camino y se limitara a escuchar.
La canción era delicada y dulce, suave y gentil, todo lo que el gigante de la roca no era.
Se quedó quieto y absorbió cada nota dulce y suave que se cantaba y empezó a preguntarse por qué estaba escuchando algo así, algo que nunca había oído antes.
El gigante decidió seguir sus oídos y buscar de dónde venía el sonido.

La canción era calmante y suave, y le hizo sentir algo que nunca antes había sentido.
Al acercarse al claro sobre la cresta de la montaña, llegó a una exuberante cascada que se derramaba en un estanque.
Se trataba de un lugar hermoso, distinto a todos los que el gigante había visto en sus aventuras por esta cordillera.
Al rodear el borde de los acantilados rocosos para acercarse a la cascada, el gigante de roca vio algo que no esperaba: otro gigante de roca.
No había visto ningún otro gigante de roca desde que era una diminuta roca y no estaba seguro de qué debía hacer al ver uno ahora.
El gigante tenía miedo de acercarse más y solo quería mirar a este otro gigante de roca por un momento.
Tal vez no era necesario que hablaran.
Entonces, de repente, la canción que tanto le gustaba volvió a sonar y, para sorpresa del gigante, procedía de este gigante de roca que estaba junto a la piscina alimentada por la cascada.
La canción era tan dulce y encantadora.
El gigante se sintió fascinado por ella, hasta el punto de que se relajó increíblemente y se sintió como si pudiera dormirse.
A medida que el gigante se relajaba más y más con la relajante canción, se desprendió del acantilado tras el que se escondía y cayó hacia delante, justo a la vista del otro gigante de roca.
Sobresaltado, el gigante se puso en pie con fuerza y aplastamiento, y entonces ambos se miraron fijamente.
El gigante de roca junto a la piscina se recompuso fácilmente y continuó con lo que estaba haciendo como si fuera totalmente normal ver a otro gigante de roca cerca.
Empezó a cantar de nuevo y continuó con lo que estaba haciendo: apilar piedras junto a la cascada.
El otro gigante de roca parecía desconcertado y perplejo y decidió que sería mejor limitarse a hacer una presentación.
Además, quería saber por qué este gigante de roca tenía una voz cantarina tan bonita y también cómo se las arreglaba para coger la piedra más pequeña y apilarla suavemente sobre otra.

—No sabes tener delicadeza y gracia, ¿es por eso que estás tan enamorado de mi tarea, gigante de roca?
Preguntó el gigante de roca junto a la cascada.
—¿Cómo es que has llegado hasta aquí? ¿Y cómo es que ahora tienes una canción tan relajante? ¿Y cómo es que eres capaz de apilar piedras de esta manera?
El gigante de roca sentía verdadera curiosidad.
Nunca había esperado conocer a nadie como él, ni que fuera tan grácil, tan tranquilo y tan delicado en sus movimientos.
—¿Has intentado alguna vez quedarte quieto, nuevo amigo gigante de roca? ¿Te has parado alguna vez a considerar que tus acciones importan? Una vez fui tan torpe y pesado como tú, y nunca pensé dos veces en lo que mi rocosidad podía hacer a todas las cosas más pequeñas y delicadas de la vida.
El gigante de roca se quedó paralizado al escuchar al otro gigante de roca contar su historia.
Se acercó al estanque de agua y sintió el rocío de la cascada sobre su forma rocosa.
Contemplaba la torre de guijarros diminutos que este nuevo y gigantesco compañero de roca había conseguido esculpir con sus enormes y pesados dedos.
—Te contaré la historia de por qué puedo cantar y por qué puedo apilar piedras como lo hago ahora. Si te gusta lo que oyes, tal vez puedas probar por ti mismo.
El gigante de roca comenzó a contar su historia, y el otro gigante de roca escuchó con entusiasmo.
—En el valle, un lugar al que me gusta llamar hogar, nunca supe por qué las criaturas huían y se escondían de mí.
Solo quería ser amigo de ellas, pero ninguna se quedaba cuando yo pasaba. Era ruidoso, de pies pesados, y nunca parecía notar nada que estuviera en mi camino, hasta que un día, un pajarito se posó en mi hombro rocoso.
El pájaro me dijo: 'mira lo que has hecho. Mira a tu alrededor.
Has pisoteado este bosque.
Has dejado una gran estela de destrucción tras de ti.

Si fueras paciente y cuidadoso, todavía podrías vivir aquí y caminar por esta tierra sin hacernos daño a todas las pequeñas criaturas.
Has pisado mi casa y ahora debo construir una nueva.
El pájaro me contó más sobre lo que se siente al ser ignorado o pisoteado y me explicó que si fuera capaz de tomarme el tiempo para ser reflexivo y consciente de cómo me muevo a lo largo del día, tendría una vida más significativa y más amigos a mi alrededor, que no huirían ante el estruendo de mi paso.
El otro gigante de la roca escuchó y se dejó llevar por el relato a medida que este continuaba.
—El pájaro me pidió que me enseñara sus costumbres y me mostró cómo cantar una melodía tranquilizadora para mantenerme en paz mientras caminaba.
Luego me dijo que si podía apilar incluso las piedras más pequeñas sin rendirme cuando se cayeran, entonces entendería la paciencia y la calma interior y la concentración.
—Entiendo lo que dices —dijo el otro gigante de la roca—. Por favor, enséñame esta canción. Enséñame tus métodos.
Quiero saber cómo tomarme mi tiempo y ser paciente y reflexivo.
Y así, el gigante de roca enseñó al otro gigante de roca a apilar piedras y a cantar la canción tranquilizadora y lo dejó allí para que practicara solo.

—Si puedes apilar estas piedras sin hacerlas caer, conocerás la paciencia y la armonía.
El gigante de roca se fue, dejando al otro gigante de roca allí para que practicara con las piedras apiladas. En el primer intento, ni siquiera pudo apilar una piedra sobre otras dos sin que se cayeran.
Se frustró tanto que golpeó con sus patas de roca la tierra e hizo dos grandes abolladuras en el suelo.
Los siguientes intentos fueron igual de difíciles y frustrantes, pero esta vez consiguió apilar cuatro piedras.

Mientras el gigante de roca se esforzaba por hacerlo bien, un pajarito que cantaba una canción voló cerca de la cascada y se acercó a la piscina para beber.

Le recordó al gigante de roca que una canción relajante podía ayudarle con la paciencia y la calma interior que necesitaba para tener éxito.

El gigante de roca comenzó a tararear la canción tranquilizadora que el otro gigante de roca le había enseñado.

Al instante se sintió relajado, tranquilo y en paz.

Volvió a empezar a apilar una piedra cada vez, dejando que la canción tranquilizadora le ayudara cada vez que se sentía frustrado.

Al anochecer, había apilado piedras tan altas como él y se sentía tan tranquilo y pacífico.

Decidió dejar la torre de piedra en pie con la esperanza de que su nuevo amigo, el otro gigante de roca del otro lado de la cordillera, la viera y supiera que por fin había logrado encontrar la paciencia, la paz interior y la atención en la vida.

El gigante de roca volvió dos días después para ver si su torre de piedra seguía apilada en lo alto.

Cuando volvió, pudo escuchar la canción que el otro gigante de roca le había enseñado.

Su nuevo amigo estaba allí, y cuando vislumbró al otro gigante de roca, vio que estaba a punto de comenzar una competición amistosa.

Su amigo estaba intentando apilar piedras aún más altas que la torre que había dejado atrás.

—¡Buenos días, gigante de roca! —Llamó mientras se acercaba al otro.

—¡Buenos días, gigante de roca! —Llamó el otro.

—Veo que has aprendido el arte de la paciencia y la atención. Tus piedras apiladas son más altas que las mías. Qué logro. Ahora intentaré hacer lo mismo. Gracias por Inhalarme.

—Gracias por enseñarme tu canción tranquilizadora y tus elegantes maneras. Hoy no he pisoteado ningún árbol en mi camino. No he hecho daño a ninguna criatura ni a su hogar.

Los dos gigantes de la roca se juntaron y apilaron piedras, tarareando canciones tranquilizadoras, sin hablar, solo permaneciendo.

Era una nueva amistad y una forma maravillosa de aprender paciencia, atención, paz y calma.
¿Has probado alguna vez a apilar piedras?
Quizá lo hagas esta noche... en tus sueños.

14 - El águila y la luna creciente

Tu viaje a la luz del día está llegando a su fin, y puede que te preguntes cómo vas a quedarte dormido.

Esta noche, mientras te acurrucas profundamente, prepárate para un viaje tranquilizador y relajante a lomos de las plumas de un Águila Gigante que te llevará en un viaje visual impresionante a través de tu imaginación y te llevará por encima de la Luna Creciente y al mundo de tus sueños.

¿Estás bajo las sábanas?

¿Estás calentito y cómodo?

Respira profundamente e inhala una sensación de paz y relajación.

Deja salir la respiración y exhala lentamente, dejando que tu cuerpo se sienta más relajado ahora.

Vuelve a intentarlo. Inhala y respira una sensación de paz, y exhala el día, ya que ahora es de noche cuando estás bajo las sábanas y bien arropado.

Cierra los ojos y comienza una nueva aventura.

Puedes seguir disfrutando de tus respiraciones relajantes todo lo que quieras, siempre que te sientas cómodo, arropado y caliente en tu cama. Ahora, imagina que estás en el exterior, en el patio de tu casa o delante de ella.

Es de noche y las estrellas han salido.
Es una noche clara y puedes ver muchas estrellas.
Usa tu imaginación para imaginar una noche estrellada.
Ahora, imagina que puedes ver la luna en el cielo y que tiene forma de media luna.
Esta luna es una forma especial de ver en la noche.
¿Te imaginas volar hasta la luna creciente?
¿Cómo podrías llegar hasta allí?
Ahora imagina que, mientras estás parado afuera bajo las estrellas, un Águila gigantesca baja flotando y se posa justo frente a ti.
Esta águila es lo suficientemente grande como para llevarte en su espalda y le gustaría llevarte a un relajante paseo esta noche.
Usa tu imaginación para subirte a la espalda del Águila y encuentra la forma de agarrarte bien.
Tan pronto como estés listo, el Águila levantará el vuelo, despegando del suelo con un amplio movimiento de sus alas, llevándote cada vez más alto en el cielo.
Las águilas son excelentes voladoras y su especialidad es el vuelo.
¿Has visto alguna vez un águila o un pájaro grande surcando el cielo?
Es tan tranquilo y pacífico, apenas se mueve, con sus alas extendidas, montando el viento.
Vas a volar a lomos de tu amiga Águila y sentirás la relajante sensación de planear por el aire.
El aire nocturno es cálido y agradable.
Imagina que puedes ver todo lo que te rodea desde lo alto del cielo.

El mundo nocturno es tranquilo y agradable, y todas las luces se apagan en las casas de la gente mientras se preparan para dormir.
Puedes sentir la suave sedosidad de las plumas del águila y sentirte reconfortado y calentado por ellas.
Puedes sentirte seguro y relajado aquí arriba.
No hay forma de que te caigas con un amigo pájaro tan grande que te lleve a tus sueños.
Te estás elevando en el cielo, y puedes respirar profundamente en este momento para sentirte más tranquilo y en paz mientras te elevas.
Exhala lentamente y permítete sentirte aún más relajado.
Usa tu imaginación para imaginarte cómo es el mundo ahora, en lo alto del lomo del águila.
Está muy tranquilo aquí arriba en el cielo.
Cuando miras hacia abajo, ¿qué ves?
¿Hay un bosque o un arroyo?
¿Ves algún animal nocturno merodeando?
¿Estás cerca de un océano, un lago o unas montañas?
Usa tu imaginación para imaginar la vista desde la espalda de tu amigo Águila.
Vuelve a respirar tranquilamente... y exhala.
Volar es tan calmante y sereno, y mientras sigues subiendo y subiendo, te sientes mucho más cerca de la luna que nunca antes.
Esta noche es de color amarillo anaranjado y parece un plátano tumbado de lado.
Ahora vas a estar aún más cerca de ella.
El Águila te lleva cada vez más alto y, a medida que te acercas a la luna, te das cuenta de que está lo suficientemente cerca y es lo suficientemente pequeña como para que puedas pararte sobre ella si quieres.
Tu amigo el Águila se dirige directamente hacia ella y se prepara para aterrizar.
El Águila se posa en la misma punta de la media luna, agarrándose a ella con sus patas.
Ahora eres libre de bajar y ponerte sobre la brillante luna amarillo-naranja.
Al bajar, sientes que pisas la superficie lisa.

Es tan brillante y resplandeciente que apenas puedes ver tus pies cuando miras hacia abajo.
Puedes agarrarte al Águila para estar más cómodo si quieres, o puedes caminar un poco.

Es casi como si estuvieras en lo alto de una repisa que cuelga mágicamente en el cielo, y tú y tu Águila pueden sentarse aquí tranquilamente y mirar el mundo de abajo.
Puedes ver todas las luces que aún quedan encendidas en la noche.
Tal vez veas las luces lejanas de una ciudad o las luces de los coches que circulan por las pequeñas carreteras de abajo.
Tómate unos momentos para respirar e imagina con calma que estás sentado sobre la luna creciente con tu amigo Águila encaramado a tu lado...
Es una vista preciosa, y no hay nada más pacífico que ver un panorama más amplio.
Tu amigo el Águila te asiente con la cabeza y te hace saber que, después de un rato de tranquilidad en lo alto, es hora de volver a subir y dar un paseo hasta el suelo.
Puedes usar tu imaginación para volver a subir a la espalda del Águila.
En cuanto estés preparado, el águila batirá sus alas y empezará a volar, dejando que el aire te lleve en la dirección que necesitas para volver a casa.
El viaje de vuelta a tu dormitorio no está lejos, pero puedes tomarte tu tiempo y disfrutar del placer de este relajante vuelo.
Estar en la luna fue refrescante y te hizo sentir en casa y en paz contigo mismo.
Llevarás esa sensación hasta tu cama esta noche y sentirás el suave y cálido resplandor de la luna creciente llenándote de una maravillosa luz dorada.
Mientras vuelves a tu casa, aprecias la suavidad y la sedosidad de las plumas del águila.
Las acaricias con tus manos y sientes la gracia de este cálido amigo emplumado en vuelo.

Puedes ver tu barrio un poco más claramente en la distancia mientras pasas por encima del paisaje que habías sobrevolado en tu camino hacia la luna. Todo parece tan tranquilo y sereno.

Todas las criaturas del bosque están acurrucadas en sus guaridas y huecos de los árboles.

Todas las personas están en sus casas, sanas y salvas, y respiran profundamente, relajándose tranquilamente antes de un buen descanso nocturno.

Mientras el águila se acerca al suelo para aterrizar, tú ya sueñas con tu próximo vuelo sobre su lomo, hacia arriba y hacia la luna para un viaje relajante, surcando el cielo nocturno estrellado.

Aterrizas suavemente y puedes sentir la tranquilidad de la tierra con tus pies mientras te bajas del lomo del Águila.

El Águila te asiente y te asegura que se verán de nuevo.

Ya puedes entrar en tu casa y volver a tu cama.

Tu cama es aún más acogedora y reconfortante después de tu viaje con el Águila a la luna creciente.

Has encontrado una profunda sensación de calma y paz interior.

Has encontrado la comodidad en un estado de descanso y ahora estás más preparado que nunca para dormirte.

Inhala profundamente y deja que salga lentamente.

De nuevo, inhala profundamente y exhala suavemente.

Tu amigo el Águila se reunirá contigo de nuevo y te llevará tan alto como la luna.

Y el día de mañana te traerá lo que necesites antes de que tu descanso llegue de nuevo pronto.

Espero que duermas suavemente con el cálido resplandor de la luna creciente dentro de ti, y con la amistad del Águila para llevarte en tu noche, elevándote hacia el Tiempo del Sueño. ¡Felices sueños!

15 - La pantera nocturna y la roca del sueño

La selva es un lugar lleno de vida, incluso por la noche.
Hay todo tipo de criaturas que cobran vida en la noche del calor de la selva tropical.
Dondequiera que vayas hay algún tipo de fiesta, y uno pensaría que todo el mundo querría dormir bien por la noche, pero no.
Cuando estás vivo en la selva, la vida es una fiesta que nunca se detiene.
Incluso a la pantera, una criatura sigilosa y robusta, le resulta difícil establecerse y descansar en las horas de oscuridad, porque, como ves, las panteras son gatos nocturnos.
¿Por qué si no tendrían un pelaje del color de la medianoche?
La pantera nocturna es diferente de la diurna.
Hace mucho tiempo, eran la misma criatura.
La Pantera Nocturna y la Pantera Diurna se dividieron en dos criaturas porque nunca podían dejar de discutir sobre cuándo dormir, en la noche o en el día.

Al final, su discusión fue tan furiosa que se dividieron en Noche y Día y no volvieron a verse.

Todos los animales de la selva sabían que eran dos criaturas diferentes solo por la roca durmiente.

Aunque ahora eran dos criaturas diferentes, vivían como un espejo la una de la otra.

Cuando la Pantera Diurna estaba dormida, podías verla en la Roca del sueño, y siempre era de noche.

Cuando la Pantera Nocturna estaba dormida, podías verla en la Roca del sueño y siempre era de día.

Así que mientras una Pantera estaba arriba, la otra estaba abajo y viceversa.

Un día, las criaturas de la Jungla decidieron hacer una fiesta por la tarde e invitaron a todos, incluidas las dos Panteras.

La Pantera Nocturna recibió la invitación a la fiesta y se quedó perpleja.

—¿Cómo pueden ser tan insensibles a mis necesidades? Todo el mundo sabe que estoy dormido durante el día y que nunca podría venir a una fiesta de tarde. Qué mala educación. Estoy muy disgustado.

La Pantera Nocturna arengó por la selva nocturna y buscó a algunos camaradas nocturnos para preguntarles si asistirían a la fiesta.

—Supongo que intentaré hacer acto de presencia. Suelo ir a dormir justo al amanecer. Sin embargo, sé de buena fuente que la fiesta promete ser muy animada. Las Aves del Paraíso van a representar una ópera especial —comentó un Armadillo.

—No me gustaría perdérmelo —respondió un tarsero.

La Pantera Nocturna miró a sus amigos nocturnos y se preguntó por qué estaban tan contentos de renunciar a su descanso para ver a unos pájaros bailar, pero, aun así, se sintió excluido por no poder disfrutar del día como los demás.

Por la noche merodeó por la Roca del sueño esperando que la Pantera Diurna se despertara para poder ver cómo sería el inicio del día en las horas de luz.

Se mantuvo callado y quieto hasta que ella se despertó y luego la siguió mientras buscaba comida y encontraba agua fresca para beber.

Ya estaba bostezando.

Ya había pasado su hora de dormir.

Normalmente, en cuanto ella se levantaba de la Roca del sueño, él recostaba su cuerpo sobre ella y se encargaba de dormir.

La roca siempre estaba caliente porque casi siempre había una Pantera descansando en ella.

—Ugh, no sé cuánto más de esto puedo soportar. Estoy muy cansado. Debería haberme ido a la cama cuando era mi hora de dormir, pero quería ver qué me deparaba la luz del día. Hasta ahora, es lo mismo que disfruto por la noche, solo que más brillante y soleado.

La Pantera Nocturna estaba demasiado cansada para seguir caminando y le apetecía tumbarse a descansar debajo de un árbol muy grande.

Justo cuando empezaba a cerrar los ojos y a dormirse, una anaconda muy gorda y muy larga bajó sigilosamente de las ramas del árbol, curiosa por esta criatura que nunca había visto antes.

La anaconda se acercó mucho a la Pantera Nocturna, que se despertó sobresaltada por el movimiento de la lengua de la serpiente gigante.

—¿Cómo estás? —siseó la anaconda.

—Agotado. ¿Y quién eres tú? —preguntó la Pantera Nocturna.

—Una vulgar serpiente de la selva —respondió el enorme reptil.

—Dime, ¿de dónde vienes, extraña criatura? Eres de los colores de la noche y criaturas como tú no suelen verse aquí. ¿Qué te trae a nuestro hogar en la selva?

—Te ruego que me disculpes, pero este es mi hogar en la selva. Resulta que vivo aquí; solo que suelo estar dormido cuando sale el sol. Quería descubrir lo que se siente al estar despierto con la luz del amanecer para poder asistir a la fiesta de la tarde a la que he sido invitado hoy.

—¡Oh, una ocasión encantadora! Estoy segura de que será encantadora.

La anaconda había sido claramente invitada a la velada.

—Puede ser encantadora, pero ¿de qué sirve ir si estoy demasiado cansado para disfrutarla? —cuestionó la Pantera Nocturna.
—Entiendo tu punto de vista —siseó la anaconda—. Tal vez puedas dormir hasta la fiesta, y así no estarás demasiado agotado para divertirte.
Era una sugerencia útil, sin duda, y la Pantera Nocturna pensó que era una opción sabia.
Decidió aceptar humildemente la amable sugerencia de su nuevo amigo de la luz del día y se quedó dormido allí mismo, bajo el árbol.
A medida que avanzaba el día, la Pantera Nocturna dormía, y era casi de noche cuando se despertó de nuevo, bostezando y estirándose y sintiendo hambre de comida.
—¡Oh, no! He dormido todo el día y ahora me he perdido la fiesta de la tarde.
La Pantera Nocturna estaba decepcionada y se sentía excluida o como si se perdiera algo que todos los demás habían disfrutado.
Volvió a caminar lenta y tristemente hacia la Roca del sueño y vio que seguía vacía.
¿Cómo era posible?
¿Por qué la Pantera diurna aún no se había acurrucado y dormido?
Ya casi había pasado su hora de dormir...
En ese momento, la Pantera de Noche escuchó un ruido maravilloso.
Una gran música estruendosa llegaba a través de los árboles, y había cientos de animales coloridos y criaturas de todas las formas y tamaños que se acercaban a la Roca del sueño donde estaba la Pantera de Noche.
Tanto las criaturas de la noche como las del día estaban allí en el crepúsculo, bailando, cantando y divirtiéndose. Incluso las aves del paraíso hacían una giga especial.
¿Qué había pasado y cómo podía ser esto?
La Pantera Nocturna estaba emocionada y aturdida a la vez.
La Anaconda se deslizó hasta la Roca del sueño y se subió a ella para hacer un anuncio.
—¡Amigos! ¡Reúnanse! ¡Estamos aquí para celebrar tanto la noche como el día!

Hoy temprano, Pantera Nocturna estaba deambulando por ahí, esperando ser parte de las festividades, sintiéndose excluido por vivir en la noche mientras otros viven en el día.

Todo el mundo gritaba y animaba, sintiéndose vivo y emocionado en la colorida jungla.

—Esta noche, honramos a nuestro amigo Pantera Nocturna en la Roca del Sueño para mostrar cómo podemos festejar para todos, ¡y todos seguiremos durmiendo bien!

Los vítores y las risas estallaron a través del dosel de la selva.

La Pantera Diurna se acercó a La Pantera Nocturna con la que no había hablado desde que se habían dividido en dos.

—Buenas noches, Pantera Nocturna. Te deseo una cálida y feliz conexión con el crepúsculo, cuando estemos juntos y seamos iguales. Es el momento en el que descansaremos, o jugaremos y todos podremos hacerlo hasta que llegue la hora de decir: Buenas noches, dulces sueños... descansa bien.

La Pantera de Día se subió a la Roca del sueño y se relajó mientras la fiesta continuaba a su alrededor.

La Pantera Nocturna se sentó a su lado y se acurrucó cerca, ayudándola a calentar la Roca del sueño antes de su descanso.

Se sintió aliviado y reconfortado por su comunidad selvática y se equilibró de nuevo con la Pantera Diurna.

Podrían volver a compartir la amistad en las horas que transcurren entre la noche y el día, y ahora todos serían bienvenidos a la fiesta.

La Pantera Nocturna saltó de la Roca del sueño mientras la Luna se elevaba en el cielo y las estrellas se asomaban y se convertían en las velas del cielo nocturno.

La Pantera Diurna dormía mientras la Pantera Nocturna caminaba por la oscuridad de la selva, jugando, haciendo cabriolas, sintiéndose reanimada por la fiesta y haciendo nuevos amigos.

Ahora, siempre se reunían en la Roca del sueño en el crepúsculo, para contar historias, para bailar, para encontrar consuelo y paz con sus seres queridos y amigos.

Era una noche hermosa, y cuando el sol empezaba a salir, la Pantera Nocturna volvió a la Roca del sueño y saludó a su amigo, la Pantera Diurna.

—Descansa bien, amigo mío —le dijo a la Pantera Nocturna—. Todos te veremos de vuelta aquí en el crepúsculo.

—Gracias, amigo mío, mi otra mitad, mi calor de descanso. Hasta que caiga el crepúsculo… —y la Pantera Nocturna se quedó profundamente dormida…

¡Dulces sueños!

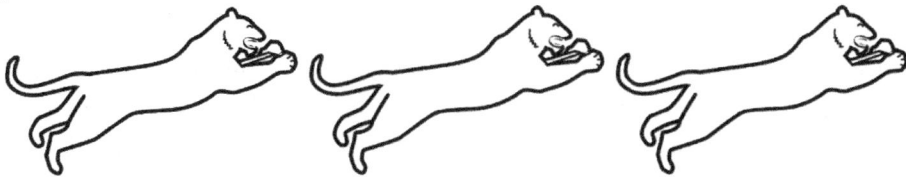

Conclusión

Muchas gracias por haber llegado al final de esta colección de cuentos y meditaciones para dormir.

Esperamos que hayas encontrado la paz y el descanso que necesitas.

Cuentos Para Niños: Una Colección de Historias y Cuentos únicos, entretenidos y educativos que transmiten Enseñanzas y Valores siempre te será de ayuda, así que sigue leyendo y disfrutando de tu sueño tranquilo.

Sigue disfrutando de estos cuentos siempre que los necesites. Son estupendos para la siesta, o para los momentos de descanso, así como para la relajación a la hora de dormir.

Puedes disfrutarlos en el orden que quieras y encontrar los que te ayuden a sentirte más relajado, tranquilo y preparado para el descanso. Su hijo se hará de rogar.

Esperamos que hayas disfrutado de tu viaje al país de los sueños.

Que tus sueños sean placenteros, que tu sueño sea reparador y que tu mañana esté lleno de vida y alegría.

Y, por último, si ha disfrutado de esta serie, no dude en dejar una reseña en Amazon.

Gracias, y ¡dulces sueños!

LIBRO 1: 12 PÁGINAS PARA COLOREAR

1 - Lavanda persigue a una mariposa

2 - Rex tiene un gran día

3 - Sally juega con la imaginación

4 - El día divertido de Gilbert

5 - Penny encuentra un lugar soleado

6 - Josh y su amigo hacen las paces

7 - Lisa hornea un pastel

8 - Corey se lastima la rodilla

9 - Pauline necesita un descanso

10 - Devon lo intenta de nuevo

11 - David va a ver a las ballenas

12 - Narcisa conoce a una amiga

LIBRO 2: BONUS: 15 páginas para colorear

1 - Daisy y la Mariposa

2 - El Ratón Encuentra un Bocadillo

3 - Leo Conoce a un Hada

4 - Oscar toma el té

5 - Hailey se va de paseo por la naturaleza

6 - Tish consigue un tutor

7 - Max se va de paseo

8 - Lulú se da un baño

9 - Scarlett tiene una fiesta de cumpleaños

10 - Noah viaja en avión

11 - Ava se une a la clase de baile

12 - Oliver participa en una obra de teatro

13 - Emma se sube al autobús

14 - Elías tiene una fiesta de pijamas

15 - Sophia y Lucas hacen el desayuno

LIBRO 3: BONUS 15 páginas para colorear

1 - La gallina madre que busca el camino a casa para descansar

2 - La humilde manada de elefantes

3 - De bellota a roble - Una historia de crecimiento

4 - Viaje al espacio exterior

5 - La tortuga y el conejo - Una historia de mindfulness

6 - El sabio y el lobo blanco

7 - La chica del ojo perdido

8 - El avioncito de papel

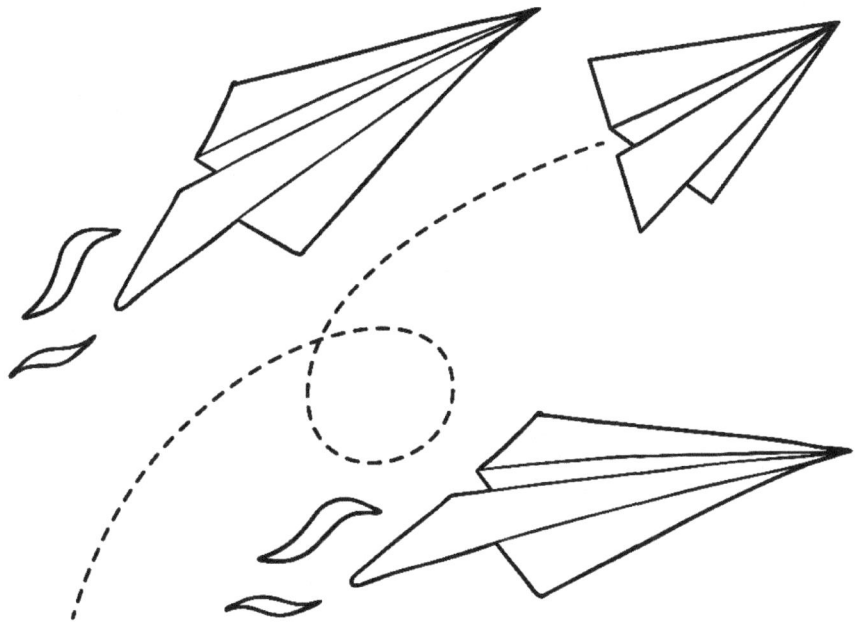

9 - El oso, el zorro, la oca y la madreselva

10 - La ballena y el pescador

11 - El caimán hambriento y la gata

12 - El búho y la ventana abierta

13 - El gigante de la roca y las piedras apiladas

14 - El águila y la luna creciente

15 - La pantera nocturna y la roca del sueño

Made in the USA
Middletown, DE
21 May 2022